Esther Winther · Manfred Prenzel (Hrsg.)

Perspektiven der empirischen Berufsbildungsforschung

Kompetenz und Professionalisierung

Zeitschrift für Erziehungswissenschaft
Sonderheft 22 | 2014

Esther Winther
Manfred Prenzel (Hrsg.)

Perspektiven der empirischen Berufsbildungsforschung

Kompetenz und Professionalisierung

Zeitschrift für
Erziehungswissenschaft

Sonderheft 22 | 2014

 Springer VS

Zeitschrift für Erziehungswissenschaft

Herausgegeben von:
Jürgen Baumert (Schriftleitung), Hans-Peter Blossfeld, Yvonne Ehrenspeck-Kolasa, Ingrid Gogolin (Schriftleitung), Bettina Hannover, Marcus Hasselhorn, Stephanie Hellekamps, Heinz-Hermann Krüger (Schriftleitung), Harm Kuper (Schriftleitung, Geschäftsführung), Dieter Lenzen, Meinert A. Meyer, Manfred Prenzel, Thomas Rauschenbach, Hans-Günther Roßbach, Uwe Sander, Annette Scheunpflug, Josef Schrader, Christoph Wulf

Herausgeber des Sonderheftes Perspektiven der empirischen Berufsbildungsforschung
Esther Winther/Manfred Prenzel

Redaktion und Rezensionen:
Marisa Schneider

Seit 2006 in SSCI

Anschrift der Redaktion:
Zeitschrift für Erziehungswissenschaft
c/o Freie Universität Berlin, Arbeitsbereich Weiterbildung und Bildungsmanagement,
Arnimallee 12, 14195 Berlin
Tel.: +49 (30) 8 38-55888; Fax: -55889, E-Mail: zfe@zedat.fu-berlin.de
Homepages: http://zfe-online.de Volltexte: http://zfe-digital.de

Beirat: Neville Alexander † (Kapstadt), Jean-Marie Barbier (Paris), Jacky Beillerot † (Paris), Wilfried Bos (Dortmund), Elliot W. Eisner (Stanford/USA), Frieda Heyting (Amsterdam), Axel Honneth (Frankfurt a.M.), Marianne Horstkemper (Potsdam), Ludwig Huber (Bielefeld), Yasuo Imai (Tokyo), Jochen Kade (Frankfurt a.M.), Anastassios Kodakos (Rhodos), Gunther Kress (London), Sverker Lindblad (Göteborg), Christian Lüders (München), Niklas Luhmann † (Bielefeld), Joan-Carles Mèlich (Barcelona), Hans Merkens (Berlin), Klaus Mollenhauer † (Göttingen), Christiane Schiersmann (Heidelberg), Wolfgang Seitter (Marburg), Rudolf Tippelt (München), Gisela Trommsdorff (Konstanz), Philip Wexler (Jerusalem), John White (London), Christopher Winch (Northampton)

Sonderheft 22/2014, 17. Jahrgang

Springer VS | Springer Fachmedien Wiesbaden GmbH
Abraham-Lincoln-Str. 46 | 65189 Wiesbaden, www.springer-vs.de
Amtsgericht Wiesbaden, HRB 9754
USt-IdNr. DE811148419

Geschäftsführer: Armin Gross, Peter Hendriks,   *Gesamtleitung Anzeigen und Märkte:* Armin Gross
         Joachim Krieger   *Gesamtleitung Marketing und Individual Sales:* Rolf-Günther Hobbeling

Director Sozialwissenschaften & Forschungspublikationen: Dr. Reinald Klockenbusch
Programmleitung: Dr. Andreas Beierwaltes

Kundenservice: Springer Customer Service Center GmbH; Service VS Verlag, Haberstr. 7, 69126 Heidelberg,
Telefon: +49 (0)6221/345-4303; Telefax: +49 (0)6221/345-4229; Montag bis Freitag 8.00 Uhr bis 18.00 Uhr
E-Mail: springervs-service@springer.com
Marketing: Ronald Schmidt-Serrière M.A.; Telefon: (06 11) 78 78-280; Telefax: (06 11) 78 78-439
E-Mail: Ronald.Schmidt-Serriere@springer.com
Anzeigenleitung: Yvonne Guderjahn; Telefon: (06 11) 78 78-155; Telefax: (06 11) 78 78-430
E-Mail: Yvonne.Guderjahn@best-ad-media.de
Anzeigendisposition: Monika Dannenberger; Telefon: (06 11) 78 78-148; Telefax: (06 11) 78 78-443
E-Mail: monika.dannenberger@best-ad-media.de
Anzeigenpreise: Es gelten die Mediadaten vom 1.11.2012
Produktion: Dagmar Orth; Telefon: (0 62 21) 4 87-8902
E-Mail: dagmar.orth@springer.com

Bezugsmöglichkeiten 2013: Jährlich erscheinen 4 Hefte. Jahresabonnement/privat (print+online) € 109,–; Jahresabonnement/ privat (nur online) € 91,–; Jahresabonnement/Bibliotheken/Institutionen € 212,–; Jahresabonnement Studierende/Emeriti (print+online) – bei Vorlage einer Studienbescheinigung € 51,–. Alle Print-Preise zuzüglich Versandkosten. Alle Preise und Versandkosten unterliegen der Preisbindung. Die Bezugspreise enthalten die gültige Mehrwertsteuer. Kündigungen des Abonnements müssen spätestens 6 Wochen vor Ablauf des Bezugszeitraumes schriftlich mit Nennung der Kundennummer erfolgen. Jährlich können Sonderhefte (Beihefte) erscheinen, die nach Umfang berechnet und den Abonnenten des laufenden Jahrgangs mit einem Nachlass von 25% des jeweiligen Ladenpreises geliefert werden. Bei Nichtgefallen können die Sonderhefte innerhalb einer Frist von drei Wochen zurückgegeben werden.
Zuschriften, die den Vertrieb oder Anzeigen betreffen, bitte nur an den Verlag.

Satz: Crest Premedia Solutions, Pune, Indien
www.zfe-digital.de
ISSN 1434-663X (Print)
ISSN 1862-5215 (Online)

Zeitschrift für Erziehungswissenschaft

17. Jahrgang · Sonderheft 22 · 2014

Inhaltsverzeichnis

Z Erziehungswiss (2014) 17:1–7
DOI 10.1007/s11618-013-0453-6

Berufliche Kompetenz und Professionalisierung – Testverfahren und Ergebnisse im Spiegelbild ihrer Accountability

Esther Winther · Manfred Prenzel

1 Vorbemerkungen

Spätestens seit der Etablierung der Schulleistungsvergleiche beginnend mit dem IEA Six Subject Survey (u. a. Walker et al. 1976) in den 1970er Jahren stellt sich die Frage nach der anwendungsorientierten Nutzung und Belastbarkeit von Prüfungs- bzw. Assessmentverfahren. Mit der Implementation der National Vocational Qualifications (NVQ) und General National Vocational Qualifications (GNVQ) im Vereinigten Königreich sowie mit deren Übersetzung in einen europäischen und nationalen Qualifikationsrahmen werden diese Fragen auch für den Bereich der beruflichen Bildung tragend. Die Forschungsdesiderate eines kompetenzbasierten Prüfens zeigen sich vor dem Hintergrund der politischen Entwicklungen als besonders drängend, aber gleichzeitig auch als steuerungsanfällig und zu wenig auf den zu erwartenden Output von Bildung bezogen:

> A curious aspect of competence-based reform, [...] is that, although the reformers' ambitions are very wide, their focus has been very narrow. They would like to see major changes in the whole institutional context of vocational training and education but they have themselves treated the approach as essentially a technical affair. (Wolf 1995, S. 131)

Für die deutsche Diskussion kommt erschwerend hinzu, dass eine systematische Erfassung der Leistungsfähigkeiten von Auszubildenden sowie der institutionellen Ausbildungsprogramme noch aussteht. In den vergangenen Jahren wurden – ausgehend von den Überlegungen eines Berufsbildungs-PISA (vgl. Baethge et al. 2006) – die Forschungsfra-

Prof. Dr. E. Winther (✉)
Universität Paderborn, Warburger Straße 100,
33098 Paderborn, Deutschland
E-Mail: esther.winther@wiwi.upb.de

Prof. Dr. M. Prenzel
TU München, Arcisstr. 21,
80333 München, Deutschland
E-Mail: manfred.prenzel@tum.de

gen vorranging auf die Instrumentenentwicklung bezogen und unter der Perspektive einer theoretischen Modellierung beruflicher Kompetenz gebündelt (vgl. Seeber et al. 2010). Der Frage nach der Accountability im Sinne einer umfassenden Legitimationsfähigkeit der Prüfungen bzw. kompetenzbasierten Assementverfahren und damit nach der Rechenschaftslegung der Prüfungs- bzw. Assessmentpraxis wurde bislang wenig Beachtung geschenkt (vgl. hierzu Beiträge in Ryan und Shepard 2008; Wilson 2004). Forschungsdesiderate in diesem Zusammenhang betreffen zum einen die Frage, in welchem Umfang und auf Basis welchen Abstraktionsgrades sich die erzielten Testergebnisse dafür nutzen lassen, die spezifischen Ziele der beruflichen Bildungsgänge zu evaluieren und gegebenenfalls zu modifizieren. Zum anderen bestehen in Hinblick auf die theoretischen Ausarbeitungen wie empirischen Modellierungen Unsicherheiten darüber, wie sich Leistungszuwächse und Ergebnisse beruflicher Professionalisierung analysieren und interpretieren lassen. Die Beantwortung dieser Fragen setzt eine Kenntnis davon voraus, welche Ziele mit dem Assessment verfolgt werden sollen. So werden in der beruflichen Bildung beispielsweise Unterscheidungen zwischen den verschiedenen Lernorten getroffen: Ist das Assessment auf einen konkreten Arbeitsplatz bezogen oder soll es die generellen, institutionellen Leistungszuwächse abbilden? Sind Inhalte und Arbeitstechniken, wie sie an einzelnen Arbeitsplätzen benötigt werden, Bestandteile des Assessments oder werden primär schulische Aspekte erfasst? Über diese Unterscheidungen hinweg hat sich eine Diskussion entfacht, die nach den Modellen beruflicher Kompetenz und vor allem nach den Inhalten und Methoden ihrer Messung fragt. Diese Diskussionen sind jedoch nicht immer ergebnisorientiert und münden deshalb noch kaum in nutzbaren Verfahren der Erfassung von Lernergebnissen oder in Evaluationsprogrammen.

2 Zum Umgang mit Kompetenzmessungen und deren Ergebnissen

Das Nutzen von empirischen Methoden zur Beschreibung von Ausbildungsprogrammen und deren Outcome sollte nicht nur als internationale Notwendigkeit, sondern vielmehr als Chance auf nationaler Ebene begriffen werden: für die Lehr-Lernforschung, die Fachdidaktiken, die Gestaltung von Aus- und Weiterbildungsprogrammen, die Lehrerbildung. Empirische Befunde sind jedoch nur dann legitimierbar, wenn sie die dem Kompetenzerwerb zu Grunde liegenden Lehr-Lernprozesse einschließlich der strukturellen Bedingungen in Schulen und Betrieben sowie den Fragen der didaktischen Ausgestaltung kompetenzorientierter Instruktion Rechnung tragen. Kompetenzforschung und die hier erzielten Evidenzen können dann durchaus – und dies ist ein wesentlich praktischer Beitrag – Motor für didaktische Innovation und Gestaltung sein. Um dies zu erreichen, ist die Kompetenzforschung auf drei Säulen zu stellen: 1) die Entmystifizierung des Konvolutes Kompetenz, 2) die Einführung der Curriculum-Instruktion-Assessment Triade als fachdidaktisches Leitbild sowie 3) die Erstellung von Handreichungen für kompetenzorientierte Aufgabenkonstruktionen für konkrete Unterrichts- und Arbeitssituationen bereits in der Lehrerausbildung. Über diese drei Säulen wird die Überzeugung transportiert, dass Kompetenzmessungen und deren Befunde vornehmlich der Verbesserung von Lern- und Arbeitsprozessen dienen sollen. Verfahren der Kompetenzmessung sollten daher so aufbereitet sein, dass sie – vor allem als Bestandteil von komplexen Lehr-Lern-

Arrangements – curricular abgesichert als instruktionale Vorgaben dienen können; dies gilt gleichermaßen für die Rückmeldung der Befunde (u. a. Winther 2010; Achtenhagen und Winther 2011).

Diese Forderungen lassen sich aus den Erkenntnissen der internationalen Vergleichsstudien ableiten: Vorrangig bildungsökonomische Befunde (vgl. Wößmann 2007; Wößmann 2009) deuten u. a. darauf hin, dass Unterschiede in den Kompetenzausprägungen sich nicht ausschließlich auf die individuellen Dispositionen der Lernenden zurückführen lassen, sondern gleichsam auch durch institutionell bedingte Unterschiede im Umgang mit den curricularen Vorgaben oder unterschiedliche Instruktionskulturen (Institutionseffekte) veranlasst werden. Neben den Institutionseffekten werden zudem solche Effekte bedeutsam, die auf eine Assessment- bzw. Standardkultur abzielen. Hierfür sprechen auch Befunde, die zeigen, dass Probanden aus Ländern, in denen Evaluationsstandards erfolgreich implementiert wurden, bei Kompetenztests signifikant besser abschneiden. Mit diesen Beispielen soll nicht dafür plädiert werden, die Unterrichtspraxis statt an den Standards stärker an den Testsystemen auszurichten oder die Testkultur zum Steuerungsmittel zu erklären. Sie sollen jedoch dahingehend sensibilisieren, dass die Beschreibung und Messung individueller Kompetenzen auch immer an einen Kulturaspekt gebunden ist, den es in der Berufsbildungsforschung nachhaltig zu etablieren gilt. Oder anders formuliert: Die umfangreichen methodologischen Ausarbeitungen zur beruflichen Handlungskompetenz, zur Handlungsregulation in Arbeitsprozessen sowie zur Analyse von Lern- und Arbeitshandlungen, wie sie eine lange Tradition in der beruflichen Bildung haben, sind zu ergänzen um empirische Verfahren, die eine Beschreibung beruflichen Lernens und Arbeitens und damit beruflicher Professionalisierung ermöglichen.

Das Etablieren einer Testkultur ist u. E. eng an *Accountability-Konzeptionen* zu binden, vor deren Hintergrund Befunde beruflicher Assessments interpretierbar und vergleichbar werden (vgl. u. a. Herman 2008; Winther 2011). Mit Blick auf berufliche Kompetenzfeststellung sind insbesondere empirische Validierungen möglicher Testverfahren notwendig und überfällig. Dies gilt umso mehr, da die Befunde Ausstrahlungskraft besitzen können, die alle Systemebenen der Bildung und der Bildungsgestaltung berühren: auf der Makroebene als Steuerungshilfe, auf der Mesoebene als Gestaltungspotential für Institutionen und auf der Mikroebene als Umsetzungsparadigma für curriculare Reformen.

Gerade für die Messung beruflicher Kompetenzen wird der Anspruch erhoben, dass über die erzielten Befunde *politisches Steuerungswissen* ableitbar wird. In der beruflichen Bildung wird vor diesem Hintergrund vor allem folgende Frage zentral: Wie lässt sich insbesondere mit Blick auf die internationale Reputation des dualen Systems der Berufsausbildung ein allgemein akzeptiertes Assessment vorlegen, das im Kern auf die Erfassung beruflicher Handlungsfähigkeiten an realen Arbeitsplätzen abzielt? Die aktuellen Forschungsarbeiten im Feld der Berufsbildung versuchen hier insbesondere auf zwei Wegen Antworten zu finden: Es wird 1) eine stringente Verbindung zwischen fachdidaktischen und messtheoretischen Modellen angestrebt. Hierbei werden für eine kompetenzorientierte Instruktions- und Prüfungspraxis Implikationen deutlich, die direkt auf Mikro- und Mesoebene nutzbar sind. Die Studien sind 2) darauf hin ausgerichtet, deskriptive Aussagen zu personalen und institutionellen Bedingungen des Kompetenzerwerb zu generieren. Systemisch ausgerichtete nationale Projekte zur Beschreibung von Ausbildungsbedingungen und des Reformbedarfs in den Berufsbildungssystemen sind hier u. E. noch zu ergänzen. Weitere Forschungsdesiderate bestehen daneben vorrangig in der Ausarbeitung von Kommunikations-, Evaluations- und Umsetzungsstrategien im Hinblick auf neue Ansätze der Policy Transfer-Forschung.

U. E. sind damit Wege eingeschlagen, die den generellen Herausforderungen der Messung und (politischen) Bewertung von beruflichen Kompetenzen umfangreich Rechnung tragen. Dies gilt insbesondere dann, wenn Kompetenzmessungen den Anspruch verfolgen, aussagekräftig im Hinblick auf die Setzung eines normativen Referenzsystems für Leistungsfähigkeiten und für den Leistungsvergleich zu sein und gleichsam die aus den High-Stakes Testings bekannten Kritiken zu vermeiden. Legitimierbare Kompetenzmessverfahren und -befunde sollten daher Vorhersagekraft für zukünftige Entwicklungen besitzen, sie sollten keine Abhängigkeiten von den Curricula und den Lernformen aufweisen und eine rationale Anwendbarkeit und Verwertbarkeit ermöglichen (vgl. Berliner 2009a, 2009b).

3 Inhalte und Besonderheiten dieses Heftes

Im Rahmen dieses Heftes werden zwei Perspektiven der empirischen Berufsbildungsforschung aufgezeigt: Die Beschreibung von Ansätzen beruflicher Kompetenzmessungen einerseits sowie korrespondierend dazu andererseits Ansätze beruflicher Kompetenzentwicklungen, die vorrangig die Professionalisierung des Bildungspersonals in den Blick nehmen.

Die *Perspektive I: „Berufliche Kompetenzentwicklung und Kompetenzmessung in den Berufen“*, zeigt am Beispiel kaufmännischer, medizinischer, gewerblich-technischer sowie vollzeitschulischer Ausbildungsprogramme aktuelle Entwicklungen in der beruflichen Bildungsforschung auf. In allen Beiträgen wird deutlich, dass sich berufliche Kompetenzmessung durch zwei Facetten von der Kompetenzmessung im Bereich der allgemeinen Bildung unterscheiden lässt: 1) Entsprechend der Zielsetzung beruflicher Ausbildungsprogramme werden Modelle benötigt, die neben einer kognitiv akzentuierten Kompetenzauffassung auch die Fähigkeit zur Handlungsausführung berücksichtigen, um die Komplexität beruflicher Situationen adäquat abzubilden. In den Testkonstruktionen findet dies dadurch Berücksichtigung, dass berufliche Kompetenzen am Beispiel typischer Arbeitsprodukte sowie auf Basis authentischer Arbeitsaufgaben modelliert werden. Für den gewerblich-technischen und den kaufmännischen Bereich liegen hierfür entsprechende Beispiele vor. Die Besonderheiten der beruflichen Kompetenzmessung und -modellierung zeigen sich 2) darüber hinaus darin, dass strukturelle Zusammenhänge zwischen allgemeinen Grundqualifikationen und berufsspezifischen Kompetenzen aufzuklären sind, um beruflichen Kompetenzerwerb angemessen empirisch beschreiben zu können. Hiermit wird auch ein zentrales bildungspolitisches Problem berührt: Eine „Über“ betonung der Bedeutung basaler Fähigkeiten (Rechnen, Lesen, Schreiben) steht der strukturpolitischen Bewertung gegenüber, dass mit der zunehmenden Einbindung der beruflichen Bildung in das Berechtigungssystem der Stellenwert allgemeinbildender Fächer stärker stieg als der der beruflichen Inhalte (vgl. auch die aktuelle Debatte über die Einordnung beruflicher Bildungsabschlüsse in den Deutschen Qualifikationsrahmen (DQR)). Insgesamt greift die Perspektive der beruflichen Kompetenzmessung neben methodischen auch curriculare Aspekte auf und verdeutlicht damit die Notwendigkeit einer simultanen fachdidaktischen und messtheoretischen Aufbereitung beruflicher Testverfahren. Nur vor diesem Hintergrund können empirische Evidenzen über die Struktur und die Graduierung beruflicher Kompetenzen von Auszubildenden ein entsprechendes fachdidaktisches Potential entwickeln, das in Weiterentwicklungen der schulischen und betrieblichen Lehr-Lernprozesse einschließlich der Assessment- und Prüfungskultur einfließen kann.

Der einleitende Beitrag von *Esther Winther* und *Viola Klotz* greift Grundsatzfragen beruflicher Diagnostik unter dem Titel „Spezifika der beruflichen Kompetenzdiagnostik – Inhalte und Methodologie" auf. In Form eines Problemaufrisses werden zunächst die Besonderheiten beruflicher Kompetenzmessungen sowie deren methodologische Implikationen elaboriert und anschließend exemplarisch vor dem Hintergrund ausgewählter Studien zur beruflichen Kompetenzmessung in der kaufmännischen Domäne beschrieben. Der Beitrag zeigt insbesondere die Notwendigkeit einer fachdidaktischen und messtheoretischen Interaktion in den Kompetenztestverfahren auf und plädiert für eine größere Offenheit gegenüber quantitativ empirischen Methoden in der Berufsbildungsforschung.

Eine notwendig fachdidaktische Auseinandersetzung im Rahmen beruflicher Kompetenzmessungen wird auch von *Susanne Weber* und *Frank Achtenhagen* hervorgehoben. In ihrem Beitrag „Fachdidaktisch gesteuerte Modellierung und Messung von Kompetenzen im Bereich der beruflichen Bildung" wird beispielhaft für die Ausbildung im Bereich Wirtschaft und Verwaltung ein Vorschlag zur Modellierung und Messung interkultureller Kompetenz entworfen. In Weiterführung eines als Design-Experiment angelegten Projekts zur Förderung interkulturellen Lernens wird ein auf fachdidaktischen Überlegungen basierendes Kompetenzstufenmodell vorgestellt und auf seine empirische Belastbarkeit hin überprüft. Die statistischen Auswertungen belegen, dass sich das theoretische Modell der angenommenen Graduierung interkultureller Kompetenz bestätigen lässt – dies erlaubt detaillierte Analysen, mit deren Hilfe sich das Niveau der erworbenen interkulturellen Kompetenz individuell ermitteln lässt; zugleich können Aufgaben mit entsprechenden Schwierigkeitsabstufungen formuliert werden.

Im Beitrag „Struktur und kognitive Voraussetzungen beruflicher Fachkompetenz: Am Beispiel Medizinischer und Zahnmedizinischer Fachangestellter" von *Susan Seeber* werden unerwartete empirische Befunde zum Anlass genommen, die Modellierung beruflicher Fachkompetenz in den Kontext allgemeiner kognitiver Ressourcen und Basiskompetenzen zu stellen. Die Ergebnisse belegen einerseits starke Zusammenhänge zwischen Basiskompetenzen und beruflichen Fachleistungen für die beiden untersuchten medizinischen Berufe und verweisen andererseits auf Unterschiede in den Fachleistungen, die sich auf Heterogenitätseffekte zurückführen lassen.

Der Bedeutung von Basiskompetenzen für die Entwicklung fachspezifischer Kompetenzen wird auch im Beitrag von *Cordula Petsch*, *Kerstin Norwig* und *Reinhold Nickolaus* nachgegangen. Am Beispiel gewerblich-technischer Ausbildungsgänge werden Ansätze der „Kompetenzförderung leistungsschwächerer Jugendlicher in der beruflichen Bildung" vorgestellt. Zentral ist dabei die Frage, inwieweit in der beruflichen Bildung mit einer gezielten Förderung der Basiskompetenzen bestehende Entwicklungsbarrieren reduziert werden können. Mittels zweier Interventionsstudien wird das Förderkonzept „BEST" beschrieben und evaluiert. Die Besonderheit dieses Förderkonzepts zeigt sich darin, dass sowohl die kognitiv starken als auch die kognitiv schwächeren Jugendlichen von der Förderung profitieren und positive Kompetenzentwicklungen angestoßen werden können.

Stephan Schumann und *Franz Eberle* setzen sich in ihrem Forschungsbeitrag „Ökonomische Kompetenzen von Lernenden am Ende der Sekundarstufe II" mit der Struktur und der Ausprägung ökonomischer Kompetenzen von Lernenden in vollzeitschulischen Bildungsgängen in der Schweiz auseinander. Die Grundlage bildet ein komplexes Modell, in das neben ökonomischem Wissen und Können insbesondere auch wirtschaftsbezogene motivationale Orientierungen sowie Einstellungen und Werthaltungen zu wirtschaftlichen Problemstellungen einfließen. Die Befunde verweisen auf ein valides und reliables Testinstrumentarium, mit dem es gelingt, die Ausprägung sowie ausgewählte Korrelate ökonomischer Kompetenzen zu beschreiben und in Erklärungszusammenhänge zu stellen.

Die *Perspektive II: „Professionalisierung des Bildungspersonals"*, nimmt Studien in den Blick, die Fragen der Aus- und Weiterbildung von Lehrkräften und Ausbildern in beruflichen Domänen in den aktuellen Kompetenzdiskurs einbinden. Es liegen bislang kaum empirische Arbeiten aus der beruflichen Bildung vor, die die strukturellen Beziehungen zwischen allgemeinen und fachspezifischen Motivationsfacetten, epistemologischen Überzeugungen, fachwissenschaftlichem und fachdidaktischem Wissen sowie dem professionellem Selbstverständnis quantitativ-empirisch beschreiben. Aktuelle Studien greifen dieses Forschungsdesiderat auf und begünstigen durch ihren methodischen Zugang eine Neuausrichtung der theoretischen Perspektive der Lehrprofessionalität abseits von generalisierten Erziehungserwartungen (vgl. hierzu die Beiträge in Zlatkin-Troitschanskaia, et al. 2009). Ein zentraler Befund dieser Studien ist es, dass Untersuchungen zur Lehrprofessionalität domänenspezifisch anzulegen sind. Dies ist umso bedeutsamer, wenn berücksichtigt wird, dass der Kompetenzerwerb und die Kompetenzentwicklung von Auszubildenden im beruflichen Bereich nicht nur von den Schulen, sondern zu einem großen Teil von den Ausbildungsleistungen der Betriebe getragen werden.

Die Ausbildungsleistungen der Betriebe stehen im Fokus des Beitrags „Ausbleibende Effekte pädagogischer Professionalisierung des betrieblichen Ausbildungspersonals: Ergebnisse einer Längsschnittstudie" der Autoren *Andreas Rausch, Jürgen Seifried* und *Christian Harteis*. Ziel der Studie ist es, den Einfluss pädagogischer Weiterbildungsmaßnahmen auf die Ausbildungsqualität empirisch zu beschreiben. Hierbei werden neben Betreuungsauffassungen insbesondere verschiedene pädagogische Sichtweisen in den Blick genommen, um die Frage zu beantworten, wie sich Maßnahmen der pädagogischen Professionalisierung des Ausbildungspersonals auf die Betreuungs- und Ausbildungsqualität und damit auch auf die Kompetenzentwicklung der Auszubildenden auswirken.

Christiane Kuhn, Roland Happ, Olga Zlatkin-Troitschanskaia, Klaus Beck, Manuel Förster und *Daja Preuße* befassen sich hingegen mit der „Kompetenzentwicklung angehender Lehrkräfte im kaufmännisch-verwaltenden Bereich – Erfassung und Zusammenhänge von Fachwissen und fachdidaktischem Wissen". Kernstück des Beitrags stellt die Validierung eines Tests zum fachdidaktischen Wissen dar, mit dessen Hilfe der Zusammenhang zwischen fachdidaktischer und fachwissenschaftlicher Kompetenzentwicklung aufgeklärt werden kann. Mit diesem methodischen Zugang liefert der Beitrag erste empirisch fundierte Hinweise zur spezifischen Struktur der professionellen Kompetenz von (angehenden) Lehrkräften im kaufmännisch-verwaltenden Bereich.

Literatur

Achtenhagen, F., & Winther, E. (2011). Fachdidaktische Perspektiven der Kompetenzmessung – am Beispiel des kaufmännisch-verwaltenden Bereichs. In O. Zlatkin-Troitschanskaia (Hrsg.), *Stationen Empirischer Bildungsforschung. Traditionslinien und Perspektiven* (S. 352–367). Hohengehren: Schneider.

Baethge, M., Achtenhagen, F., Arends, L., Babic, E., Baethge-Kinsky, V., & Weber, S. (2006). *Berufsbildungs-PISA-Machbarkeitsstudie.* Stuttgart.

Berliner, D. C. (2009a). Do High-stakes tests of academic achievement limit economic development? The beginning of a long-term natural longitudinal study. In F. Oser, U. Renold, E. R. John, E. Winther, & S. Weber (Hrsg.), *VET Boost: Towards a theory of professional competencies. Essays in honor of Frank Achtenhagen* (S. 55–70). Rotterdam: Sense publishers.

Berliner, D. C. (2009b). The incompatibility of high-stakes testing and the development of skills for the 21st century. In R. Marzanno (Hrsg.), *On excellence in teaching, 2009.* Bloomington: Solution Tree Press.

Herman, J. L. (2008). Accountability and assessment: Is public interest in K-12 education being served? In K. E. Ryan & L. A. Shepard (Hrsg.), *The Future of Test-Based Educational Accountability* (S. 211–232). New York: Routledge.

Ryan E., & Shepard L. A. (2008) (Hrsg.). *The future of test-based educational accountability* (S. 211–232). New York: Routledge.

Seeber, S., Nickolaus, R., Winther, E., Achtenhagen, F., Breuer, K., et al. (2010). Kompetenzdiagnostik in der Berufsbildung Begründung und Ausgestaltung eines Forschungsprogramms. *Berufsbildung in Wissenschaft und Praxis, Beilage zu 1/2010,* 1–15.

Walker, D. A., Anderson, C. A., & Wolf, R. M. (1976). *The IEA six subject survey: An empirical study of education in twenty-one countries.* New York: Almqvist & Wiksell.

Wilson, M. (2004). Assessment, accountability and the classroom: A community of judgement. In M. Wilson (Hrsg.), *Towards coherences between classroom assessment and accountability. 103rd yearbook of the national society for the study of education* (S. 1–19). Chicago: The University of Chicago Press.

Winther, E. (2010). *Kompetenzmessung in der beruflichen Bildung.* Bielefeld: Bertelsmann.

Winther, E. (2011). Das ist doch nicht fair! – Mehrdimensionalität und Testfairness in kaufmännischen Assessments. *Zeitschrift für Berufs- und Wirtschaftspädagogik, 107*(2), 218–238.

Wolf, A. (1995). *Competence-based assessment.* Oxfordshire: Marston Lindsay Ross.

Wößmann, L. (2007). International evidence on school competition, autonomy and accountability: A review. *Peabody Journal of Education, 82*(2–3), 473–497.

Wößmann, L. (2009). Bildungssystem, PISA-Leistungen und volkswirtschaftliches Wachstum. *Ifo, 62*(10), 23–28.

Zlatkin-Troitschanskaia, O., Beck, K., Sembill, D., Nickolaus, R., & Mulder, R. (Hrsg.). (2009). *Lehr-professionalität. Bedingungen, Genese, Wirkungen und ihre Messung.* Weinheim: Beltz.

Z Erziehungswiss (2014) 17:9–32
DOI 10.1007/s11618-013-0455-4

Spezifika der beruflichen Kompetenzdiagnostik – Inhalte und Methodologie

Esther Winther · Viola Katharina Klotz

Zusammenfassung: Kompetenzorientierte Assessmentverfahren fungieren als konstitutiver Bestandteil eines evaluationsbasierten und (international) vergleichbaren beruflichen Bildungssystems. Darüber hinaus rücken die Verfahren auch zunehmend als Anstoß für die Gestaltung von Lernprozessen und gleichsam als Lernmittel im Sinne formativer Assessments in den Fokus beruflicher Kompetenzmessung. Diese Anwendungsbereiche setzen jedoch eine breite Legitimationsbasis der kompetenzbasierten Assessmentverfahren voraus (Accountability). Allerdings bestehen gerade für den beruflichen Bereich sowohl im Hinblick auf die theoretischen Ausarbeitungen als auch hinsichtlich empirischer Modellierungen Unsicherheiten darüber, wie sich Leistungszuwächse und berufliche Professionalisierung analysieren und interpretieren lassen. Der Beitrag versucht hier in Form eines Problemaufrisses zunächst die Besonderheiten beruflicher Kompetenzmessungen sowie deren methodologische Implikationen herauszuarbeiten. Anschließend werden anhand konzeptioneller Modelle sowie empirischer Beispiele Anregungen zum Umgang mit den beschriebenen Problematiken präsentiert.

Schlüsselwörter: Berufliche Kompetenz · Assessment · Evaluation · Validität · Reliabilität

Specifics of vocational competence measurement – contents and methodology

Abstract: Competence-based assessments form an integral part of an evaluation-oriented and (internationally) comparable vocational educational system. Also from a didactical perspective their influence for the monitoring of learning processes as well as for their deployment as formative assessments is growing. The various fields of application require a broadly based legitimacy (accountability), which is currently not yet in place: The present state of competency measure-

Der Beitrag ist entstanden im Rahmen des Teilprojekts „Kompetenzorientierte Assessments in der beruflichen Bildung" (Wi 3597/1-1 sowie Wi 3597/1-2) des DFG-Schwerpunktprogramms „Kompetenzmodelle zur Erfassung individueller Lernergebnisse und zur Bilanzierung von Bildungsprozessen" (SPP 1293).

Prof. Dr. E. Winther (✉) · V. K. Klotz
Universität Paderborn, Warburger Straße 100,
33098 Paderborn, Deutschland
E-Mail: esther.winther@wiwi.upb.de

V. K. Klotz
E-Mail: viola.klotz@wiwi.upb.de

ment is characterised by considerable uncertainties concerning the theoretical elaboration as well the empirical modelling of competences. The article accordingly elaborates the main specificities of vocational competence as well as their methodological implications for competence assessments. Furthermore, conceptual models as well as empirical examples will be presented, suggesting approaches to handle the described specificities of vocational competence measurements.

Keywords: Professional competence · Assessment · Evaluation · Validity · Reliability

1 Kompetenzmessungen im Kontext berufs- und wirtschaftspädagogischer Fragestellungen – Besonderheiten

Der Assessmentbegriff (engl. to assess = einschätzen, beurteilen) bezieht sich sowohl auf den Prozess der Einschätzung bzw. Messung von Kompetenzen als auch auf eine (normative) Beurteilung dieser im Sinne eines Prüfens als Vergleich von Ist- und Sollstand. Der erste Aspekt der *Messung* tangiert unweigerlich auch den zweiten des *Prüfens*, da ohne abgesicherte Kompetenzmessungen auch keine sinnvollen Prüfentscheidungen getroffen werden können. Für den Bereich der beruflichen Bildung ergeben sich insbesondere im Hinblick auf den ersten Aspekt Besonderheiten, die zum einen daher rühren, dass im System der Berufsbildung unterschiedliche politische Akteure und institutionelle Programme aufeinander treffen. Zum anderen sind die theoretischen Modelle und instruktionalen Umsetzungen eines kompetenzbasierten Lernens und Arbeitens durch spezifische Annahmen der beruflichen und tätigkeitsbezogenen Professionalisierung gekennzeichnet. Dies impliziert, dass gerade im Kontext beruflicher Kompetenzmodellierung und -messung Standards zu implementieren sind, die ihrerseits einer wissenschaftlichen Fundierung bedürfen: So müssen ex ante drei notwendige Voraussetzungen hinsichtlich der Erfassung beruflicher Lernergebnisse erfüllt sein (vgl. Klotz und Winther 2012): Zunächst muss 1) hinreichend legitimiert sein, welche fachlichen, aber auch überfachlichen Inhalte als Grundlagen der Kompetenzmessung heranzuziehen sind. Hierzu sind in der beruflichen Bildung präzise Domänenbeschreibungen notwendig, die die spezifischen Facetten sowie Umfänge eines beruflichen Bereichs definieren (vgl. hierzu insbesondere den Ansatz eines kaufmännischen Domänenmodells, Winther 2010). Es bedarf darüberhinaus eines Modells beruflicher Kompetenz, das 2) die Struktur beruflicher Kompetenz abzubilden vermag und aufzeigt, inwieweit diese auch mit Blick auf die berufliche Realität Gültigkeit besitzt (Validität). In der beruflichen Bildung ist Validität dabei eng verbunden mit Aspekten der Relevanz (vgl. Baethge et al. 2006; Baethge und Arends 2009). Darüber hinaus hat 3) Gewissheit darüber zu bestehen, mit welcher Präzision bzw. mit welcher Zuverlässigkeit Aussagen zum Kompetenzniveau der Lernenden gemacht werden können (Reliabilität). Nachfolgend werden Befunde aus drei verschiedenen Studien des kaufmännischen beruflichen Bereichs vorgestellt, anhand derer die drei zentralen Voraussetzungen beruflicher Kompetenzmessung und deren besondere Auslegung auf die beruflichen Kontexte illustriert werden können. Hierbei ist entscheidend, dass für die Messung von Kompetenzen primär ein arbeitsmarkt- und tätigkeitsspezifischer Domänenzugang gewählt und den gegebenen curricularen Inhalten weniger Bedeutung zugeschrieben wird. Die Ausgangsfrage dabei ist, wie sich das Konstrukt „berufliche Kompetenz" in eine messbare Form übersetzen lässt. Dies beinhaltet sowohl fachdidaktische als auch psychometrische Begründungen von Testverfahren, mit deren Hilfe die Güte von beruflichen Handlungen und beruflichem Wissen erfasst und für eine Kompetenzfeststellung genutzt werden kann. Damit gehen wir davon aus, dass sich für die Kompetenzmodellierung und -messung im Bereich der kaufmännischen beruflichen Bildung spezifische Kriterien formulieren lassen, die entscheidend die Testentwicklung sowie die Testanalyse beeinflussen:

1. Prozessorientierung und umfassendes Kompetenzverständnis: Im beruflichen Bereich kann die Abbildung von Kompetenzen lediglich im Hinblick auf ihre fachlich inhaltliche und damit vorrangig wissensdominierte Systematik nicht genügen. Mit der Verankerung des Konzepts der Handlungsorientierung Mitte der 1990er Jahre in den Ausbildungsordnungen und Rahmenlehrplänen orientieren sich die Ziele der beruflichen Bildung am Konzept der Handlungskompetenz (vgl. KMK 1996). Dieses Konzept der beruflichen Handlungskompetenz als zentrale curriculare Norm prägt die berufs- und wirtschaftspädagogischen Diskussionen mindestens in zweifacher Weise: erstens in Bezug auf die didaktischen Implikationen der Handlungsregulationstheorie (vgl. Hacker 1986; Volpert 1983), und zweitens werden über das Metakonzept der beruflichen Handlungskompetenz Vorstellungen eines umfassenden und integrativen Kompetenzverständnisses transportiert. Dies zeigt sich beispielsweise darin, dass Handlungsabläufe, die sich über selbstständiges Planen, Durchführen und Kontrollieren definieren lassen, im Sinne des § 1 Abs. 2 BBiG als Zielkategorien beruflicher Bildung festgeschrieben werden, und dass in den Diskursen zur beruflichen Kompetenzmessung häufig eine Verengung der Modelle auf die kognitiven Bereiche beklagt wird (vgl. u. a. Straka und Macke 2011). Beides hat für die Kompetenzmodellierung und -messung im Bereich der Berufsbildung Konsequenzen: Über die Testsituationen sollen sämtliche Facetten der beruflichen Handlungskompetenz – im Idealfall auch noch gleichzeitig – abgebildet werden und über die Testinhalte sollte dementsprechend prüfbar sein, ob die Auszubildenden zum selbständigen Planen, Durchführen und Kontrollieren und daher zum Durchlaufen eines vollständigen Handlungsprozesses im betrieblichen Gesamtzusammenhang befähigt seien (Prozessorientierung gemäß § 1 Abs. 2 BBiG). Auch wenn diese Forderungen eine stärkere politische als wissenschaftliche Positionierung aufweisen (vgl. hierzu Seeber et al. 2010; Winther 2010), bleibt festzuhalten, dass berufliche Kompetenz als in besonderem Maße entscheidungsfindend und problemlösend gelten muss. Entsprechend werden für die Berufsbildung Modelle benötigt, die neben einer kognitiv akzentuierten Kompetenzauffassung auch die Fähigkeit zur Handlungsausführung berücksichtigen, um die Komplexität beruflicher Situationen adäquat abzubilden.

2. Situationsaspekt: Eine schwer zu überwindende Disparität ergibt sich für die berufliche Bildung aus der Definition von Kompetenz im Sinne einer permanenten und situationsübergreifenden Eigenschaft einerseits und empirischen Befunden andererseits, die eine hohe Relevanz des situativen Kontextes beim Lösen authentischer Probleme suggerieren und damit die These der Situiertheit des Lernens (vgl. u. a. Gruber et al. 1996) stützen. Die Lernergebnisse manifestieren sich eng situiert in spezifischen Anforderungssituationen, sollen jedoch als generalisierbare Fähigkeiten erfasst wer-

den. Wir definieren Kompetenz vor diesem Hintergrund als spezifisches Potential für beruflich adäquates Handeln, das sich in ähnlichen Aufgaben bzw. Situationen vergleichbar zeigt (u. a. Winther 2011). Um hier zu validen und reliablen Schätzungen zu gelangen, mit denen sich beruflicher Kompetenzerwerb und professionelle Entwicklung angemessen empirisch beschreiben lassen, ist es zweckmäßig, strukturelle Zusammenhänge zwischen allgemeinen Grundqualifikationen und berufsspezifischen Kompetenzen aufzuklären. Hiermit wird auch ein zentrales bildungspolitisches Problem berührt: „Eine ‚Über'betonung der Bedeutung basaler Fähigkeiten (Rechnen, Lesen, Schreiben) steht der strukturpolitischen Bewertung gegenüber, dass mit der zunehmenden Einbindung der beruflichen Bildung in das Berechtigungssystem der Stellenwert allgemeinbildender Fächer stärker stieg als jener der beruflichen Inhalte" (Winther 2011, S. 220; vgl. auch die aktuelle Debatte über die Einordnung beruflicher Bildungsabschlüsse in den Deutschen Qualifikationsrahmen (DQR)).

3. Enkulturationsaspekt: Innerhalb der Definition von Handlungskompetenz als zentralem Konstituierungsmoment der beruflichen Bildung steht insbesondere die Relation zwischen der fachlichen Domäne und damit des Inhaltsbereichs von beruflicher Kompetenz auf der einen Seite und der Person als Merkmalsträger von Kompetenz und als Akteur in beruflichen Settings auf der anderen Seite zur Diskussion. In dieser Gegenüberstellung wird bereits deutlich, dass berufliche Kompetenzmessung nicht auf curriculare Inhalte und Wissenskategorien begrenzt sein kann, sondern dass auch funktionale Aspekte einschließlich verschiedener Verhaltenskomponenten und differenzierter Einstellungen (z. B. Motivations- und Volitionsaspekte, Berufs- und Unternehmensidentifikation) sowie domänenspezifische Werthaltungen, Denk- und Lernstile, Insiderwissen und Überzeugungen in realen beruflichen Lebenswelten die Diskussion zu bestimmen haben (vgl. u. a. Roth 1971; Mandl et al. 1993; Baethge et al. 2006; Straka und Macke 2011). Hierbei ist die soziale sowie die berufliche Umgebung für das Entstehen von Kompetenzen konstitutiv. Für den Kompetenzerwerb ist folglich das Hineinwachsen in bzw. die Auseinandersetzung mit der jeweiligen „community of practice" (Shavelson 2008, S. 34) von besonderer Bedeutung. Die Entwicklung beruflicher Kompetenz ist damit zwar ein individuell regulierter und gestalteter Konstruktionsprozess – welche Leistungsbereiche relevant sind, was als kompetentes Verhalten anerkannt und akzeptiert wird, wird jedoch soziokulturell und in der beruflichen Bildung insbesondere durch die in einer Gesellschaft bzw. in einer Unternehmung vorherrschende Kultur determiniert und ist somit im Sinne einer normativen Setzung zu verstehen (vgl. Max 1999; Hesse 2006). Für den Erwerb von beruflichen Kompetenzen wird angenommen, dass sich über Enkulturationsprozesse vorrangig betriebsspezifische, aber auch berufstypische Kompetenzfacetten ausbilden, die für die Messung beruflicher Kompetenzen grundlegend sind und sich über solche Kompetenzmodelle abbilden lassen, die prägnante Phasen der Enkulturation berücksichtigen (vgl. hierzu Winther 2010).

4. Heterogenitätsaspekt: In der beruflichen (Aus-)Bildung ist in der Regel von einer vielfältigen Zusammensetzung unterschiedlicher Altersgruppen mit differierenden (Karriere-)Motivationen, differenter schulischer Vorbildung und stark divergierenden sozialen Umfeldern auszugehen (vgl. Baethge und Arends 2009; Rauner und Piening 2010). Gerade in der beruflichen Ausbildung gibt es zudem zahlreiche

Ausbildungsformen und mitunter gewichtige Unterschiede hinsichtlich der Ausbildungsqualität in den jeweiligen Ausbildungsbetrieben; dabei sind diese systemimmanenten Unterschiede keineswegs negativ zu bewerten, sondern unterstreichen vielmehr die kompensatorische Funktion beruflicher Bildung – dies gilt insbesondere auch für die Betrachtung der beruflichen Bildung aus einer internationalen Perspektive. Es ist ein zentrales Qualitätsmerkmal der (nicht nur) deutschen beruflichen Bildung, dass es über die verschiedenen Programme gelingen kann, die Prägung der schulischen und beruflichen Karrieren durch die soziale Herkunft des Elternhauses zu kompensieren (vgl. hierzu die einschlägigen OECD-Reporte). Die unterschiedlichen (Eingangs-)Voraussetzungen können sich jedoch im Rahmen beruflicher Kompetenzmessungen in stärker divergierenden Kompetenzprofilen zeigen: Divergenzen, die einerseits auf verschiedene Leistungsfähigkeiten, andererseits aber auch auf unterschiedliche schulische und betriebliche Bedingungen zurückgeführt werden können. Die heterogene Zusammensetzung der Zielgruppe ist dabei sowohl innerhalb der Assessmentkonstruktion als auch bei der Interpretation der Assessmentergebnisse zu berücksichtigen.

5. Interessenaspekt: Die Resultate beruflicher Kompetenzmessungen tangieren eine ganze Reihe von Interessengruppen und zeichnen sich häufig durch eine besonders hohe praktische Relevanz und politische Brisanz aus. Dies führt mitunter dazu, dass sich berufliche Kompetenzmessung einigen Schwierigkeiten bei der praktischen Durchführung gegenübersieht. Der Ausgangspunkt von Kompetenzmessungen findet sich meist in politisch ambitionierten Programmen. Dementsprechend sind Messverfahren unweigerlich in ein spezifisches politisches Umfeld, d. h. in eine jeweilig politisch favorisierte Agenda gebettet, die je nach Zeit- und Ortsrahmen kontinuierlich variiert (vgl. hierzu die Befunde aus der Evaluationsforschung z. B. bei Berk und Rossi 1998). Insbesondere die Ergebnisse beruflicher Kompetenzmessungen ziehen die Aufmerksamkeit zahlreicher Gruppen, mit zum Teil divergierenden Interessen, auf sich, darunter Lehrende, Lernende, Ausbildungsverantwortliche, Vertretungen aus den Unternehmensverbänden, Gewerkschaften und der Politik, die sich möglicherweise oppositionell zu der Durchführung bestimmter Messungen positionieren. In diesem Zusammenhang ist daher zunächst festzustellen, dass ein Schlussreport zu Kompetenzbefunden insbesondere in der beruflichen Bildung kein neutrales Dokument sein kann, da alle Betroffenen die Ergebnisse individuell für sich bewerten und sich der Bedeutung von Kompetenzmessungen für ihre eigenen Aktivitäten durchaus bewusst sind. Da Kompetenzmessungen immer auf der Zusammenarbeit mit Programmbeteiligten beruhen, bedarf es vorsichtiger Verhandlungen und dabei einer angemessenen Kommunikation der Forschungsziele. Für die Modellierung und Durchführung von Kompetenzmessungen ergibt sich hieraus eine besondere Verantwortung gegenüber allen Beteiligten; Evaluationen mit maximal wissenschaftlicher Neutralität durchzuführen. Das kritische Hinterfragen durch zahlreiche Parteien und ein mögliches Anzweifeln der Neutralität des Forschenden durch einzelne Beteiligte haben auch Auswirkungen auf das Assessmentdesign (vgl. hierzu der Evidence-Centered-Design-Ansatz, u. a. Mislevy und Haertel 2006). So impliziert dies eine herausgehobene Wichtigkeit der Begründung des eigenen Vorgehens und der angewendeten Methoden der Messverfahren. Sowohl Fragen des Testdesigns bezüglich

der Operationalisierung und Validität der Messdimensionen als auch durchführungs-
bezogene Fragen, wie die der Stichprobenauswahl, und methodisch-statistische Fragen im Hinblick auf angenommene Kausalitäten sowie die empirische und praktische
Signifikanz bedürfen besonderer Aufmerksamkeit, da methodologische Fehler leichte
Angriffspunkte bilden.

Die fünf beschriebenen Aspekte beruflicher Kompetenzmessung machen deutlich, dass
es nicht nur um empirische Evidenzen gehen kann, sondern dass berufliche Kompetenzmessung – soll sie von allen Beteiligten getragen werden – in hohem Maße einen
Accountability-Anspruch zu erfüllen hat. Dieser setzt bei einer möglichst repräsentativen
Auswahl der Testinhalte an, definiert ausgehend von einem berufstypischen Arbeits- und
Tätigkeitsumfeld das methodische Setting und leitet die Analyse und den Ergebnisbericht
unter Berücksichtigung schulischer und betrieblicher sowie ausbildungs- und arbeits-
marktkritischer Merkmale. Vor diesem Hintergrund besteht für eine angemessene Modellierung und Messung beruflicher Kompetenzen Einigkeit darüber, dass authentische
Arbeitsprozesse mit ihren wechselnden Anforderungsgraden objektiv, valide und reliable
abgebildet werden, wobei insbesondere die vergleichsweise hohe Komplexität der Mess-
konzeption, die prozessorientierte Formulierung sowie die Probandenzusammensetzung
spezielle methodische Erweiterungen erfordern. Nachfolgend werden drei empirische
Studien rezipiert, anhand derer die Spezifika beruflicher Kompetenzmessungen am Beispiel des kaufmännischen Bereiches präzisiert werden können.

2 Kompetenzmessungen im Kontext berufs- und wirtschaftspädagogischer Fragestellungen – methodologische Implikationen

2.1 Studie I: Inhaltsbezogene Implikationen beruflicher Kompetenzmessung

2.1.1 Vertikale und horizontale Vergleichbarkeit beruflicher Bildungssysteme

Die Large-Scale Assessments des allgemeinbildenden Bereichs können für die berufliche
Bildung nur bedingt Vorbildcharakter besitzen. Dies liegt an den Differenzen in der inhaltlichen und institutionellen Gestaltung (Baethge et al. 2006, S. 110): In der beruflichen
Bildung liegt weder ein gemeinsamer curricularer Grundkanon noch eine im Durchschnitt
ähnliche Altersstruktur der Auszubildenden vor. Hinzu kommt, dass Berufsbildung inhaltlich wie auch institutionell sehr divergent ist – hinsichtlich der Vielfalt beruflicher Domänen sowie der Verschiedenheit nationaler Ausbildungsstrukturen (*Heterogenitätsaspekt*).
Damit werden die vertikale und horizontale Vergleichbarkeit beruflicher Bildungssysteme
und der in ihnen erworbenen Kompetenzen erschwert. *Vertikale Vergleichbarkeit* bezieht
sich dabei auf das Niveau einer Berufsausbildung, das durch die Institutionalisierungsform
– z. B. auf Tertiär- oder auf Sekundärniveau – und durch die Ausbildungszeiten (Zahl von
Jahren) und/oder Altersstruktur der Teilnehmer definiert sein kann. International zeigt sich
hier, dass sich bereits die Frage nach der beruflichen Erstausbildung nur schwer bzw. nur
unzureichend beantworten lässt. *Horizontale Vergleichbarkeit* zielt auf den Sachverhalt,
dass berufliche Curricula und Domänen in verschiedenen Ländern unterschiedlich definiert

sind. Beide Vergleichsproblematiken führen dazu, dass für die Modellierung und Messung beruflicher Kompetenzen ein Vergleichskriterium zu wählen ist, das möglichst losgelöst ist vom Institut Ausbildung. Hierfür liegen auf internationaler Ebene arbeitsmarktnahe Beschreibungen von Tätigkeitsfeldern vor (z. B. ISCO 88 (COM) oder O*NET), die zwar nicht harmonisiert in der Bildungsberichterstattung Berücksichtigung finden, aber doch eine breite empirische Basis dafür bieten, spezifische Berufe bzw. Berufsfelder nach ihren Tätigkeiten und Verantwortlichkeiten zu klassifizieren. Bei der Wahl eines arbeitsmarktnahen Referenz- bzw. Vergleichskriteriums ist zu beachten, dass die bislang vorliegenden Ergebnisse (z. B. OECD 2008a, 2008b; Baethge et al. 2006) deutliche Unterschiede in der Bedeutung beruflicher Bildung zwischen einzelnen Industriestaaten, aber auch zwischen einzelnen Unternehmen belegen. Für die Messung kaufmännischer beruflicher Kompetenzen in einer globalisierten Ökonomie sind diese Unterschiede sowie die Gemeinsamkeiten beruflicher Tätigkeiten systematisch zu erfassen, um 1) relevante Inhaltsbereiche der einzelnen Ausbildungsgänge zu identifizieren und um diese 2) strukturiert einer Item- und Testentwicklung zugänglich zu machen. Auf Basis der Ergebnisse lassen sich berufliche Anforderungssituationen beschreiben, die als typisch für die kaufmännische Ausbildung anzusehen sind. Dieses Vorgehen ist insbesondere vor dem Hintergrund vielfältiger Interessenslagen und wechselnder Akteure der beruflichen Bildung unabdingbar, da hierdurch eine inhaltliche, aber auch politische Legitimationsgrundlage geschaffen werden kann (*Interessenaspekt*). Legitimiert werden konkrete Arbeitshandlungen sowie spezifische berufliche Tätigkeiten und die entsprechenden beruflichen Fähigkeiten, die als charakteristisch für kaufmännische Beschäftigung angesehen werden können, ohne jedoch zwangsläufig curricular abgedeckt zu sein. Mit diesem Vorgehen wird einer Philosophie von Kompetenzdefinition und -modellierung gefolgt, die vorrangig die berufliche Aktion und weniger curriculare Inhalte für die Konstruktion von beruflichen Anforderungssituationen in den Blick nimmt (vgl. hierzu ausführlich Winther 2010).

Die legitimierbaren Inhaltsbereiche sind auf zwei Ebenen zu identifizieren: auf der Ebene der Arbeitsaufgaben und auf der Ebene der Qualifikationsanforderungen des Arbeitsmarktes bzw. der Fähigkeiten der Auszubildenden und Arbeitnehmer. Beide Ebenen sind in den nationalen Curricula unterschiedlich breit repräsentiert, so dass vorrangig aus einer Outcome-Perspektive zu argumentieren ist, wobei der erwartete Leistungsstand gemäß der Vorgaben des Arbeitsmarktes das Zielkriterium darstellt (vgl. Abb. 1). Der erwartete Leistungsstand kann mittels Inhalts- und Äquivalenzanalysen anhand der verfügbaren statistischen Arbeitsmarkdaten identifiziert werden. Im Rahmen der Vorarbeiten für ein Large-Scale Assessment in der beruflichen Bildung (VET-LSA; Baethge et al. 2006; Baethge und Arends 2009) wurde hierzu auf eine durch das U.S. Department of

Abb. 1: Beziehung zwischen den beruflichen Profilen des Arbeitsmarktes und den beruflichen Curricula. (Baethge und Arends 2009, S. 14)

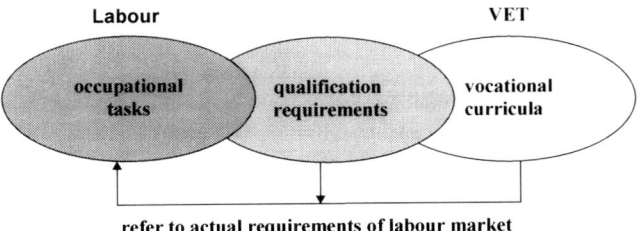

Labor entwickelte und 812 Berufe umfassende Datenbasis, das Occupational Information Network, zurückgegriffen (O*NET). Diese Datenbasis wird in regelmäßigen Zyklen aktualisiert. Hierzu werden die Berufe durch Experten im Hinblick auf 1) verschiedene zur Ausübung des Berufs notwendige Qualifikationen sowie 2) die durchzuführenden beruflichen Aufgaben beurteilt.

2.1.2 Befunde zur politischen Legitimation der Testinhalte

Gerade im internationalen Vergleich der Bildungssysteme wird deutlich, dass die inhaltlichen und organisatorischen Strukturen der Ausbildungsgänge, die auf eine vergleichbare Berufsgruppe zielen, sich voneinander unterscheiden. Als Folge ergeben sich verschiedene Zuschnitte für Berufe, für die allerdings im internationalen Vergleich Tätigkeitscluster identifiziert werden können, die als tätigkeitsbezogenes Validitätskriterium nutzbar sind (*Heterogenitätsaspekt*). Im Rahmen einer Feasibility-Study zu Zielen und Inhalten der Berufsbildung am Beispiel des kaufmännisch-verwaltenden Bereichs (Breuer et al. 2009) wurde die O*NET-Datenbasis dazu genutzt, 1) berufliche Aufgaben sowie 2) berufliche Qualifikationsanforderungen auf nationalen Arbeitsmärkten im internationalen Vergleich zu identifizieren.

An der Studie haben Dänemark, Deutschland, Finnland, Schweiz, Slowenien sowie Österreich vertreten durch jeweils sechs bis 28 Expertinnen und Experten der beruflichen Bildung teilgenommen ($n = 70$). In der Expertenrunde wurden in Anlehnung an die Empfehlungen des Occupational Information Network (O*Net; U.S. Department of Labor Employment and Training Administration 2006) in einem ersten Schritt spezifische Berufsaufgaben sowie die entsprechenden Qualifikationsanforderungen kaufmännischer Berufsfelder im industriellen Bereich systematisch beschrieben, bevor diese in einem zweiten Schritt im Hinblick auf ihre Relevanz[1] in den jeweiligen Nationen bewertet wurden. Die nachfolgenden Tabellen zeigen einen Ausschnitt der Ergebnisse. Die kaufmännische Domäne ist insgesamt über neun spezifische berufliche Aufgaben sowie über 13

Tab. 1: Berufsaufgaben und Qualifikationsanforderungen der kaufmännischen Domäne

Occupational tasks (1 = not relevant to 5 = extremly relevant)	Mean of country means	Mean absolut deviation	ICC [2,1]* within countries
Prepare invoices, reports, memos, financial statements, and other documents	4,7	0,2	≥ 0,893
Respond to customer/suppliers inquiries about order status, changes, and cancellations	4,6	0,3	≥ 0,844
Review files, records, other documents to obtain information to respond to request	4,4	0,3	≥ 0,849
Qualification requirements (1 = not relevant to 5 = extremly relevant)			
Clericalskills	4,5	0,2	≥ 0,881
Economics and accounting skills	4,0	0,4	≥ 0,823
Language skills (native language)	4,3	0,4	≥ 0,799

*Die Interrater-Reliabilität wird durch den Intraclass-Korrelationskoeffizienten angegeben (two-way random; ICC [2,1]; Shrout und Fleiss 1979). Ein Wert größer 0,80 spricht für eine starke Übereinstimmung zwischen den nationalen Ratern

Qualifikationsanforderungen repräsentiert, wobei der Vergleich innerhalb und zwischen den Nationen hohe Übereinstimmungen in spezifischen Bereichen zeigt (Tab. 1):

Für die Ausbildung von Kaufleuten im industriellen Bereich lassen sich im internationalen Vergleich betriebliche Wertschöpfungs- sowie Steuerungsprozesse im Zusammenhang mit der dafür notwendigen Produkt- und Dokumentenbearbeitung als zentrale berufstypische Aufgaben identifizieren. Insgesamt zeigen jene Berufsaufgaben eine hohe und im internationalen Vergleich ähnliche Ausprägung, die zentral auf den Produktservice und andere Dienstleistungen abstellen und die zu einer täglichen Arbeitsroutine gehören. Der Grad der Übereinstimmung zwischen den internationalen Experten ist statistisch signifikant im Hinblick auf alle bewerteten Berufsaufgaben (Kendall's $W = 0,63$; $p = 0,001$; vgl. Breuer et al. 2009, S. 99). Das Bild zeigt sich äquivalent auch für das Rating der Qualifikationsanforderungen. Von zentralem Interesse war in diesem Zusammenhang, über welche Fähigkeiten Auszubildende verfügen sollten, um spezifische kaufmännische Tätigkeitscluster – die sich im kaufmännischen Bereich über Arbeitsaufgaben des Einkaufs und des Vertriebs klassifizieren lassen – bewältigen zu können. Hierzu wurde ein Fragebogen konstruiert, mit dem diese beruflichen Fähigkeiten („abilities") im Sinne von Qualifikationsanforderungen bewertet werden sollten. Unter beruflichen Fähigkeiten werden beständige Eigenschaften von Arbeitnehmern verstanden: „Abilities are […] relatively enduring attributes of an individual's capability for performing a particular range of different tasks" (Fleishman et al. 1999, S. 175). Die Bandbreite umfasst dabei Fähigkeiten, die sehr spezifisch ein Berufsfeld betreffen (z. B. clerical skills, economics and accounting skills), und solche, die als generische Fähigkeiten die Ausführung der beruflichen Anforderungen unterstützen (z. B. native language skills, mathematics, computer literacy). Insgesamt zeigt die internationale Analyse nur für drei Fähigkeiten gute Konkordanzwerte: Im berufsspezifischen Bereich sind dies neben verwaltungs- und organisationstechnischen Fähigkeiten insbesondere Kenntnisse im Bereich der Ökonomie und des Accounting. Diese identifizierten Fähigkeiten weisen eine hohe Deckung mit den identifizierten Berufsaufgaben auf. Im Bereich der generischen Fähigkeiten wird insbesondere der Muttersprache Bedeutung beigemessen, wobei die Expertinnen und Experten hier vorranging Kommunikationsfähigkeiten im Blick hatten. Die Konkordanz hinsichtlich aller bewerteten Fähigkeiten ist statistisch signifikant (Kendall's $W = 0,59$; $p = 0,001$; vgl. Breuer et al. 2009, S. 101).

Die Befunde helfen dabei, die kaufmännische Domäne im Hinblick auf typische Testszenarien zu beschreiben – nicht in Form einer spezifischen Kompetenzdiagnostik, sondern als Blaupause für die Konstruktion valider Testszenarien (*Prozessorientierung*). Die Inhalts- und Äquivalenzanalysen auf Basis statistischer Arbeitsmarktdaten legen nahe, dass ein systemisches Verstehen von unternehmensinternen Prozessen und ein entsprechendes Handeln in diesen Prozessen sowohl die Arbeitsaufgaben charakterisieren als auch wesentliche Qualifikationsanforderungen für den Bereich der Aus- und Weiterbildung von Industriekaufleuten und damit eine zentrale Bedingung für die Ausformung beruflicher Kompetenz darstellen. Für die angemessene Erfassung beruflicher Kompetenz ist es demnach erforderlich, ein Testformat zu entwerfen, das theoretisch begründet und fachdidaktisch an spezifischen Arbeitsaufgaben orientiert ist; denn nur so ist es möglich, ein systemisches Verstehen von und ein entsprechendes Handeln in Arbeitsprozessen als eine Basiskompetenz von Industriekaufleuten über entsprechende Teilkompetenzen zu definieren und in Graduierungsschritten auszubilden. Das Ziel ist es, berufliche Anforderungssituationen so zu entwickeln, dass es möglich wird, die zu bearbeitenden Aufgaben auf die zugrunde liegenden Arbeits- und Lernprozesse zu beziehen und zugleich Auskunft über die kognitiven Verarbeitungsschritte während des Handlungsprozesses zu gewinnen (Kriterium der tätigkeitsspezifischen Validität). In der KOMET-Studie von Rauner und Kollegen wird in diesem Zusammenhang beispielsweise von beruflicher Validität gesprochen (Rauner et al. 2009). Allerdings zeigt die Feasibility Study VET-LSA für den Vergleich unterschiedlicher nationaler Bildungsgänge, dass sich eine Übereinstimmung nicht für Berufe, wohl aber für berufliche Tätigkeiten erzielen lässt (Baethge und Arends 2009; für den kaufmännischen Bereich vgl. Breuer et al. 2009). Neben der inhaltlichen Beschreibung beruflicher Kompetenzmessung bedarf das Validitätskonzept im Berufskontext einer weiteren methodologischen Ausdeutung, die vorrangig auf die Konstruktvalidität und damit auf die Strukturen beruflicher Kompetenz abzielt.

2.2 Studie II: Validitätsbezogene Implikationen beruflicher Kompetenzmessung

2.2.1 Validitätskonzepte und deren empirische Prüfung

Nach Nunnally (1978) ist Validität an zwei Standards gebunden: 1) an das Sampling der Testitems und 2) an die Konstruktion der Items. Damit werden zwei Beurteilungsmaßstäbe notwendig: Zum einen ist der Beitrag eines Items zur Definition des zu messenden Merkmals zu beurteilen und zum anderen das Set von Items, das alle Facetten des Merkmals repräsentieren soll (Konstruktvalidität). Die Beurteilung fokussiert damit auf die Beziehung zwischen Operationalisierung und empirischen Evidenzen. Insbesondere die berufliche Kompetenzmodellierung befindet sich im Spannungsfeld zwischen intraindividueller Dauerhaftigkeit einerseits und intersituativer Generalität andererseits (*Situationsaspekt*). Lernergebnisse manifestieren sich demnach eng situiert in konkreten Anforderungssituationen. Damit dennoch von Kompetenzen in einem übergreifenden Sinne ausgegangen werden kann, müssen ähnliche Anforderungssituationen eines bestimmten Typs in variierenden Aufgabensituationen modelliert werden. Daraus folgt, dass es bezüglich 1) nicht genügt, lediglich einzelne Wissensbestände zu berücksichtigen, sondern insbesondere deren flexible Verfügbarkeit für verschiedene Situationen zu erfassen, die durch authentische Aktivitäten in einer Vielzahl von Problemsituationen gekennzeichnet sind. Für kompetenzorientierte Assessments bedeutet dies, dass für jede zu messende Teilkompetenz eine Menge hinreichend ähnlicher realer Situationen zu konstruieren sind, in denen berufliche, und dabei zugleich ähnliche Anforderungen bewältigt werden müssen, welche die zu erfassende Kompetenz auf einem Kontinuum abbilden (Definition des Kompetenzkonstrukts). Zudem muss bezüglich 2) der Aspekt der *Prozessorientierung* beruflicher Kompetenzmessung in der Testkonstruktion Berücksichtigung finden. Hierzu ist eine hinreichend genaue Vorstellung darüber zu entwickeln, welche Prozesse beim Bearbeiten und Lösen der Anforderungssituationen ablaufen, d. h. welche betrieblichen Handlungen in spezifischen Anforderungen relevant werden, was selbstverständlich im Sinne einer normativen Setzung zu verstehen ist (*Enkulturationsaspekt*). Dies ist zu gewährleisten, indem nicht nur innerhalb des Assessmentdesigns die authentischen, typischen Arbeitsaufgaben glaubwürdig aus Unternehmensprozessen abgeleitet, sondern auch innerhalb der Testsituation in Form realer Prozesse kontextualisiert präsentiert und geprüft werden.

Die Erfassung von beruflichen Handlungskompetenzen zeichnet sich in Konsequenz durch einen hohen Grad an Komplexität aus, der sich praktisch nur über Kompetenzmodelle bewältigen lässt (Baumert et al. 2001). Werden Assessments von vornherein als Kompetenzmessungen gestaltet, stehen für die Beschreibung von Anforderungssituationen sowie folgend für die Konstruktion von adäquaten Testitems verschiedene Kompetenzmodelle des zu erfassenden Kompetenzkonstrukts zur Verfügung, welche die inhaltlichen Zielvorstellungen einer spezifischen Domäne (Domänenmodell) mit kognitionspsychologischen Annahmen (z. B. Bloom 1956; Anderson und Krathwohl 2001; Marzano und Kendall 2008) über die Bewältigung unterschiedlich komplexer Situationen in den gewählten Handlungsfeldern der Domäne verbinden (vgl. Winther 2010). Die wenigen vorliegenden empirischen Befunde zur Struktur beruflicher Kompetenz lassen für den beruflichen Bereich eine Struktur der zu erfassenden Kompetenz erwarten, welche einerseits die unterschiedlichen kognitiven Bearbeitungsheuristiken und -zugänge der Probanden in den einzelnen Aufgaben abbildet und andererseits eine noch stärkere strukturelle Relevanz betrieblicher Inhalte vermuten lässt (vgl. zu beiden Strukturüberlegungen beruflicher Kompetenz insbesondere Seeber 2008; Winther und Achtenhagen 2009; Nickolaus et al. 2009; Klotz und Winther 2012).

Neben der Struktur beruflicher Kompetenz ist die Erarbeitung von Kompetenzstufen von Bedeutung. Kompetenzstufen werden durch kognitive Prozesse und Handlungen von bestimmter Qualität spezifiziert, die Lernende auf dieser Stufe bewältigen können, nicht aber auf niedrigeren Stufen (Weinert 2001, S. 27). Stufen bieten hierdurch über eine reine Aggregation von Aufgabenpunkten hinaus eine kriteriumsorientierte Interpretation von Testergebnissen sowie die Formulierung sinnvoller, inhaltsbezogener Mindeststandards, die insbesondere auch für berufliches Prüfen im Sinne eines Abgleichs von Testergebnissen mit vordefinierten Lernstandards zentral erscheinen. Für die Charakteristik von Aufgabenschwierigkeiten liegen im Bereich der beruflichen Bildung erste Befunde vor. So lassen sich für den kaufmännischen und gewerblich-technischen Bereich übereinstimmend die Art der kognitiven Auseinandersetzung (Taxonomie), eigenständige Modellierungsnotwendigkeiten sowie der Vertrautheitsgrad der Aufgaben als Prädiktoren der Itemschwierigkeit identifizieren (Seeber 2008; Nickolaus et al. 2009; Winther und Achtenhagen 2009).

Für die empirische Überprüfung von Kompetenzstruktur- und -niveaumodellen werden testtheoretische Annahmen benötigt, wie sie in der klassischen Testtheorie oder der Item Response-Theorie (IRT) getroffen werden. Die besondere Anwendbarkeit auf kategorische Datensätze sowie die Robustheit der IRT gegenüber Verletzungen der Normalverteilungsannahme (Yu und Muthén 2002) prädestiniert die Kompetenzmessung mit Hilfe probablistischer Testmodelle gegenüber klassisch-faktoranalytischen Ansätzen. Zudem erlauben IRT-Modelle präzisere inhaltsbezogene Rückschlüsse auf die individuellen Kompetenzausprägungen der einzelnen Probanden. Ein Beispiel für eine inhaltsbezogene Interpretation wäre: „Die (kaufmännische) Personenkompetenz von Person j kann behaftet mit einem Vorhersagefehler v durch die Items ‚Buchungsanalyse‘ (Item i_1), ‚Regelwissen Rechnungserstellung‘ (Item i_2) und ‚Evaluation Verkaufsstrategie‘ (Item i_3) am besten beschrieben werden". Die Kombination aus norm- und inhaltsbezogenen

Aussagen ermöglicht sowohl eine bessere Interpretation individueller Testergebnisse als auch spezifischere didaktische Anknüpfungspunkte. Hierfür gründen IRT-Modelle auf der Annahme, dass die Lösungswahrscheinlichkeit für ein bestimmtes Item zum einen von der Personenfähigkeit θ_i (Personenparameter) und gleichzeitig von der Itemschwierigkeit δ_i (Itemparameter) abhängt, wobei diese beiden Parameter in proportional negativer Beziehung zueinander stehen und sich dementsprechend als logische Differenz $(\theta_i - \delta_i)$ auf eine gemeinsame Skala transformieren lassen (Wright und Stone 1979, S. 137; Winther 2010, S. 127). In erweiterten PTT-Modellen können noch weitere Parameter geschätzt werden. So können in komplexen Modellen zusätzlich zur Personenfähigkeit und der Itemschwierigkeit (1PL-Modell) die Itemdiskrimination[2] (2PL-Modell) und so genannte Guessing-Effekte (3PL-Modell) berücksichtigt werden (Weiss und Davison 1981, S. 639–641). Unabhängig davon existieren verschiedene Modelle je nach Art der zu analysierenden Variablen (dichotom oder polytom). Der folgende Entscheidungsbaum soll – ohne Anspruch auf Vollständigkeit – die Auswahl eines geeigneten IRT-Modells erleichtern. Die Klassifikation eines Modells muss dabei zunächst anhand der zwei Faktoren 1) Anzahl der *Itemparameter* (Weiss und Davison 1981) und 2) der *Skalierungseigenschaft* (Rost 2004) getroffen werden (Abb. 2):

In der beruflichen Bildung wurden Ergebnisse von Kompetenzmessungen bislang vorrangig auf Basis des Rasch- und Partial Credit-Modells (Masters 1982) generiert (z. B. Lehmann und Seeber 2007; Nickolaus 2008; Achtenhagen und Winther 2009). Darüber hinaus sind das Generalized Partial Credit Model (Muraki 1992) sowie das Graded Response Model (GRM; Samejima 1969) in besonderem Maße für berufliche Kompetenzmessungen geeignet, da hiermit ebenso polytome Antwortmöglichkeiten mit variierenden Antwortskalierungen (z. B. für offene Itemformate) modelliert werden können (vgl. Gibbons et al. 2007, S. 7). Um der Ausrichtung beruflicher Kompetenzmessung an komplexen, *prozessorientierten* Arbeitsabläufen, die sich zudem auf verschiedene *Inhaltsbereiche* und *Handlungslogiken* beziehen können, gerecht zu werden, werden zunehmend multidimensionale IRT-Modelle (MIRT) der Rasch-Familie relevant (u. a. das Multidimensional Random Coefficients Multinomial Logit Model (MRCMLM; Adams et al. 1997; Briggs und Wilson 2004). Hierfür sind die Aufgaben eines Tests so

Abb. 2: Eindimensionale IRT-Modelle (eigene Darstellung)

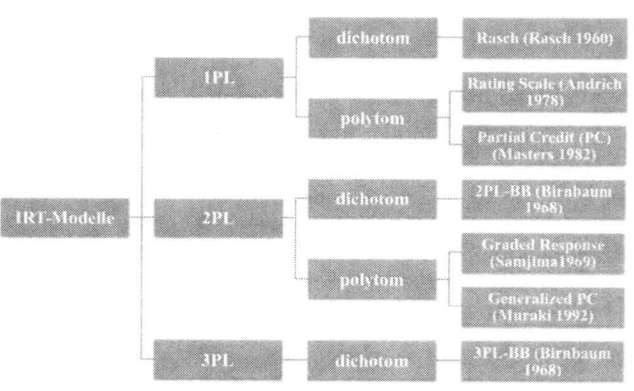

zu konstruieren, dass sie als mehrdimensionale Indikatoren die Testteilnehmer in einem komplexen Fähigkeitsraum verorten können (u. a. Hartig und Höhler 2008).

2.2.2 Befunde zur Validität

Im Rahmen der Vorstudien für ein Large-Scale Assessment in der beruflichen Bildung wurden berufstypische Anforderungen über ein Modell beruflicher Kompetenz abgebildet (vgl. Achtenhagen und Winther 2009; Winther 2010). Die berufstypischen Anforderungen repräsentieren betriebliche Wertschöpfungs- und Steuerungsprozesse im Rahmen einer Unternehmenssimulation (ALUSIM), wie sie in der kaufmännischen Aus- und Weiterbildung zu vermitteln sind. Insofern bezeichnen sie zugleich Ziel- und Inhaltsbereiche. Die Konstruktion der Testumgebung basiert dabei insbesondere auf den folgenden Designkriterien:

1. Ausgangspunkt der Testentwicklung sind komplexe, an der Arbeitswirklichkeit orientierte Berufsaufgaben (vgl. Studie I: Inhaltsbezogene Implikationen).
2. Die Anforderungssituationen sind so zu konstruieren, dass sich mit ihnen zwei unterschiedliche Strukturen bzw. Kompetenzdimensionen abbilden lassen: verstehensbasierte und handlungsbasierte Kompetenz. Die Abbildung verstehensbasierter Kompetenz erfordert Testitems, die vorrangig konzeptuale Wissensbestände berühren. Die Abbildung handlungsbasierter Kompetenz erfordert Testitems, die den prozessualen Charakter betrieblicher Aktivität ansprechen. Der prozessuale Charakter wird über Arbeitsprodukte erzeugt, die die Komplexität sowie den sequentiellen Ablauf von Arbeitshandlungen umfangreich berücksichtigen.
3. Die Konstruktion der Testitems erfolgt unter Rückgriff auf Kompetenzniveauannahmen, um a) die Grenzen des zu erfassenden Kompetenzkonstrukts zu definieren und b) zu gewährleisten, dass sich der Anforderungsgehalt eines Testitems auf die Fähigkeit einer Person, das Testitem zu lösen, beziehen lässt. Durch dieses Vorgehen lassen sich ex ante Itemschwierigkeiten modellieren, die dann ex post als Stufengrenzen zur Beschreibung von Kompetenzniveaumodellen einfließen.

Der Test zur Erfassung beruflicher Kompetenz in der kaufmännischen Domäne wurde bei insgesamt 264 Auszubildenden in sieben Kaufmännischen Berufsschulen in drei Bundesländern eingesetzt. Alle Auszubildenden befanden sich im dritten Ausbildungsjahr für Industriekaufleute. Die Befunde belegen, dass sich kaufmännische Kompetenz als eine subjektbezogene, wissensbasierte, mehrdimensionale, domänenspezifische und lern- sowie erfahrungsabhängige Leistungsdisposition beschreiben lässt, die sich zentral über zwei Teilkompetenzen strukturiert (Kompetenzstrukturmodell; vgl. Tab. 2): verstehensbasierte Kompetenz (insgesamt 26 Testitems) als das sinnhafte Erschließen beruflicher Anforderungssituationen und handlungsbasierte Kompetenz (insgesamt 34 Testitems) im Sinne eines sinnhaften Handelns in solchen Anforderungssituationen. Verstehensbasierte Kompetenz wird dabei operationalisiert über das ganzheitliche und funktionale Verständnis zentraler berufs- bzw. domänenspezifischer Ideen – und umfasst damit mehr als das isolierte Wissen von Fakten und Methoden. Unter handlungsbasierter Kompetenz wird hingegen verstanden, dass berufs- bzw. domänenspezifische Handlungen und Prozeduren flexibel, fehlerfrei, effizient und angemessen im Hinblick auf die jeweilige Anforderungs-

Tab. 2: Fit-Statistik für das ein- und zweidimensionale Modell

	Eindimensionales Modell[a]	Zweidimensionales Modell[b]	Differenz
Deviance (-2Log-Likelihood)	14.505,50	14.403,59	101,91
Anzahl der geschätzten Parameter	80	83	3

[a]Das eindimensionale Modell geht von einer umfassenden kaufmännischen Kompetenz aus
[b]Das zweidimensionale Modell separiert zwischen verstehensbasierter und handlungsbasierter kaufmännischer Kompetenz

situation selektiert, ausgeführt und bewertet werden können. Beispielitems zu den einzelnen Kompetenzdimensionen finden sich bei Winther (2010).

Die Auswertung im Hinblick auf die Dimensionalität der Testitems erfolgte mit Hilfe des Multidimensional Random Coefficients Multinomial Logit Model; gerechnet wurde mit dem Programm ConQuest bei Annahme einer between-Multidimensionalität (Wu et al. 2007; für eine detaillierte Ergebnisdarstellung vgl. Winther 2010). Das Ergebnis zeigt eine empirische Trennbarkeit der beiden Kompetenzstrukturen „handlungsbasiert" und „verstehensbasiert" (Likelihood-Ratio Test; Chi-Square = 101,91; df=3; $p<0,001$; $r=0,587$).

Bei der Konstruktion der Testitems für die einzelnen Kompetenzdimensionen kam es darüber hinaus entscheidend darauf an, die Berufsaufgaben authentisch im Hinblick auf ihre berufstypische Geltung so abzubilden, dass sie zugleich auch Aussagen über die Graduierung – im Sinne von Kompetenzniveaus – erlauben. Im Rahmen der Messungen kaufmännischer Kompetenz wurde hierfür der Anforderungsgehalt der Testsituation anhand von drei Kriterien bewertet: 1) Inhaltliche Komplexität als Indikator für den Umfang von und den Zusammenhang zwischen Inhaltsbereichen (Vierer-Likert-Skala; isolierte Wissensbestände bis wissenschaftliche Prozeduren; ICC [3,1]=0,818), 2) der Grad der kognitiven Beanspruchung (Vierer-Likert-Skala; Reproduzieren bis Anwenden; ICC [3,1]=0,877) sowie 3) funktionale Modellierung als Indikator für den Aufwand der Auszubildenden, um die komplexe Anforderungssituation in lösbare Teilaspekte zu zerlegen (Vierer-Likert-Skala; keine Modellierung bis umfassende Modellierung; ICC [3,1]=0,946). Die schwierigkeitsklassifizierenden Kriterien wurden für jedes Item durch sechs Rater beurteilt, um sie anschließend als Prädiktoren der Itemschwierigkeit in einer multiplen Regression zu berechnen. Zur Veranschaulichung der Übereinstimmung zwischen den Ratern wurde die Intraclass-Korrelation (two-waymixed; ICC [3;1]) jeweils für ein Kriterium über alle Items und Rater ermittelt (im Detail vgl. hierzu Winther 2010, S. 236). Anhand der zusammenfassenden Beurteilung von Anforderungssituation und Antwortverhalten über alle Items hinweg kann dann ein Kompetenzniveaumodell mit seinen Graduierungen operationalisiert werden (Abb. 3):

Zusammenfassend lassen die Befunde zu Kompetenzstruktur- und -niveaumodell hinsichtlich der Konstruktvalidität folgende Schlussfolgerungen zu: Die auf theoretischen Analysen basierenden Dimensionen beruflicher Kompetenz konnten 1) in einem Test umgesetzt werden und lassen sich 2) für das Sample der Auszubildenden im Beruf des Industriekaufmanns/der Industriekauffrau empirisch bestätigen. Die Analyse zeigt, dass die Daten das zweidimensionale Modell gut fitten und dass sowohl die handlungsbasierte als auch die verstehensbasierte Kompetenzdimension entsprechend des Antwortverhal-

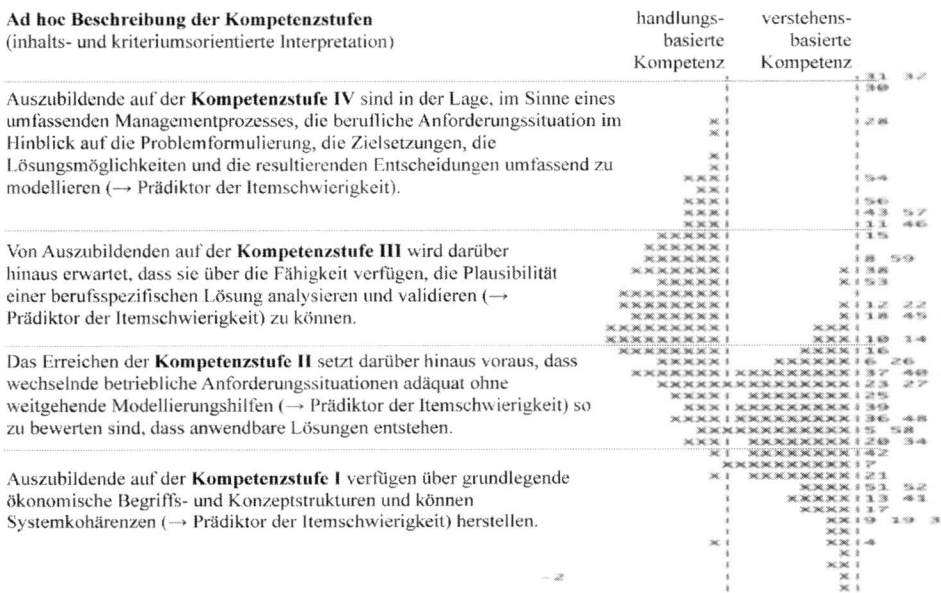

Ad hoc Beschreibung der Kompetenzstufen (inhalts- und kriteriumsorientierte Interpretation)	handlungs-basierte Kompetenz	verstehens-basierte Kompetenz
Auszubildende auf der **Kompetenzstufe IV** sind in der Lage, im Sinne eines umfassenden Managementprozesses, die berufliche Anforderungssituation im Hinblick auf die Problemformulierung, die Zielsetzungen, die Lösungsmöglichkeiten und die resultierenden Entscheidungen umfassend zu modellieren (→ Prädiktor der Itemschwierigkeit).		
Von Auszubildenden auf der **Kompetenzstufe III** wird darüber hinaus erwartet, dass sie über die Fähigkeit verfügen, die Plausibilität einer berufsspezifischen Lösung analysieren und validieren (→ Prädiktor der Itemschwierigkeit) zu können.		
Das Erreichen der **Kompetenzstufe II** setzt darüber hinaus voraus, dass wechselnde betriebliche Anforderungssituationen adäquat ohne weitgehende Modellierungshilfen (→ Prädiktor der Itemschwierigkeit) so zu bewerten sind, dass anwendbare Lösungen entstehen.		
Auszubildende auf der **Kompetenzstufe I** verfügen über grundlegende ökonomische Begriffs- und Konzeptstrukturen und können Systemkohärenzen (→ Prädiktor der Itemschwierigkeit) herstellen.		

Abb. 3: Kompetenzniveaumodell (eigene Darstellung)

tens der Auszubildenden nach verschiedenen Kompetenzstufen geordnet werden kann. Hierbei ist festzustellen, dass die handlungsbasierten Anforderungssituationen die Logit-Skala umfassend repräsentieren, während über die verstehensbasierten Aufgaben der Test enger konstruiert ist (vgl. hierzu die Verteilung in Abb. 3). Die Fit-Statistik der Itemparameter ist symmetrisch, ohne bemerkenswerte Ausreißer, verteilt und lässt damit auf einen guten Fit der Daten im Hinblick auf die Modellannahmen schließen. Die Personenfähigkeiten in beiden Kompetenzdimensionen sind annähernd normalverteilt, so dass davon ausgegangen werden kann, dass sich Personen auf unterschiedlichen Leistungsstufen verorten lassen. Auf Basis der vorliegenden Daten konnten so vier Niveaustufen ermittelt werden: Kaufmännisches Grund- und Regelwissen (Kompetenzstufe I), Kaufmännisches Handlungswissen (Kompetenzstufe II), Kaufmännisches Analysewissen (Kompetenzstufe III) sowie Kaufmännisches Entscheidungswissen (Kompetenzstufe IV).

Aktuelle Überlegungen gehen jedoch davon aus, dass sowohl der *Heterogenitätsaspekt* als auch der *Enkulturationsaspekt* in besonderer Weise im Rahmen der beruflichen Kompetenzmodellierung zu berücksichtigen und vor diesem Hintergrund die bislang vorliegenden Modellierungen noch zu wenig komplex seien. Es wird angenommen, dass die in Kompetenzstrukturmodellen gesuchten Strukturvarianzen durch Gruppeneffekte, die sich einerseits aus der unterschiedlichen Zusammensetzung der Auszubildenden und andererseits aus unterschiedlichen Lern- und Praxiserfahrungen ergeben können, schlicht überlagert werden. Vor diesem Hintergrund rücken Mischverteilungsannahmen (Rost und von Davier 1993; Rost 2004; von Davier und Yamamoto 2004) in den Fokus, mit denen sich spezifische Inhalte der beruflichen Bildung in den einzelnen Domänen und Berufen psychometrisch modellieren lassen und die eine Testung verschiedener Modelle in unterschiedlichen Teilpopulationen erlauben. Für die berufliche Bildung kann eine Entmischung der Gesamtpopulation, insbesondere vor dem Hintergrund tätigkeitsspezifischer und arbeitsplatzbezogener Kompetenzen, von Interesse sein. Mit zunehmender berufsfachlicher Kompetenz und Professionalität wird angenommen, dass in Abhängigkeit vom betrieblichen Geschäftsbereich, in dem die Auszubildenden überwiegend eingesetzt sind (*Enkulturationsaspekt*), Testaufgaben unterschiedlich gelöst werden und so folglich die modellierten Fähigkeitsstrukturen zum Lösen einer Testaufgabe nicht für alle Probanden gleich sein müssen.

2.3 Studie III: Reliabilitätsbezogene Implikationen beruflicher Kompetenzmessung

2.3.1 Reliabilitätskonzepte und deren empirische Prüfung

Die Ergebnisse beruflicher Kompetenzmessungen zur Einordnung der Kompetenzen – beispielsweise zu Einstellungs- und Beförderungsfragen oder zu Prüfungszwecken – haben reale Konsequenzen für die Testpersonen und sind zentral für deren weiteren beruflichen Werdegang (*Interessenaspekt*). Gerade hier ist es deshalb wichtig, Einstufungen der Probandenkompetenz möglichst zufallsfrei treffen zu können. Für die berufliche Bildung zeigt sich, dass der Bereich beruflicher Anforderungssituationen, in denen eine bestimmte Kompetenz zum Tragen kommt, aufgrund der *Heterogenitäts- und Enkulturationseffekte* ein besonders breites Leistungsspektrum umfasst. Dieses muss in Kompetenzmessungen reliabel – daher über ausreichend viele, unterschiedliche Anforderungssituationen mit jedoch gleichem Schwierigkeitsniveau pro Kompetenzniveau – abgebildet werden.

Allgemein lässt sich Reliabilität als Maß der Wahrscheinlichkeit für eine richtige Klassifikation eines bestimmten Untersuchungsmerkmals beschreiben. Für Kompetenzmessungen lässt sich der Begriff analog als die Wahrscheinlichkeit, mit der die Auszubildenden bezogen auf ihr „wahres" Kompetenzniveau eingeschätzt werden, definieren. Hierbei wird zwischen zwei Formen von Reliabilität unterschieden:

1. Reliabilität, die das Design und die Adäquanz des Erfassungssystems und hier insbesondere die Stichprobenziehung (Systemebene) betrifft, und
2. Reliabilität der Assessmentergebnisse auf Individualebene (Kiplinger 2008, S. 94–102).

Reliabilität auf *Systemebene* bildet innerhalb dieser Klassifikation die Konsistenz der Messungen auf Schul- oder Unternehmensebene ab. Bei intertemporalen Vergleichen ist dabei die Annahme implizit, dass andere Faktoren, die die Testleistung beeinflussen, insbesondere das Fähigkeitsniveau des jeweiligen Jahr- oder Ausbildungsgangs, sich stabil verhalten. Die Veränderungen in der Leistung der Auszubildenden sind damit direkt und ausschließlich ihrer Kompetenz zuzuordnen. Die Anwendung von IRT-Modellen ermöglicht dabei stichproben- und verteilungsunabhängige Informationen, so dass die Reliabilitätsproblematiken auf Systemebene, etwa die Fragen genuin paralleler Messungen oder die Berechnung von Retest-Reliabilitäten, weitgehend entfallen. Durch die Annahme der Stichprobenunabhängigkeit lassen sich zudem elegante Möglichkeiten insbesondere für Reliabilitätsschätzungen innerhalb beruflicher Large-Scale Assessments ableiten: Bei klassischen Testverfahren werden, um verschiedene Kompetenztests miteinander in

Beziehung zu setzen, aufwendige Prozeduren benötigt (z. B. „Equipercentile" oder „linear equating"; Kolen 1984). IRT-Modelle bieten hingegen spezifische modellimmanente Verbindungsmöglichkeiten (*Linking-Designs* oder *Anchoring*[3]) an. Hierdurch wird ein direktes Inbezugsetzen von Skalen über mehrere Itemparameter und damit die Entwicklung einer gemeinsamen, instrumentenübergreifenden Metrik möglich (Angoff 1971; Holland und Rubin 1982; Petersen et al. 1989; Kolen und Brennan 1995; von Davier et al. 2004).

Auch hinsichtlich der Reliabilität der Assessmentergebnisse auf *Individualebene* bergen die Linking-Verfahren der IRT großes Potential. Sie ermöglichen durch ein Zusammenführen beliebig vieler Testgruppen die Implementation *adaptiver Testverfahren*. Dies ist gerade für berufliche Kompetenzmessungen von zentraler Bedeutung, da die Heterogenitäts- und Enkulturationseffekte eine stark differierende und breit angelegte Kompetenzskala voraussetzen. Dies würde – bei gleich bleibender Testzeit – die Reliabilität für die einzelnen Niveaus mindern. Durch die Anpassung der Testitems auf das individuelle Kompetenzniveau lassen sich deutlich höhere Testreliabilitäten für die einzelnen Testteilnehmer erzeugen und damit zuverlässigere Schätzungen der individuellen Personenkompetenz realisieren.

2.3.2 Befunde zur Reliabilität

Auf *Individualebene* stellt der *Messfehler* das entscheidende Beurteilungskriterium der Reliabilität dar. Der Messfehler entsteht zum einen dadurch, dass ein Test immer nur exemplarisch einige Items für einen ganzen Bereich abbilden kann, und zum anderen dadurch, dass verschiedene andere Faktoren das Testergebnis bei Wiederholung der Messung beeinflussen können. Diese Faktoren sind insbesondere 1) Schülerspezifika wie Motivation oder Müdigkeit, 2) Testspezifika wie das Itemsample oder die Instruktionsklarheit, 3) Skalierungsspezifika wie beispielsweise Zählfehler und 4) Situationsspezifika wie beispielsweise Testraumgröße oder störende Testpersonen. Damit beschreibt ein Messfehler die Variabilität, die mit dem Testen einer bestimmten Gruppe innerhalb einer bestimmten Testlokalität einhergeht (Kiplinger 2008, S. 94–102). IRT-Modelle formulieren die Reliabilität auf der Individualebene dabei deutlich genauer, als dies innerhalb der klassischen Testtheorie möglich wäre: Sie beschreiben, wie gut ein Schätzer das wahre Personenmerkmal für jede spezifische Ausprägung des Personenmerkmals misst.

Exemplarisch für die praktische Anwendung und Interpretation dieses Konzeptes seien an dieser Stelle Untersuchungen von IHK-Abschlussklausuren durch Klotz und Winther (2012) diskutiert. Überprüft wurden hier die Validität und Reliabilität von kaufmännischen Abschlussprüfungen der Aufgabenstelle für kaufmännische Abschlussprüfungen (AkA) anhand von $n = 1768$ Industriekaufleuten. Die untersuchten Klausuren bezogen sich dabei auf den Prüfungsbereich „Geschäftsprozesse", der mit 180 min Prüfungsdauer und 40 prozentiger Gewichtung der Abschlussnote der umfangreichste Teilprüfungsbereich der Abschlussprüfung ist. Neben einer Überprüfung des curricular formulierten Anspruches, Handlungskompetenz von Auszubildenden geschäftsprozessorientiert durch eine Einteilung der Teststruktur in die prozessualen Dimensionen Planung, Durchführung und Kontrolle erfassen zu können, wurde die Frage der Testpräzision anhand probabilistischer Verfahren eruiert. Hier ergab sich das folgende, differenzierende Bild (Klotz und Winther 2012) (Abb. 4):

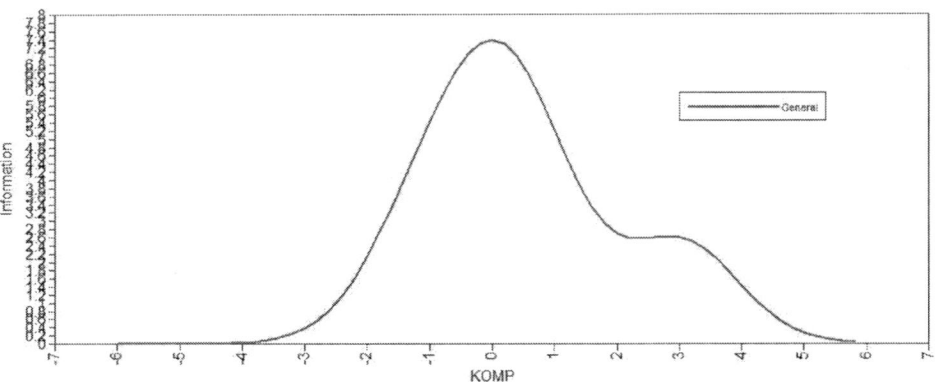

Abb. 4: Fähigkeitsspezifische Reliabilitätsumme über alle Testitems (Klotz und Winther 2012, S. 9)

Die Funktion für alle Items weist ihren maximalen Wert in etwa bei der durchschnittlichen Personenkompetenz auf. Das heißt, um diesen Bereich herum werden die Klausurteilnehmer am ehesten auf ihre wahre Kompetenzausprägung hin eingeschätzt (Reliabilität = 0,87) – weiter entfernt von diesem Bereich jedoch mit rapide fallender Präzision. Auch ist auffällig, dass der rechte Flügel der Funktion, d. h. der Funktionsteil für Probanden mit überdurchschnittlichen Kompetenzwerten, noch deutlich mehr Information liefert als der linke Flügel für Probanden unterdurchschnittlicher Kompetenzausprägung. Dies liegt daran, dass die Testinformationsfunktion als Summe aller Iteminformationsfunktionen mehr schwierige Items beinhaltet als leichte. Eine Differenzierung zwischen Probanden mit tendenziell niedriger Kompetenzausprägung ist kaum möglich, da die Testinformation hier gegen Null läuft. Ein solcher Reliabilitätsverlauf allein gibt jedoch für Assessmentkonstruktionen und -bewertungen keine ausreichende Einschätzung über die Nützlichkeit einer Messung. Erst unter Hinzunahme der Zielsetzung eines Assessments lässt sich ein Instrument hinsichtlich seiner Zielerfüllung bewerten. So kann eine zunehmende Informationsmenge in einem bestimmten Bereich bei gleichzeitigem Abflachen in den Randbereichen auch explizit erwünscht sein; nämlich dann, wenn Probanden an einem bestimmten Punkt mit besonders hoher Präzision separiert werden sollen (Baker 2001, S. 108). Allerdings ist der entscheidende Separationspunkt bei den IHK-Abschlussklausuren keineswegs bei durchschnittlicher Kompetenzausprägung zu suchen, sondern im Gegenteil bei besonders niedrigem Fähigkeitsniveau: Da jährlich ca. 95 % der an den Abschlussprüfungen teilnehmenden Auszubildenden bestehen und damit lediglich 5 % durchfallen, verläuft die wohl kritischste Einteilungsgrenze in „bestanden" und „nicht bestanden" weit unter dem durchschnittlichen Kompetenzniveau im linken Extrembereich niedriger Fähigkeit. Gerade hier werden die Klausurteilnehmer jedoch mit einer gegen Null verlaufenden Treffsicherheit – und somit praktisch blind – in die beiden wichtigsten Kategorien „bestanden" und „nicht bestanden" eingeordnet. Hier zeigt sich, dass das Gütekriterium der Reliabilität keineswegs einer statistischen „Test-Ästhetik" dient, sondern die Konsequenzen einer geringen Reliabilität und somit einer falschen Klassifizierung substanzielle – mitunter negative – Auswirkungen auf den beruflichen Werdegang und den weiteren Lebenslauf der Testindividuen bedingen. Anhand von IRT-Schätzungen werden solche Defizite evident und können vor dem Hintergrund von Testadaptionen diskutiert werden. Die Testkonstruktion kann durch die so gewonnenen Informationen gezielt – in diesem Beispiel durch verstärkte Modellierung leichterer Items – verbessert werden.

3 Fazit

Vor dem Hintergrund der Zielsetzungen einer evidenzbasierten Bildungspolitik wird in der beruflichen Bildung intensiv an Ansätzen einer validen und reliablen Kompetenzmessung gearbeitet. Ausgehend von den Überlegungen eines internationalen Large-Scale Assessments (VET-LSA; Baethge et al. 2006) wurden für spezifische Berufe Testumgebungen und Kompetenzmodelle entwickelt, die für diese Berufe als exemplarisch gelten können. Im Rahmen der aktuellen BMBF-Forschungsinitiative ASCOT werden diese Vorarbeiten unter einer erweiterten Perspektive im Bereich ausgewählter kaufmännischer, gewerblich-technischer und sozialer Berufe erneut aufgegriffen. Zielsetzung der Forschungsinitiative ist es, Antworten darauf geben zu können, über welche Kompetenzen die Absolventen beruflicher Ausbildungsprogramme verfügen und wie sich auf Basis dieser Befunde die Anschlussfähigkeit deutscher Berufe im europäischen Kontext sicherstellen ließe. Die zu entwickelnden Assessments übernehmen dabei die Funktion, aktuelle Kompetenzausprägungen zu erfassen und individuelle Kompetenzzugewinne innerhalb einzelner Kompetenzbereiche unter Rückgriff auf systemische Kontextvariationen zu diagnostizieren und so (beispielhaft-perspektivisch) für die Instruktions- und Lernprozesse in kaufmännischen Ausbildungsgängen sowie für die kaufmännischen Prüfungen nutzbar zu machen. Damit wird deutlich, dass Kompetenzmessung – unabhängig davon, ob Systemvergleiche angestrebt, Bildungsbiographien zertifiziert oder empirische Evidenzen aus Lernstandserhebungen gewonnen werden sollen – in erster Linie der Förderung und Stützung von Lern- und Arbeitsprozessen zu dienen hat. Dieser Anspruch ist eng an eine Accountability-Konzeption zu binden, da nur so eine politische und wissenschaftliche Legitimation realisiert werden kann. Die Erfüllung des Legitimationsanspruchs könnte im beruflichen Bereich katalytische Funktionen entfalten: für die berufsbildungspolitische Steuerung, als Performanz-Anreiz für Lernende, Lehrende, Schulen und Unternehmen sowie für eine empirische Beschreibung beruflicher Bildungs- und Sozialisationsprozesse. In den bisherigen empirischen Arbeiten zur Kompetenzmodellierung und -messung haben sich sowohl national als auch international, im allgemeinbildenden wie auch im berufsbildenden Bereich immer wiederkehrend Probleme abgezeichnet, die sich aus der Abstimmung von fachdidaktischen Fragen und solchen der Kompetenzforschung und ihrer Methodologie ergeben: Zugespitzt kann man sagen, dass eine fachdidaktische Forschung sich eher selten um angemessene empirische Überprüfungen bemüht hat (aktuell im Hinblick auf die Überlegungen einer unterrichtsnahen Kompetenzdiagnostik; Pittich 2011), während Vorreiter der Kompetenzmodellierung und -messung eher zurückhaltend mit der fachdidaktischen Absicherung der verwendeten Items umgegangen sind. Eine Grundforderung in diesem Zusammenhang ist, dass Items zur Kompetenzmessung fachdidaktisch so aufbereitet sein sollten, dass sie curricular abgesichert als instruktionale Vorgaben dienen können (vgl. Argumentationen in Achtenhagen und Winther 2011). Nur so lassen sich die konstruierten Testsituationen als Begleiter in Lehr-Lernprozessen im didaktischen Sinne verstehen – dies dann mit entsprechenden Implikationen in die unterrichtliche Praxis.

Die Ansätze der Kompetenzmodellierung und -messungen in der beruflichen Bildung korrespondieren zwar mit den Charakteristika der Kompetenzmodelle aus dem allgemeinbildenden Bereich, wie sie im Zusammenhang mit der Expertiseforschung und den LSA-Studien verwendet werden, sind jedoch nicht deckungsgleich. Vorbild gegenwärtiger Kompetenzmodellierungen sind die Weinertsche Kompetenzdefinition (Weinert 2001) sowie die psychometrischen Grundlagen der ersten PISA-Studie (Adams und Wu 2002). Sowohl im Hinblick auf das Kompetenzverständnis als auch hinsichtlich der daraus resultierenden psychometrischen Modellierungsansätze zeigen sich in der beruflichen Bildung Besonderheiten, die sich vorrangig daraus ergeben, dass über die Testitems berufliche Handlungs- und Orientierungsleistungen abgebildet werden sollen, die aus ihrem Begründungszusammenhang heraus (vorrangig betrieblich) bereits situiert sind und folglich für unterschiedliche Gruppen ein unterschiedliches Lösungsverhalten motivieren können – dies dann mit entsprechenden Konsequenzen in der Modellierung (*Heterogenitäts- und Enkulturationseffekte*). Hinzu kommt, dass in der beruflichen Bildung – berechtigt oder nicht – die Fokussierung auf kognitive Wissens- bzw. Performanzkriterien bei der Kompetenzmessung kritisiert und damit die Frage der Legitimation der Messung zentral gestellt wird. Dem wird dadurch begegnet, dass die Testitems einer Prozess- und Handlungslogik folgen und darüber hinaus dem Prinzip einer tätigkeitsbezogenen Validität (vgl. Winther 2010) verpflichtet sind. Die Folge ist eine ungleich größere Komplexität beruflicher Kompetenzmessungen, die bei der praktischen Gestaltung und Auswertung spezielle methodische Vorgehensweisen erfordert, um eine Erfüllung der klassischen Gütekriterien auch hier gewährleisten zu können. So ist es notwendig, mehrdimensionale Modelle zu prüfen und in weiteren Studien auch auf Annahmen der Mixed Rasch-Modelle zurückzugreifen, um die komplexen Kompetenzgefüge, die spezifischen Skalierungseigenschaften der Kompetenzskalen sowie die heterogene Zusammensetzung der Testzielgruppe angemessen zu berücksichtigen.

Anmerkungen

1   Zusätzlich zur Relevanz wurden die Häufigkeit sowie der Schwierigkeitsgrad der Berufsaufgaben und der Qualifikationsanforderungen erfasst (im Detail vgl. hierzu Breuer et al. 2009).

2   Beschreibt die Steigung der IC-Funktion und damit inhaltlich die Trennschärfe.

3   Dieses Verfahren erlaubt eine gemeinsame Positionierung von Items aus unterschiedlichen Tests auf einer einheitlichen Metrik. Hierzu werden die Itemparameter einer Gruppe von Items, welche an verschiedenen Personenstichproben kalibriert wurden, auf einer gemeinsamen Metrik positioniert.

Literatur

Achtenhagen, F., & Winther, E. (2009). Konstruktvalidität von Simulationsaufgaben: Computergestützte Messung berufsfachlicher Kompetenz am Beispiel der Ausbildung für Industriekaufleute. Abschlussbericht zur Einreichung beim BMBF. Professur für Wirtschaftspädagogik der Georg-August Universität Göttingen.

Adams, R. J., Wilson, M., & Wang, W.-C. (1997). The multidimensional random coefficients multinomial logit model. *Aapplied Psychological Measurement, 21*(1), 1–23.

Adams, R. J., & Wu, M. (Hrsg.). (2002). *PISA 2000 technical report.* Paris: OECD.

Andrich, D. (1978). A rating formulation for ordered response categories. *Psychometrika, 43,* 561–573.

Angoff, W. A. (1971). Scales, norms and equivalent scores. In R. L. Thorndike (Hrsg.), *Educational measurement* (2. Aufl., S. 508–600). Washington, DC: American Council on Education.

Anderson, L. W., & Krathwohl, D. R. (2001). *A taxonomy for learning, teaching and assessing. A revision of bloom's taxonomy of educational objectives.* New York: Springer.

Baethge, M., & Arends, L. (2009). *Feasibility Study VET-LSA: A comparative analysis of occupational profiles and VET programmes in eight European countries.* Bonn: BMBF.

Baethge, M., Achtenhagen, F., Arends, L., Babic, E., Baethge-Kinsky, V., & Weber, S. (2006). *Berufsbildungs-PISA-Machbarkeitsstudie.* Stuttgart.

Baker, F. (2001). *The basics of item response theory. ERIC clearinghouse on assessment and evaluation.* College Park: University of Maryland, College Park.

Baumert, J., Artelt, C., Klieme, E., & Stanat, P. (2001). PISA. Programme for International Student Assessment. Zielsetzung, theoretische Konzeption und Entwicklung von Messverfahren. In F. E. Weinert (Hrsg.), *Leistungsmessungen in Schulen* (S. 285–310). Weinheim: Beltz.

Berk, R. A., & Rossi, P. H. (1998). *Thinking about program evaluation.* Newbury Park: Sage. Berufsbildungsgesetz (BBiG) vom 23. März 2005.

Birnbaum, A. (1968). Some latent trait models and their use in inferring an examinee's ability. In F. M. Lord & M. R. Novick (Hrsg.), *Statistical Theories of Mental Test Scores* (S. 397–472). Massachusetts: Addison-Wesley.

Bloom, B. S. (1956). *Taxonomy of educational objectives, handbook I: The cognitive domain.* New York: David McKay Co Inc.

Breuer, K., Hillen, S., & Winther, E. (2009). Comparative international analysis of occupational tasks and qualification requirements for the labour market and assessment tasks at the end of VET in participating countries – business and administration. In M. Baethge & L. Arends (Hrsg.), *Feasibility study VET-LSA. A comparative analysis of occupational profiles and vet programmes in 8 european countries.international report.* Bonn: BMBF.

Briggs, D., & Wilson, M. (2004). An introduction to multidimensional measurement using Rasch-models. In E. V. Smith & R. M. Smith (Hrsg.), *Introduction to Rasch-measurement* (S. 322–342). Maple Grove: JAM Press.

Embretson, S. E., & Reise, S. P. (2000). *Item response theory for psychologists.* Mahwah: Lawrence Erlbaum Associates.

Fleishman, E. A., Costanza, D. P., & Marshall-Mies, J. (1999). Abilities. In N. G., Peterson, M. D., Mumford, W. C., Borman, P. R., Jeanneret, & E. A., Fleishman (Hrsg.), *An occupational information system for the 21st century: The development of O*NET* (S. 175–195). Washington, DC: American Psychological Association.

Gibbons, R., Bock, D., Hedeker, D., Weiss, D. J., Segawa, E., Bhaumik, D. K., Kupfer, D. J., Frank, E., Grochocinski, V. J., & Stover, A. (2007). Full-information item bifactor analysis of graded response data. *Applied psychological measurement, 31,* 4.

Gruber, H., Law, L.-C., Mandl, H., & Renkl, A. (1996). Situated learning and transfer: State of the art. In P. Reimann & H. Spada (Hrsg.), *Learning in humans and machines: Towards an interdisciplinary learning science* (S. 168–188). Oxford: Pergamon.

Hacker, W. (1986). *Arbeitspsychologie. Psychische Regulation von Arbeitstätigkeiten*. Bern: Huber.

Hartig, J., & Höhler, J. (2008). Rrepresentation of competencies in multidimensional irt-models with within-item and between-item multidimensionality. *Zeitschrift für psychologie, 216*(2), 89–101.

Hesse, H.-G. (2006). Das Potenzial von Kompetenzmodellen für die Entwicklung von Diagnose-instrumenten im Bereich der Berufsberatung. In B.-J. Ertelt & H.-D. Braun (Hrsg.), *Paradig-menwechsel in der Arbeitsmarkt- und Sozialpolitik?* (S. 363–372). Brühl: Fachhochschule des Bundes für öffentliche Verwaltung.

Holland, P. W., & Rubin, D. B. (1982). *Test equating*. New York: Academic Press.

Kiplinger, L. (2008). Reliability of large scale assessment and accountability systems. In K. E. Ryan & L. A. Shepard (Hrsg.), *The future of test-based educational accountability* (S. 93–114). New York: Routledge.

Klotz, V. K., & Winther, E. (2012). Kompetenzmessung in der kaufmännischen Berufsausbildung: Zwischen Prozessorientierung und Fachbezug. Eine Analyse der aktuellen Prüfungspraxis. *Berufs – und Wirtschaftspädagogik online, 22*(7). http://www.bwpat.de/ausgabe22/klotz_winther_bwpat22.pdf.

KMK. (1996). *Handreichung für die Erarbeitung von Rahmenlehrplänen der Kultusministerkonfe-renz (KMK) für den berufsbezogenen Unterricht in der Berufsschule und ihre Abstimmung mit Ausbildungsordnungen des Bundes für anerkannte Ausbildungsberufe*. Bonn.

Kolen, M. J. (1984). Effectiveness of analytic smoothing in equipercentile equating. *Journal of Educational Statistics, 9*, 25–44.

Kolen, M. J., & Brennan, R. L. (1995). *Test equating, scaling, and linking. Methods and practices*. New York: Springer.

Lehmann, R. & Seeber, S. (Hrsg.). (2007). *ULME III. Untersuchungen von Leistungen, Motivation und Einstellungen der Schülerinnen und Schüler in den Abschlussklassen der Berufsschulen*. Hamburg: HIBB.

Mandl, H., Gruber, H., & Renkl, A. (1993). Kontextualisierung von Expertise. In H. Mandl, D. M., & H.-J. Kornadt (Hrsg.), *Entwicklung und Denken im kulturellen Kontext* (S. 203–228). Göttingen: Hogrefe.

Marzano, R. J., & Kendall, J. S. (2008). *Designing and assessing educational objectives: Applying the new taxonomy*. Thousand Oaks, CA: Corwin Press.

Masters, G. N. (1982). A Rasch model for partial credit scoring. *Psychometrica, 47*, 149–174.

Max, C. (1999). *Entwicklung von Kompetenz – ein neues Paradigma für das Lernen in Schule und Arbeitswelt*. Frankfurt a. M.: Peter Lang.

Mislevy, R. J. & Haertel, G. D. (2006). Implications of evidence-centered design for educational testing. *Educational Measurement: Issues and Practice, 25*(4), 6–20.

Muraki, E. (1992). A generalized partial credit model: Application of an EM algorithm. *Applied Psychological Measurement, 16*, 159–176.

Nickolaus, R. (2008). Die Erfassung fachlicher Kompetenzen und ihrer Entwicklung in der beruf-lichen Bildung – Forschungsstand und Perspektiven. In Zlatkin- Troitschanskaia, Olga (Hrsg.), *Stationen Empirischer Bildungsforschung* (2011, S. 331–351). Wiesbaden: VS-Verlag für Sozialwissenschaften.

Nickolaus, R., Gschwendter, T., & Abele, S. (2009). *Die Validität von Simulationsaufgaben am Beispiel der Diagnosekompetenz von Kfz-Mechatronikern*. Vorstudie zur Validität von Simu-lationsaufgaben im Rahmen eines VET-LSA. Abschlussbericht für das Bundesministerium für Bildung und Forschung. Stuttgart.

Nunnally, J. C. (1978). *Psychometric Theory* (2nd Aufl.). New York.

OECD. (2008a). *Employment Outlook 2008*. Paris: OECD.

OECD. (2008b). *Education at a Glance 2008: OECD Indicators*. Paris: OECD.

Petersen, N. S., Kolen, M. J., & Hoover, H. D. (1989). Scaling, norming and equating. In R. L. Linn (Hrsg.), *Educational Measurement* (3rd Aufl., S. 221–262). New York: Macmillan.

Pittich, D. (2011). Studie zur Überprüfung des Zusammenhangs von Verständnis und Fachkompetenz bei Auszubildenden des Handwerks. In U. Fasshauer, E. Wuttke, & B. Fürstenau (Hrsg.), *Grundlagenforschung zum Dualen System und Kompetenzentwicklung in der Lehrerbildung* (S. 91–102). Opladen: Budrich.

Rauner, F., & Piening, D. (2010). *Umgang mit Heterogenität in der beruflichen Bildung. Eine Handreichung des Projekts KOMET*. Universität Bremen.

Rauner, F., Haasler, B., Heinemann, L., & Grollmann, P. (2009). *Messen beruflicher Kompetenzen*. Münster: LIT-Verlag.

Rost, J. (2004). *Lehrbuch Testtheorie und Testkonstruktion*. Bern: Hans Huber.

Rost, J., & von Davier, M. (1993). Measuring different traits in different populations with the same items. In R. Steyer, K. F. Wender, & K. F. Widaman (Hrsg.), *Psychometric methodology*. Proceedings of the 7th European Meeting of the Psychometric Society in Trier. Stuttgart: Gustav Fischer Verlag.

Roth, H. (1971). *Pädagogische Anthropologie. Entwicklung und Erziehung. Bd. II*. 1. Aufl. Hannover: Hermann Schroedel Verlag.

Ryan, K. E. (2008). Fairness issues and educational accountability. In K. E. Ryan & L. A. Shepard (Hrsg.), *The future of test-based educational accountability* (S. 191–208). New York: Routledge.

Samejima, F. (1969). Estimation of latent ability using a response pattern of graded scores. *Psychometrika, 34*(4), 100–114.

Seeber, S. (2008). Ansätze zur Modellierung beruflicher Fachkompetenz in kaufmännischen Ausbildungsberufen. *Zeitschrift für Berufs- und Wirtschaftspädagogik, 104*(1), 74–97.

Seeber, S., Nickolaus, R., XY, E., Achtenhagen, F., Breuer, K., et al. (2010). Kompetenzdiagnostik in der Berufsbildung Begründung und Ausgestaltung eines Forschungsprogramms. *Berufsbildung in Wissenschaft und Praxis*, Beilage zu 1/2010, 1–15.

Shavelson, R. J. (2008). Reflections on quantitative reasoning: An assessment perspective. In B. L. Madison & L. A. Steen (Hrsg.), *Calculation vs. context: Quantitative literacy and its implications for teacher education* (S. 27–47). Mathematical Association of America.

Shrout, P. E. & Fleiss, J. L. (1979). Intraclass correlations: Uses in assessing rater reliability. *Psychological Bulletin, 86*, 420–428.

Straka, G. A., & Macke, G. (2011). Handlungsorientierung in der Berufsschule – eine erfolgversprechende Unterrichtsmethode? *Zeitschrift für Berufs- und Wirtschafts-pädagogik, 107*(3), 451–456.

Volpert, W. (1983). *Handlungsstrukturanalyse als Beitrag zur Qualifikationsforschung*. Köln: Pahl-Rugenstein.

von Davier, M., & Yamamoto, K. (2004). Partially observed mixtures of IRT models: An extension of the generalized partial credit model. *Applied Psychological Measurement 28*(6), 389–406. http://apm.sagepub.com/content/28/6/389.refs. Zugegriffen: 11. Aug. 2012.

von Davier, A. A., Holland, P. W., & Thayer, D. T. (2004). *The kernel method of equating*. New York: Springer.

Weinert, F. E. (2001). Vergleichende Leistungsmessung in Schulen – eine umstrittene Selbstverständlichkeit. In F. E. Weinert (Hrsg.), *Leistungsmessungen in Schulen* (S. 17–32). Weinheim: Beltz.

Weiss, D. J., & Davison, M. L. (1981). Test theory and methods. *Annual Review of Psychology, 32*, 1.

Winther, E. (2010). *Kompetenzmessung in der beruflichen Bildung*. Bielefeld: Bertelsmann.

Winther, E. (2011). Das ist doch nicht fair! – Mehrdimensionalität und Testfairness in kaufmännischen Assessments. *Zeitschrift für Berufs- und Wirtschaftspädagogik, 107*(2), 218–238.

Winther, E., & Achtenhagen, F. (2009). Skalen und Stufen kaufmännischer Kompetenz. *Zeitschrift für Berufs- und Wirtschaftspädagogik, 105*(4), 521–556.

Wright, B. D., & Stone, M. H. (1979). *Best test design*. Chicago: MESA Press.

Wu, M. L., Adams, R. J., Wilson, M. & Haldane, S. A. (2007). *ACER ConQuest. Version 2.0. Generalised Item Response Software*. Camberwell: ACER Press.

Yu, C. Y., & Muthén, B. O. (2002). *Evaluation of model fit indices for latent variable models with categorical and continuous outcomes (Technical Report)*. Los Angeles: University of California at Los Angeles, Graduate School of Education and Information Studies.

Z Erziehungswiss (2014) 17:33–58
DOI 10.1007/s11618-013-0454-5

Fachdidaktisch gesteuerte Modellierung und Messung von Kompetenzen im Bereich der beruflichen Bildung

Susanne Weber · Frank Achtenhagen

Zusammenfassung: Spätestens mit den Ergebnissen der international vergleichenden Studien (TIMSS, PISA) hat sich gezeigt, dass eine input-orientierte Bildungsorganisation und -steuerung für die Vorbereitung auf gegenwärtige und zukünftige Arbeits- und Lebenssituationen nicht zielführend ist. Ein Wechsel zur Output-Orientierung stellt Ergebnisse von Bildungsinvestitionen und -prozessen in den Mittelpunkt – vor allem Kompetenzen. Damit stehen Bildungsverantwortliche vor der Herausforderung, Kompetenzen als latentes Konstrukt zu definieren. Für die Fachdidaktiken bedeutet dies neue Anforderungen; denn Kompetenzen lassen sich nur im Hinblick auf einen domänenspezifischen Bereich auf der Basis lern- und kognitionstheoretischer Annahmen modellieren und unter Einsatz ganzheitlicher Analysemodelle messen. In diesem Artikel soll daher unter einer fachdidaktischen Perspektive für die Ausbildung im Bereich Wirtschaft und Verwaltung beispielhaft ein Entwurf zur Modellierung und Messung interkultureller Kompetenz vorgestellt werden. Ausgangspunkt ist eine Re-Analyse in Anlehnung an die internationale Kompetenzdiskussion zu Large-Scale-Assessments sowie unter Zugrundelegung einer forschungs- und evidenzbasierten, fachdidaktisch gesteuerten Curriculum-Instruktion-Assessment-Triade. Re-Analysen werden dabei als wesentliches Mittel angesehen, die Stabilität fachdidaktischer Aussagen zu überprüfen und zu gewährleisten. Die Ergebnisse zeigen, dass es im Zusammenspiel von curricularer Planung, instruktionaler Umsetzung und darauf bezogenem Assessment möglich ist, Facetten interkultureller Kompetenz klarer als bisher als Lernziele zu konzeptualisieren, zu fördern und zu messen – und damit als Output von Bildungsbemühungen sichtbar zu machen. In der abschließenden Zusammenfassung und Diskussion werden Limitationen und offene Fragen für zukünftige Forschung diskutiert.

Schlüsselwörter: Interkulturelle Kompetenz · Curriculum-Instruktion-Assessment-Triade · Design-Experiment · Fachdidaktik · Re-Analyse

Prof. Dr. S. Weber (✉)
Ludwig-Maximilians-Universität München, Ludwigstr. 28,
80539 München, Deutschland
E-Mail: susanne.weber@bwl.lmu.de

Prof. (em.) Dr. Dr. h. c. mult. F. Achtenhagen
Georg-August-Universität Göttingen, Platz der Göttinger Sieben 5,
37073 Göttingen, Deutschland
E-Mail: fachten@uni-goettingen.de

Subject-didactical modeling: a measurement of VET competencies

Abstract: As a consequence of the large-scale assessment studies (TIMSS; PISA) in the area of compulsory schools the modeling and measurement of competencies in the fields of vocational education and training is focused on. This new orientation at an output perspective of teaching/training and learning/working processes urges new ways of such modeling and measurement. According to the standards of the curriculum-instruction-assessment triad which are research- and evidence-based and embedded in a subject-didactical concept an example is presented of how competencies in the fields of business and economic education can be determined. Data of a study on intercultural learning are taken and re-modeled in accordance to a well-founded competence concept. The results demonstrate that such evidence- and research-based re-analyses help to formulate learning goals more efficiently and effectively and to provide new admissions to the corresponding instructional processes. The article closes with hints to possible limitations but also to future connected research.

Keywords: Intercultural competence · Curriculum-instruction-assessment-triad · Design-experiment · Instructional theory · Re-analysis

1 Einführung

In der Expertise „Zur Entwicklung nationaler Bildungsstandards" (Klieme et al. 2003) wird mit der gewünschten Deutlichkeit die Bedeutung fachdidaktischer Überlegungen für eine valide und reliable Modellierung und Messung von Kompetenzen hervorgehoben: „Eine Konsequenz ist, dass konkrete Ausformulierungen und Operationalisierungen des Kompetenzbegriffs zunächst in den Domänen bzw. Fächern zu erfolgen haben. Daraus begründet sich weiterhin die Notwendigkeit, bei der Entwicklung von Kompetenzmodellen auf dem Theorie- und Erkenntnisstand der Fachdidaktik aufzubauen" (S. 75) (vgl. hierzu auch den internationalen Diskussionsstand bei Brown 1992; Bransford et al. 2000; Shavelson und Towne 2002; Pellegrino et al. 2001).

Eine fachdidaktisch orientierte Lehr-Lern-Forschung verbunden mit einer Output-Orientierung hat im Bereich der beruflichen Bildung eine lange Tradition. Berufliches Handeln – als Ergebnis beruflicher Lern- und Entwicklungsprozesse und damit des Aufbaus von Kompetenz – wird ständig am Arbeitsplatz eingefordert. Damit sind Konsequenzen beruflichen Lehrens und Lernens unmittelbar anhand der Güte der gezeigten Leistung festzustellen. Die als Reaktion auf die Ergebnisse der internationalen Vergleichsstudien geforderte Neuausrichtung von einer Input- zu einer Outputorientierung von Bildungsprozessen (vgl. Klieme et al. 2003, S. 11 f.) stellt für die berufliche Bildung damit keine Neuigkeit dar. Deutlich wird dieses anhand der Tatsache, dass die Lehrabschlussprüfungen gemäß dem Berufsbildungsgesetz (1969, 2005) durch die Kammern und nicht durch die ausbildenden Betriebe und/oder Schulen abgenommen werden (vgl. Achtenhagen und Weber 2009) und diese Abschlussprüfungen neben reinem Faktenwissen auch Fähigkeiten und Fertigkeiten sowie Einstellungen erfassen, die mittels schriftlicher, mündlicher und handlungsorientierter Prüfungsformate (vor allem „Gesellenstücke"; „Kundenberatung", „Projektvorstellungen und Disputationen") evaluiert werden (vgl. die Prüfungsordnungen für die jeweiligen Berufe).[1] Eine Konsequenz der unmittelbaren Praxisreaktionen auf gelungene bzw. eher misslungene Lehr- und Lernprozesse ist, dass das Konzept der Fachdidaktiken im beruflichen Bereich weiter gefasst ist als für gewöhnlich im Bereich der allgemeinen Fächer (vgl. z. B. Baumert und Kunter 2006), indem vor allem allgemeine Ziele und Inhalte, die den sogenannten Bildungswissenschaften vorbehalten sind, ebenfalls fachdidaktisch gerahmt werden (vgl. z. B. Achtenhagen 1984; siehe auch die Argumentation bei Reusser 2008, oder Terhart 2011 – bis hin zur Frage, ob man eine Allgemeine Didaktik noch benötigte).

Eine Fachdidaktik „Berufs- und Wirtschaftspädagogik" wird verstanden als „die Aktivitäten in Wissenschaft und Praxis, welche die Zusammenhänge und Differenzen zwischen universitären Disziplinen und berufsschulischen Lernfeldern bzw. Lerngebieten theoretisch fundiert herausarbeiten, zwischen beiden vermitteln, dabei vor allem Befunde der Berufs- und Wirtschaftspädagogik und der pädagogischen Psychologie integrieren, diese auf die Aufgaben beruflichen Unterrichts und die Lernbedingungen von Schülerinnen und Schülern berufsbildender Schulen beziehen und Entscheidungshilfen bereitstellen" (Pätzold und Reinisch 2010, S. 160–161). Damit beziehen sich die zentralen Fragestellungen der Fachdidaktik auf drei Kernbereiche: 1) Das *Curriculum*: Was sollen die Teilnehmer und Teilnehmerinnen der beruflichen Bildung nach Beendigung einer Ausbildung, eines Programms, eines Kurses, einer Stunde gelernt haben? Welche Kompetenzfacetten (Wissen, Fertigkeiten, Einstellungen) sind auf welchem Leistungsniveau mit welcher Unterstützung zu erwerben? – Damit stellen sich Fragen der Identifikation, Auswahl, Legitimation und Taxonomisierung von Lernzielen sowie die einer „curriculumtheoretischen" Reflexion (vgl. für den allgemeinbildenden Bereich: Robinsohn 1967; die Beiträge in Hameyer et al. 1983; Schiro 2008; Manzano und Kendall 2007; für den Bereich der Berufs- und Wirtschaftspädagogik: Krumm 1973; Mertens 1974; Achtenhagen und Tramm 1983; Achtenhagen 1984; Reetz 1984; Achtenhagen et al. 1992; Tramm 1996; Reetz und Tramm, 2000). 2) Die *Instruktion*: Mit welcher Konfiguration von Unterrichtsmethoden und -medien können für welche Adressaten mit welchen Eingangsvoraussetzungen in welcher Lehr-/Lernzeit und mit welchem Ausmaß an Unterstützung, mit welcher Art der Unterrichtsinteraktion und der Initiierung welcher Lernprozesse die zuvor formulierten curricularen Lernziele erreicht werden? – Unter dieser Perspektive finden sich viele unterschiedliche Ansätze: „How People Learn" (Bransford et al. 2000; Hasselhorn und Gold 2006); Hervorhebung einzelner Methoden (Flechsig 1996; Kaiser und Kaminski 1999; Frey und Frey-Eiling 1993) oder übergreifender „molarer"-Ansätze (Weber und Achtenhagen 2010); „komplexe Lehr-Lern-Arrangements" (Achtenhagen und John 1992); „Anchored Instruction" (CTGV 1997); „Problem-Based Learning" (Hmelo-Silver 2004; Dochy et al. 2003); „Four Component Instructional Design" (Van Merriënboer und Kirschner 2013); „Expansive Learning Cycle" (Engeström und Middleton 1996); aber auch weitere Bedingungsfaktoren: Medien (Mayer 2008); Vorwissen (Weber 1994); sozio-kulturelle Bedingungen (Schümer et al. 2004); Lernzeit (Carroll 1963; Berliner 1987); Lehrer-Schüler-Interaktionen (Helmke 2003). 3) Das *Assessment*: Mittels welcher Instrumente und Vorgehensweisen lassen sich die curricular definierten und instruktional vermittelten Ziele erfassen und messen? Damit stellen sich Fragen nach den methodologischen Zugängen der Erfassung (Befragung, Beobachtung, Nutzung von Indikatoren) (vgl. u. a. Kanning 2009), den Instrumenten der Erfassung (Fragebögen, Essays, situational judgement-Tests, Projektarbeiten) (vgl. u. a. Kanning 2009), des „Scorings" bzw. des Festlegens des akzeptierten Lösungsraumes (Bepunktung nur nach richtig und falsch oder mit Abstufungen und Anerkennung von teilweise richtigen Lösungen; Verknüpfung mit typischen Misconceptions etc.) (vgl. Wilson 2005; Pellegrino et al. im Druck), der Auswahl eines geeigneten Messmodells (klassische Testtheorie; IRT) (vgl. Rost 2004; Wilson 2005; Embretson 2010) sowie der Heranziehung einer geeigneten Vergleichsreferenz zur Bewertung individuell-, gruppen- oder kritieriumsbasierter Normen (vgl. Wilson 2005; Weinert 2002; Hasselhorn und Gold 2006). Als erste Zusammenfassungen für den beruflichen Bereich vgl. Winther 2010; Seeber et al. 2010; Abele et al. 2009; Achtenhagen und Winther 2009).

Notwendig ist eine durchgängig integrierte Sicht auf das Zusammenspiel von Curriculum, Instruktion und Assessment „... to get the same levels of complexity for all elements of the triad" (Achtenhagen 2012, S. 17).

Die folgenden Ausführungen gehen davon aus, dass wir im Rahmen der Fachdidaktik in viel zu geringem Maße Replikationsstudien und Re-Analysen vorliegen haben, mit deren Hilfe sich die Stabilität fachdidaktischer Aussagen überprüfen ließe. Wir führen daher eine Re-Analyse einer empirischen Studie zur Förderung interkultureller Kompetenz durch (Weber 2005), indem wir unter Beachtung der Triade-Bedingungen und unter Nutzung von Verfahren zur Kompetenzmessung, wie sie vor allem in den internationalen Large-Scale-Assessment-Studien zur Anwendung gekommen sind, die Bedingungen der Studie neu fassen.

2 Theoretischer Hintergrund

2.1 Fachdidaktische Konzeptualisierung interkultureller Kompetenz

Die theoretische Ausarbeitung eines Modells zur Bestimmung von interkultureller Kompetenz steckt trotz jahrzehntelanger Bemühungen auch derzeit noch in den Kinderschuhen – selbst wenn diese Kompetenz angesichts der Megatrends wie der Internationalisierung und Globalisierung wirtschaftlichen Handelns oder der zu beobachtenden Migrationsprozesse eine immer größere Bedeutung erlangt (Bolten 2001; Spitzberg und Changnon 2009; Van de Vijver und Leung 2009, S. 404–405). Ein erster Ansatz der Systematisierung wurde im „Sage Handbook of Intercultural Competence" vorgenommen (Deardorff 2009). Hierin arbeiten Spitzberg und Changnon (2009, S. 7) in ihrem Review die folgenden Kernelemente zur Konzeptualisierung einer interkulturellen Kompetenz heraus: *Motivation* (affektives Verhalten, Emotion), *Wissen* (Kognition), *Skills* (Verhalten, Handlung), *Kontext* (Situation, Umgebung, Kultur, personale Beziehungen, funktionale Zusammenhänge) und *Ergebnisse/Outcomes* (z. B. wahrgenommene Angemessenheit und Effektivität, Zufriedenheit, gemeinsam geteiltes Verständnis, Anpassung, Ziel-/Aufgabenerreichung). Dabei werden diese Kompetenzfacetten in unterschiedlichen Modellansätzen mit unterschiedlichen Schwerpunktsetzungen zueinander in Beziehung gesetzt: a) in „*kompositionalen Modellen*": bestehend aus Listen von Facetten interkultureller Kompetenz (u. a. Howard-Hamilton et al. 1998; Deardorff 2006), b) in „*Modellen der Ko-Orientierung*": fokussierend auf eine interaktionistische kommunikative Beziehung zur Herausarbeitung eines gemeinsam geteilten Verständnisses (u. a. Fantini 1995; Byram 1997), c) in „*Entwicklungsmodellen*": Spezifizierung von Entwicklungs- und Reifestufen

(u. a. Bennett 1986; King und Baxter Magolda 2005; Gullahorn und Gullahorn 1962), d) in „*Adaptationsmodellen*": Fokussierung auf die gegenseitige Anpassung kulturell verschiedener Personen (u. a. Kim 1988; Berry et al. 1989; Navas et al. 2005), sowie e) in „*Kausalen Pfadmodellen*": (u. a. Ting-Toomey 1999; Hammer et al. 1998; Deardorff 2006; Arasaratnam 2008).

Da Ting-Toomeys Ansatz der "*Mindful Identity Negotiation*" (1999) eine sehr umfassende Konzeptualisierung des latenten Konstrukts „interkulturelle Kompetenz" darstellt (Ting-Toomey 1999; Weber 2005; Deardorff 2009, S. 31), wird „interkulturelle Kompetenz" hier entsprechend konzeptualisiert „als individuelles und/oder kollektives erlernbares Potential (Knowledge, Skills and Attitudes), um interkulturelle Überschneidungssituationen durch Interaktion und Kommunikation erfolgreich und verantwortungsvoll zu gestalten. Dabei geht es darum, durch Nutzung von „mindful identity negotiation"-Strategien (z. B. mindful listening, face-work) Beziehungen herzustellen und individuelle sowie gemeinsam geteilte Outputs und Outcomes zu erarbeiten. Eine interkulturell kompetente Handlung/Aktivität liegt dann vor, wenn alle an der Situation Beteiligten sich verstanden, respektiert und unterstützt fühlen und das Interaktionsergebnis als angemessen, effektiv und zufriedenstellend beurteilt wird" (vgl. Weber 2005, S. 116).

Danach sehen sich Individuen und/oder Gruppen in einer *interkulturellen Clash-Situation* (aufgrund kulturell unterschiedlicher Ziele; Mindsets; Artefakte; Rollen, die Personen einnehmen; Regeln des Umgangs miteinander; Significant Others;u. a. Thomas 2003a, S. 46; b, S. 98–100; Ting-Toomey 1999; Turner 1987; Engeström 1999a) mit Herausforderungen unterschiedlicher *Schwierigkeit* (z. B. kulturelle Nähe oder Distanz; Vertrautheit vs. Neuheit:u. a. Ting-Toomey 1999) und unterschiedlichen *funktionalen Inhalten* (z. B. Umgang mit Eigentum; Wahrnehmung von Zeit; Aufbau von Beziehungen:u. a. Hall 1976; Hofstede 1993; Ting-Toomey 1999; Thomas 2003c) konfrontiert. Sollen die Aufgaben und Probleme solcher Clash-Situationen interkulturell kompetent bewältigt werden, dann ist ein Bündel von korrespondierendem relevanten *Wissen* (u. a. Kulturdimensionen, Stereotype, Kommunikation:u. a. Hofstede 1993; Grosch und Hany 2009; Hany und Grosch 2006), *Fertigkeiten* und *Skills* (z. B.„„mindful listening", „negotiation of power",„building trust"; Ting-Toomey 1999; Weber 2004, 2005, 2007) sowie *Einstellungen* (z. B. Offenheit gegenüber Fremden; Reaktionstypen: Bhawuk und Brislin 1992; Thomas 2003c) zu aktivieren und in Handlungenzu realisieren („Mindful Identity Negotiation": „Selbstreflexion", „Präsentieren", „Facework" etc.). Je nach Güte der Performanz wird ein Output/Outcome erzielt, das anhand von objektiven und subjektiven Kriterien bewertet werden kann (z. B. Angemessenheit, Effektivität, Zufriedenheit: Ting-Toomey 1999; Engeström 1999a; Weber 2004, 2005, 2007; Spitzberg und Changnon 2009, S. 42–43).

Deutlich wird damit, dass weder ein Wissen über fremde Kulturen, der Erwerb von Fremdsprachen oder das Einüben von isolierten Handlungen („Kiss, Bow or Shake Hands"; Morrison et al. 1994) noch das Absolvieren von Auslandspraktika allein reichen, um in wechselnden Situationen interkulturell kompetent handeln zu können (vgl. Deardorff 2009, S. XIII). Vielversprechender scheint mit Blick auf die internationale Kompetenzdiskussion ein multi-dimensionaler, holistischer und integrativer Ansatz zu sein (Weinert 2001; Winterton 2009).

2.2 Formulierung curricularer Ziele

In einem ersten Schritt sind die verschiedenen Facetten interkultureller Kompetenz, die es im Rahmen eines spezifischen Kurses „Allgemeine Betriebswirtschaftslehre" an kaufmännischen Schulen zu vermitteln und zu fördern gilt, normativ zu fixieren. Danach wird erwartet, dass die Lernenden im Verlauf des Treatments bei der Bewältigung einer realen Transferaufgabe sowie eines Critical Incident in Anlehnung an Ting-Toomeys „Mindful Identity Negotiation"-Ansatz interkulturelle Handlungsstrategien wie „Selbstreflexion", „Präsentieren von eigenen Zielen und Perspektiven", „Facework" etc. einsetzen. Der Ansatz von Ting-Toomey wurde gewählt, da dieser eine umfassende Konzeptualisierung des latenten Konstrukts auf der Basis von empirischen Forschungsergebnissen darstellt (Ting-Toomey 1999; Weber 2005; Deardorff 2009, S. 31).

Um die verschiedenen Facetten interkultureller Kompetenz, wie sie in Ting-Toomeys Ansatz zum Ausdruck kommen, fachdidaktisch aufzugreifen, werden die *curricularen Lehr- und Lernziele* zum Erwerb einer interkulturellen Kompetenz in Anlehnung an die vier verschiedenen Curriculumansätze von Schiro (2008) heruntergebrochen (vgl. auch Weber 2004, S. 155, 2005): 1) Bezogen auf den *„Scholar Academic"*-Ansatz (Schiro 2008, S. 4), d. h. den Aufbau eines grundständigen Wissens über Interkulturalität sowie kulturelle Unterschiede und Eigenheiten, stehen spezifische Sublernziele, wie z. B. „der Lerner identifiziert Unterschiede im Handeln aufgrund einer unterschiedlichen kulturellen Herkunft", „der Lerner weiß, wie er Personen aus anderen Kulturen in ihren Identitäten unterstützt" etc. im Fokus; 2) im Hinblick auf den *„Social Efficiency"*-Ansatz (Schiro 2008, S. 4–5), d.h.den Auf- und Ausbau relevanter Skills, geht es um spezifische Sublernziele, wie z. B. „der Lerner thematisiert, präsentiert und bezieht das in seiner Kultur akzeptierte kompetente Verhalten auf ein bestimmtes Problem" etc.; 3) auf der Basis des *„Learner Centered"*-Ansatzes (Schiro 2008, S. 5–6), d. h. der Entwicklung von Einstellungen zu interkulturellen Situationen und interkulturellem Handeln, stehen spezifische Subziele im Vordergrund, wie u. a. „der Lerner respektiert Personen mit fremdkulturellem Hintergrund und unterschiedlichen Sichtweisen, Interessen, Problemlösestrategien", „der Lerner lässt sich auf eine Zusammenarbeit mit Personen aus fremden Kulturen ein" etc., und 4) auf der Basis des *„Social Reconstruction"*-Ansatzes (Schiro 2008, S. 6), d. h. bei der aktiven Veränderung und Gestaltung interkultureller Situationen, geht es um spezifische Lernziele, wie u. a. „der Lerner verpflichtet sich, aktiv auf ein soziales Problem zu reagieren", „der Lerner analysiert das soziale Problem vor dem gesellschaftlichen Hintergrund im Hinblick auf die Vergangenheit, Gegenwart und Zukunft" etc.

Es wird davon ausgegangen, dass dieses „Wissen", diese „Fertigkeiten und Skills" sowie diese „Einstellungen" und „kollaborativen Aktivitäten" sich in der Nutzung und dem Einsatz der interkulturellen Handlungen wie „Selbstreflexion", „Präsentieren", „Facework" etc. zeigen.

2.3 Gestaltung der Instruktion

Um die curricular gesetzten Lehr- und Lernziele zu erreichen und die dafür notwendigen Lern- und Entwicklungsprozesse anzuregen, werden korrespondierend zu den vier „Curriculum-Ansätzen" Schiros instruktionale Arrangements eingesetzt, die von der Komplexität her auf die Ziele abgestimmt sind: (ad 1) Nach dem „Scholarly Academic"-Ansatz geht es um den Erwerb eines interkulturellen Wissens und Verständnisses bezogen auf zentrale Inhalte der Disziplin (hier: das „Konzept Kultur", „interkulturelle Kommunikation", „Bildung von Stereotypen" etc.) (Schiro 2008, S. 186). Entsprechend lehr-lerntheoretischer Studien lassen sich mentale Modelle und kognitive Strukturen mit Hilfe akkurater und systematischer Präsentationen auf- und ausbauen, die sich mittels Dialog vertiefen und flexibilisieren lassen (u. a. Good und Brophy 2000; Walberg und Paik 2000; Seidel und Shavelson 2007; die Meta-Analyse von Fraser et al. (1987) zeigt eine Effektstärke von .55 für explizites direktes Lehren (zitiert in Frey und Frey-Eiling 1993, Kap. 1, S. 12; Hattie 2009). (ad 2) Zur Aneignung von interkulturellen Skills müssen Gelegenheiten zum Ausprobieren und systematischen Üben von interkulturellen Interaktionsstrategien (wie z. B.: „mindful listening", „face-work") geschaffen werden (Schiro 2008, S. 186). Studien zum Aufbau von Handlungsabläufen und Skills zeigen, dass „,Probing' has still its effects" (vgl. Mayer 2008, S. 285–291). Zudem werden die Effekte von Übungen in den Meta-Analysen von Fraser et al. (1987) und Walberg (1991) hervorgehoben; diese zeigen eine Effektstärke von. 78 (zitiert in Frey und Frey-Eiling 1993, Kap. 1, S. 15; siehe auch Walberg und Paik 2000; Hattie 2009). (ad 3) Zur Förderung der Persönlichkeitsentwicklung müssen Anstöße und Erfahrungsräume (häufig in der Form von „Kulturschocks"; Praktika etc.) gegeben werden, wobei die Lehrpersonen individuelle Unterstützung leisten (Schiro 2008, S. 186). Studien zeigen, dass derartige Erfahrungsräume zum Erwerb von Erfahrungswissen und Identitäten führen (vgl. auch Marcia 1989; Nurmi 2004; Hattie 2009). (ad 4) Zur Vermittlung der Vision einer aktiv kompetent agierenden Person sind gruppendynamische Prozesse anzulegen, in denen mit interkulturell verschiedenen Personen Aufgaben und Probleme gemeinsam gelöst werden (hier: auch die Erarbeitung einer gemeinsam geteilten Vision). Wichtig ist dabei, dass diese Prozesse reflektiert und systematisiert sowie als hilfreich erlebt (Schiro 2008, S. 186) und zur sozialkonstruktivistischen Erarbeitung eines neuen, bisher nicht existierenden Wissens („third space") (vgl.u. a. Ting-Toomey 1999, S. 258; Bolten 2001) genutzt werden (vgl. zur konstruktiven Veränderung von Umwelt u. a. den „developmental work research"-Ansatz von Engeström (1992, 1996, 1999a, b; Hattie 2009). Da es bis zur Durchführung der Originalstudie, aber auch bis heute noch keine überzeugenden forschungs- und evidenzbasierten Ergebnisse für ein effizientes und effektives interkulturelles Training gab und gibt (Van de Vijver und Breugelmans 2008; Van de Vijver und Leung 2009, S. 404–405), wurde zur Systematisierung, Integration und Sequenzierung dieser vielfältig zu initiierenden Lernprozesse einerseits und der dazu notwendigen instruktionalen Lehrtätigkeiten andererseits der *Expansive Learning Cycle"* von Engeström auf Basis der „socio-cultural and historical activity"-Theorie (1999b) gewählt.

Im Rahmen der hier als Beispiel herangezogenen Interventionsstudie (im Detail vgl. Weber 2004, 2005) wurden in der Phase 1 des Expansive Learning Cycle: „Charting the situation", die Lernenden mittels einer komplexen Lernumgebung (eine Kombination aus kulturellem Rollenspiel (vgl. Hofner Saphiere 1995) und betriebswirtschaftlicher Fallstudie (vgl. Waibel und Dörig 1999)) in eine simulierte interkulturelle Clash-Situation gebracht, wie sie vergleichbar auch in der betriebswirtschaftlichen Ausbildung zu bearbeiten ist (u. a. Bergemann und Sourisseaux 2002; Earley und Gibson 2002; Trompenaars und Hampden-Turner 1998; Schroll-Machl 2001; Gilbert 1998; Knapp et al. 1999).

Damit werden ein sogenannter „need state" (Handlungsdruck) sowie durch die authentisch gestaltete interkultuelle Clash-Situation eine Verpflichtung zum gemeinsamen Problemlösen provoziert. In der Phase 2 „Analyzing the situation" wurden nicht nur der betriebswirtschaftliche Sachstand im Hinblick auf Vergangenheit und Gegenwart analysiert, sondern auch die interkulturellen Interaktionen, Einstellungen und Kontextbedingungen vor dem Hintergrund ihrer kulturellen Prägung (hier: definiert über ein Rollenspiel). Mit Hilfe der „Mirroring-Technik" (Engeström und Middleton 1996) wurde erlebtes und selbst realisiertes interkulturelles Rollenverhalten im Kontext der betriebswirtschaftlichen Problemsituation artikuliert, reflektiert und anhand des interkulturellen Fachwissens (intercultural framework; vgl. Weber 2005) systematisch aufgearbeitet. In der Phase 3 „Creating a new model/vision" wurden Strategien für künftige betriebswirtschaftliche Lösungen und ein zukünftiges interkulturelles Miteinander entwickelt. In der Phase 4 „Concretizing and testing the new model" wurden die Strategien in Teilschritte heruntergebrochen und auf ihre Güte hin geprüft. In der Phase 5 „Implementing the new model" wurden die Lösung des interkulturellen betriebswirtschaftlichen Fallstudienproblems umgesetzt und zugleich weitere Teilschritte zur Problemlösung in Angriff genommen. In der abschließenden Phase 6 „Spreading the consolidation" wurde das Gelernte nochmals vor dem Hintergrund fachwissenschaftlicher Erkenntnisse, der Handhabbarkeit der erarbeiteten Handlungsstrategien sowie eigener Erfahrungen und Visionen reflektiert und festgehalten, als „Verhaltensregeln" formuliert und als möglicher Ausgangspunkt für neue, nachfolgende Praxisaufgaben fixiert.

In einer anschließenden Transferaufgabe hatten die Lernenden ein reales interkulturelles Problem in ihrem beruflichen und/oder privaten Umfeld zu identifizieren, mit Hilfe der gelernten Kategorien, Strategien und gemachten Erfahrungen zu lösen bzw. einer Lösung näher zu bringen. Ihr Vorgehen hielten die Lernenden in einem Lernjournal fest. In einer abschließenden Runde wurden die Ergebnisse noch einmal im Klassenverbund diskutiert und reflektiert.

Auf diese Weise wurden gezielt die curricular formulierten Ziele umgesetzt: „Scholar Academic"-Ansatz: Aufklärung des ersten „interkulturellen Schock-Erlebnisses" und Vermittlung von zentralem interkulturellen Wissen in der Situationsanalyse (insbes. in der Phase 2) sowie Reflexion und Systematisierung der erlebten Erfahrungen anhand fachwissenschaftlicher Befunde (Betriebswirtschaft und interkulturelles Fachwissen); „Learner-Centered"-Ansatz: Sammlung von Erfahrungen in „simulierten" und „realen" Situationen; „Social Efficiency"-Ansatz: Erproben von interkulturellen Handlungsstrategien in der Simulation sowie in der Transferaufgabe; „Social Reconstruction"-Ansatz: interkulturell gemeinsame Erarbeitung und Überprüfung von Lösungen im Rahmen der betriebswirtschaftlichen Fallstudie, Transfer einer vergleichbaren Lösung und Überprüfung der neu gelernten Kategorien anhand des realen Problems in der Praxisaufgabe.

2.4 Konzeption des Assessments

In welchem Maße die curricularen Lehr- und Lernziele mit Hilfe der darauf abgestimmten instruktionalen Maßnahmen erreicht wurden, lässt sich ebenfalls nur korrespondierend zu den vier „Curriculum-Ansätzen" evaluieren (Schiro 2008, S. 182, 188): 1) Können die Lernenden einen schwierigen Zusammenhang der Domäne in „einfacher" Weise erklären

– als Nachweis dafür, ob Elemente und Strukturen einer Disziplin aufgebaut und verstanden wurden? 2) Können die Lernenden die vermittelten interkulturellen Strategien anwenden – als Nachweis, ob die notwendigen Dispositionen erworben wurden? 3) Gibt es Hinweise auf eine Reflexion bezüglich der gemachten Lernfortschritte als Nachweis für Entwicklungsstufen? 4) Findet sich eine Darstellung der eigenen Werte, Vorstellungen und Visionen als Nachweis für erfolgte Veränderungen?

Zurzeit existiert kaum Evidenz darüber, wie interkulturelle Kompetenz zu evaluieren wäre (Van de Vijver und Breugelmans 2008; Van de Vijver und Leung 2009, S. 404–405). Methodisch finden sich neben diskurs- und inhaltsanalytischen Zugängen vor allem korrelative und faktoranalytische Studien, aber nur wenig Strukturgleichungs- oder regressionsanalytische Zugänge, da viele interkulturelle Trainingskurse nur für 1–2 Tage angelegt, die Teilnehmerzahlen begrenzt und Teilnehmer nicht per Zufall ausgewählt sind (Deller 1996; Van de Vijver und Leung 2009, S. 407–412). Zudem „fehlen" in der Regel adäquate Outputgrößen: Es werden zumeist subjektive Einschätzungen bzgl. einer effektiven, angemessenen und zufriedenstellenden Kommunikation, zur Erreichung des individuellen Verhandlungsziels, zum Grad der Adaptation und Integration etc. herangezogen (vgl. Deller 1996; Spitzberg und Changnon 2009, S. 42). Jedoch bleibt dabei offen, ob die Teilnehmenden aus der beteiligten fremden Kultur zu derselben Einschätzung kommen (vgl. Deller 1996; Deardorff 2009, S. XII) oder ob die Lernenden ihre erworbenen Kompetenz(facetten) tatsächlich in reale Situationen einbringen und damit erfolgreich sind. Zudem wird der Handlungsaspekt in den Evaluationen zumeist vernachlässigt, so dass sich der Ernstcharakter der benötigten Handlungen häufig erst viel später in der Realität zeigt.

In der Originalstudie (Weber 2004, 2005) wurde aus diesem Grund zunächst ein „Design-Experiment" (Weber 2006) in Anlehnung an Brown (1992) unter Einhaltung der hierfür formulierten Qualitätsstandards (Shavelson und Towne 2002) gewählt (zum „Design-Experiment" vgl. auch Cobb et al. 2003; Design-Based Research Collective 2003). Dabei lag das Ziel auf den ersten beiden Stufen einer Intervention nach Hager und Hasselhorn (2000): *Stufe 1*: Wird die Intervention von den Lernenden aufgegriffen? – *Stufe 2*: Werden die in den curricularen Zielen formulierten und in der Instruktion angeregten Facetten der interkulturellen Kompetenz im Zeitablauf aufgebaut und/oder weiterentwickelt?

An dem „Design-Experiment" zum interkulturellen Lernen nahmen in der Experimentalgruppe $N = 80$ Schüler und Schülerinnen zweier berufsbildender Schulen (Industriekaufleute, Versicherungskaufleute; Wirtschaftsgymnasiasten) mit einem Durchschnittsalter von 20 Jahren über eine Zeitspanne von 10 Wochen teil. Die Kontrollgruppe bestand aus 29 Studierenden der Wirtschaftspädagogik im ersten Semester (Durchschnittsalter = 25 Jahre). Die Wahl dieser Vergleichsstichprobe lässt sich damit legitimieren, dass die Klassen der Berufsschule zwar heterogen sind und die Gruppen sich hinsichtlich des Alters unterscheiden, durchaus aber über eine vergleichbare Vorbildung verfügen (85 % der Studierenden haben eine Ausbildung, 80 % der Auszubildenden haben das Abitur). Da ein Kurs aus organisatorischen Gründen nicht am Posttest teilnehmen konnte, erhielten wir für den Prä-Post-Vergleich ein komplettes Datenset von $N = 61$.

Zur Visualisierung der fokussierten Facetten interkultureller Kompetenz wurden Daten mittels verschiedener Instrumente vor, während und nach dem Kurs erhoben (vor allem Essays, Fragebögen, Gruppenreflexionen, Audioaufzeichnungen, Lernjournale).

Bezogen auf die erste Stufe der Interventionsevaluation wurden die Daten mittels eines „pattern matching" im Sinne von Yin (1994) und auf einer zweiten Stufe mittels eines Prä-Post-Experimental-Kontrollgruppen-Designs aufeinander bezogen (vgl. Weber 2004, 2005). Die Teilnehmer der Kontrollgruppe erhielten in dieser Zeit kein Treatment; dieses wurde später nachgeholt (Warteschleifen-Design) (Rost 2007, S. 104). Die Analysen erfolgten mittels quantitativer (Faktor- und Varianzanalysen, Latent Class Analysen) und qualitativer Verfahren (Narratives, Audioanalysen, Inhaltsanalysen).

Die Ergebnisse auf der ersten Stufe zeigen, dass die Intervention von den Lernenden aufgegriffen wurde: Diese haben die in der Simulation vorgegebenen interkulturellen Rollen übernommen (Weber 2005, S. 162–164); sie argumentierten in ihrer interkulturellen Rolle und arbeiteten zielorientiert am betriebswirtschaftlichen Problem der Fallstudie (Weber 2005, S. 164–172); dabei wurden sie sowohl mittels der modellierten Simulation (Fallstudie und Rollenspiel) als auch mittels ihres interkulturellen Rollenverhaltens mit Spannungen und interkulturellen Missverständnissen (Clash-Situationen) konfrontiert (Weber 2005, S. 172–177); die „Qualität der (im Rollenspiel simulierten) interkulturellen Interaktion" wurde sehr authentisch erlebt: d. h. die Lernenden fühlten sich durch die Mitglieder der fremden Kulturen eher „nicht verstanden", ihre Diskussionsbeiträge wurden „nicht wertgeschätzt"; zudem fühlten sie sich von den Fremden eher „ausgegrenzt" und hatten das Gefühl, „kein gemeinsames Verständnis" entwickelt zu haben. Die Lernenden konnten zwar eine hohe Zusammengehörigkeit mit den Mitgliedern ihrer neuen Kultur entwickeln, so dass sie sich relativ sicher fühlten; jedoch war es schwierig, in der Auseinandersetzung eigene kulturelle Überzeugungen zu bewahren. Zudem zeigte sich ein zentrales Problem interkulturellen Handelns: Obwohl man das Verhalten der Fremden als nicht angemessen empfindet, werden aktiv keine Maßnahmen unternommen, um mehr Hintergrundwissen über die fremde(n) Person(en) zu bekommen und damit deren Verhalten einordnen und verstehen zu können. Zudem verharren die Beteiligten auf der Stufe des beobachtbaren „Was?", das vorschnell bewertet wird, anstatt sich zugleich mit dem „Warum?" und dem spezifischen „Kontext" auseinanderzusetzen (Weber 2005, S. 177–180).

Die Ergebnisse auf der zweiten Stufe zeigen, dass die Lernenden zentrale Kompetenzfacetten der „mindful identity negotiation" nutzen und auf andere Situationen übertragen konnten: In der Transferaufgabe ($N=25$) realisierten 23 von 25 Teilnehmern den Prozess der Selbstreflexion, 24 präsentierten ihre kulturelle Perspektive, 12 zielten auf eine schnelle Lösung, 10 wendeten Facework-Strategien an, 11 entwickelten eine gemeinsam geteilte Vision und 10 stellten ihren eigenen kulturellen Referenzrahmen in Frage (Weber 2005, S. 216). Der Prä-Post-Experimental-Kontrollgruppen-Vergleich zeigt einen signifikanten prozentualen Anstieg in der Anwendung der vermittelten interkulturellen Interaktionsstrategien (Selbstreflexion, Präsentieren, Gesichtwahren, Beziehung herstellen, Hervorrufen der fremden Perspektive, Infragestellen) zur Lösung eines interkulturellen Falls im Vergleich zur Kontrollgruppe (Weber 2005, S. 251 f.). Zur Feststellung des Insgesamteffekts wurden die Mittelwerte der Prozentsätze für die Experimental- wie für die Kontrollgruppe für t1 und t2 miteinander verglichen: t1 (ExpG) $=30,1\%$; t2 (ExpG) $=48,9\%$; t1 (KontG) $=37,9\%$; t2 (KontG) $=37,9\%$: Diese Differenz in t2 ist signifikant zu Gunsten der Experimentalgruppe (Chi-Quadrat: $p<0,001$; Effektstärke $=0,31$); der Anstieg der Werte für die Experimentalgruppe wurde mit Hilfe des McNemar-Tests geprüft ($p<0,02$; Effektstärke $=0,22$) (Bühner und Ziegler 2009, S. 298–299).

Die angewendeten Assessmentverfahren zeigen zwar einen Erfolg der gewählten Intervention, sind aber nicht geeignet, Aussagen zum Kompetenzerwerb zu treffen, da mit Summenscores gerechnet wurde und nicht die jeweils personen- und itemindividuellen Lösungen Berücksichtigung fanden. Von daher wurde in dieser Re-Analyse versucht, das Assessmentverfahren an die Komplexität der curricularen und instruktionalen Vorgaben anzupassen.

3 Re-Analyse: Fachdidaktisch gesteuerte Modellierung und Messung von interkultureller Kompetenz

3.1 Modellierung „interkultureller Kompetenz"

In Anlehnung an die Vorschläge von Wilson (2005) sowie die theoretischen Überlegungen von Ting-Toomey (1999), Bennett (1986, 1993, 2004) und Thomas (2003a, b), Kulturtheorien (wie z. B. Hall 1976; Kluckhohn und Strodtbeck 1961; Hofstede 1993) sowie betriebswirtschaftlich typische interkulturelle Clash-Situationen (u. a. Bergemann und Sourisseaux 2002; Kartari 1997) modellieren wir die latente Variable „interkulturelle Kompetenz", wie in Abb. 1 gezeigt.

Dabei gehen wir davon aus, dass interkulturelle Clash-Situationen sich durch einen geringen, mittleren oder hohen Herausforderungsgrad für die in ihnen Handelnden charakterisieren lassen. Die Inhalte der Situationen beziehen sich auf Grundthemen menschlichen Zusammenlebens, wie diese in zahlreichen Kulturtheorien beschrieben werden. Die Clash-Situationen erfordern für ihre Lösung ein kompetentes interkulturelles Handeln. Dafür realisieren die teilnehmenden Personen zunächst, dass ihr bisher

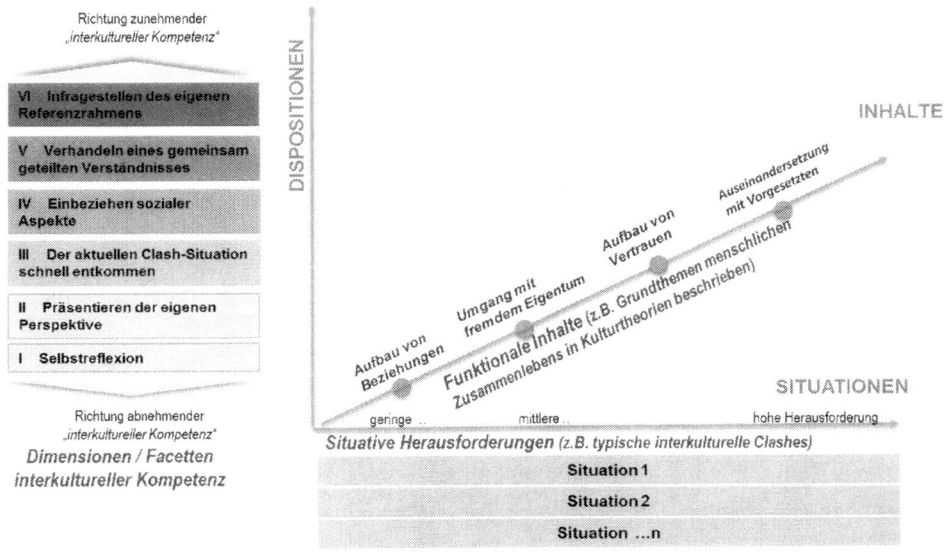

Abb. 1: Eindimensionales Modell interkultureller Kompetenz

als kompetent wahrgenommenes Verhalten in dieser Situation nicht zielführend ist (Selbstreflexion). Sie erkennen Unterschiede im Handeln aufgrund der unterschiedlichen kulturellen Zugehörigkeit (Wahrnehmung der Situation als kulturelles Problem) [Stufe I]. In einem weiteren Schritt erarbeiten sie eine Darstellung ihrer Perspektive und ihres Verhaltens, die sie auch externalisieren und den kulturell Fremden präsentieren können [Stufe II]. Auf der [Stufe III] sind sie noch nicht in der Lage, sich auf die Auseinandersetzung und eine tiefergehende Lösung des Problems einzulassen. Sie versuchen zum Beispiel, mit einer kurzen „Entschuldigung" o.ä. aus der Situation herauszukommen. Auf der [Stufe IV] lassen sie sich auf die Perspektive der fremden Kultur ein (Perspektivenübernahme), nehmen den sozialen Kontext, in dem die Situation verankert ist, wahr und beziehen ihn in ihr Verhalten ein. Auf der nachfolgenden [Stufe V] verhalten sich die Personen tiefergehend zur Situation und versuchen, ein gemeinsam geteiltes Ergebnis zu erreichen. Auf der [Stufe VI] schließlich ist die interkulturell kompetente Person sogar bereit, ihr eigenes, kulturell erworbenes Referenzsystem in Frage zu stellen sowie Verhaltensweisen, Sichtweisen des kulturell Fremden in das eigene Referenzsystem zu übernehmen oder ein neues gemeinsames Referenzsystem zu entwickeln. Auf allen Stufen bringt die interkulturell kompetente Person „interkulturelles Wissen" ein, wendet „interkulturelle Handlungsstrategien" an, macht „Erfahrungen" mit fremdkulturellen Personen und ist durch ein „sozio-kulturelles Problem herausgefordert".[2] Wir wählen in unserem ersten Schritt trotz der prinzipiellen Möglichkeit, das Konstrukt auch multidimensional darzustellen, ein Überprüfungsverfahren in der Form einer eindimensionalen Construct Map (vgl. Wilson 2005). Damit versuchen wir zunächst nur eine globale Einschätzung zu den Schwierigkeiten der interkulturellen Situation sowie den Fähigkeiten der Lernenden zu erhalten (zu den Vorteilen des Construct Map-Ansatzes vgl. auch Klieme und Hartig 2008; Hartig 2008).

3.2 Überprüfung des Modells „interkultureller Kompetenz"

3.2.1 Forschungsfragen und Hypothesen

1. Die Lernenden nutzen ihr gelerntes interkulturelles Wissen, ihre Fertigkeiten und Skills, Einstellungen und Gestaltungsstrategien, wenn sie mit einer realen oder simulierten interkulturellen Clash-Situation konfrontiert sind. Dieses zeigt sich daran, dass sie die operationalisierten "mindful identity negotiation"-Strategien (I-VI) (Abb. 1) einsetzen (H1).
2. Die operationalisierten "mindful identity negotiation"-Strategien (I-VI) sind hierarchisch angeordnet und lassen sich über eine Dimension abbilden (Abb. 1) (H2).
3. Die Rangordnung der modellierten interkulturellen Kompetenzstufen (Abb. 1) verändert sich auch nicht bei einer wiederholten Anwendung im Zeitablauf (t1 vs. t2) (H3).

3.2.2 Methodisches Vorgehen

Stichprobe und Design. Für die Re-Analyse greifen wir auf die Daten von ($N=61$) Auszubildenden zurück, die sowohl am Prä- als auch am Posttest teilgenommen haben. Da es hier nicht darauf ankommt, noch einmal den Treatment-Effekt nachzuweisen, sondern zu prüfen, ob sich eine interkulturelle Kompetenz anschlussfähig in Anlehnung an die derzeitige nationale und internationale Diskussion formulieren lässt und bei entsprechenden curricularen Zielsetzungen mittels typischer instruktionaler Methoden (intercultural critical incident) messbar gemacht werden kann, wird hier nur auf die Responses der Experimentalgruppe zurückgegriffen.

Instrument. Zur Beobachtung des latenten Konstrukts „interkulturelle Kompetenz" wird in dieser Re-Analyse nur auf die in der Originalstudie mittels eines "Critical Incident"-Ansatzes gewonnenen Daten zurückgegriffen. Die Aufgabenstellung ist dabei durch eine Fallstudie gegeben (Pedersen 1996), die eine Wohnheimsituation zweier Studierender (Mona/Lisa als weibliche Version; Peter/Paul als männliche Version) unterschiedlicher Kulturzugehörigkeit während ihrer Auslandssemester beschreibt. Es interagieren zwei Personen, die stereotypisch individualistisch (Mona/Peter) bzw. kollektivistisch (Lisa/Paul) handeln. Nach einigen Zuspitzungen eskaliert ein Konflikt zwischen den beiden Studierenden, als ein Buch abhandenkommt und der/die Betroffene den/die Angeschuldigte/n vor einer Gruppe Dritter zur Rede stellt (Pedersen 1996; Weber 2005, S. 134–135). Die Probanden mussten sich zuerst entscheiden, mit welchem der beiden Stereotype sie sich eher identifizierten; dann wurden sie gefragt, wie sie als Mona oder Lisa/Peter oder Paul diese Clash-Situation bewältigen würden. Dafür mussten die Lernenden zunächst die Situation als eine interkulturelle Konfliktsituation erkennen, den Inhalt der Situation identifizieren (u. a. Umgang mit fremdem Eigentum), ihr eigenes interkulturelles Verhalten wahrnehmen, die Sicht des Fremden einnehmen, die soziale Beziehung in die Problembewältigung einbeziehen, sich auf eine gemeinsame Problembearbeitung einlassen sowie den eigenkulturellen Referenzrahmen kritisch reflektieren. Die Lösungsvorschläge waren schriftlich in einem offenen Aufgabenformat (Essay) festzuhalten.

Auch wenn mittels Essays (im Sinne eines Selbstreports; vgl. Kanning 2009) nur die Intention eines interkulturellen Handelns beobachtet wird, kann auf der Grundlage der Theorie des geplanten Verhaltens (Ajzen 1991), die vielfältig bestätigt wurde (vgl. auch die Metaanalyse von Armitage und Conner 2001), davon ausgegangen werden, dass die Lernenden mit einer Wahrscheinlichkeit von ca. 30 % dieses Verhalten auch in späteren realen interkulturellen Clash-Situationen einsetzen werden. Der zu bearbeitende interkulturelle „Critical Incident" wurde so gewählt, dass er einen authentischen und komplexen Fall abbildet, der nahe am Vorstellungsbereich der Lernenden liegt.

Durchführung. Die Lernenden hatten 40 min Zeit für die Bearbeitung des "Critical Incident" und die essayförmige Dokumentation ihres interkulturellen Handelns zur Lösung des Problems. Dieser Test wurde zu Beginn (t1) und am Ende (t2) des Kurses durchgeführt.

Analysen. Für das Assessment wurden die mittels Essays gewonnenen verbalen Daten anhand des theoretischen Kompetenzmodells (vgl. Abb. 1) inhaltsanalytisch dichotom ausgewertet. Im Rahmen des *Scorings* wurde dabei eine semantische Einheit mit einer „1" codiert, sofern darin eine der sechs interkulturellen Handlungen zum Tragen kam, und mit einer „0", sofern dieses nicht der Fall war. Gleichzeitig wurden Anchorbeispiele exemplarisch jeder Stufe und Subkategorie zugeordnet (vgl. Tab. 1). Die Kodierung wurde unabhängig voneinander von zwei erfahrenen und vorher trainierten Ratern durch-

Tab. 1: Kompetenzmodell mit Anchorbeispielen

Fähigkeitsniveau	Subkategorien/Items	Anchorbeispiele
VI *Infragestellen des eigenen Referenzrahmens*	8 Infragestellen	z. B. „Meine Bücher nicht zu verleihen, ist vieleicht auch nicht die richtige Strategie. Sie hat Bücher, die ich nicht habe, die sie mir leihen will."
V *Verhandeln eines gemeinsam geteilten Verständnisses*	2 Hervorrufen der fremden Perspektive	z. B. „Wie könnt Ihr bei Euch Freundschaften schließen, ohne Leute einzuladen?"
	10 Visionen entwickeln	z. B. „Wir müssen für eine längere Zeit miteinander auskommen. Daher werde ich in diese Beziehung investieren. Wir müssen uns zusammensetzen und Regeln für den gemeinsamen Umgang miteinander verhandeln."
IV *Einbeziehen des sozialen Kontextes*	3 Beziehung herstellen	z. B. „Dieses ist nur eine Zweckgemeinschaft. Aber dennoch sollten wir unsere jeweilige Art zu leben respektieren."
	5 Konflikt Management	z. B. „Ich versuche herauszufinden, warum er das Buch genommen hat."
III *Der aktuellen Situation schnell „entkommen"*	4 Gesichtwahren	z. B. „Ich werde sie mir nicht in Gegenwart ihrer Freunde vornehmen. Aber wenn diese gegangen sind ...."
	6 Pragmatische Lösung	z. B. „Ich ignoriere sie. Sie wird schon 'runterkommen'. Dann werden wir sehen, was wir tun können."
	9 Situationsende schnell	z. B. „Ich werde ihr ein neues Buch kaufen. Dann wird alles wieder in Ordnung sein."
II *Präsentieren der eigenen Perspektive*	1 Präsentieren	z.B. „Ich werde ihm sagen, dass man so nicht mit dem Eigentum anderer umgeht!"
I *Reflexion des Selbst*	7 Reflexion	z. B. „Wenn ich mir ein Buch ausleihen will, dann frage ich vorher! So habe ich es gelernt."

geführt. Bei abweichenden Auffassungen (4 % der Kodierungen) wurde die Entscheidung nach Diskussion konsensual getroffen (vgl. auch Huber und Mandl 1982).

Neben einer deskriptiven Analyse (Tab. 2) wurden die Datensätze mittels des eindimensionalen Rasch-Modells (1PL Model) analysiert (Rost 2004). Die Auswertung erfolgte mit Hilfe des Programms ConQuest (Wu et al. 2007).

3.3 Ergebnisse

Deskription der Daten. Als Ergebnis der Deskription ergab sich die folgende Verteilung der verwendeten interkulturellen Strategien im Hinblick auf die Lösung des vorgegebenen interkulturellen Konflikts (Tab. 2).

Tabelle 2 zeigt, dass die Lernenden der Experimentalgruppe ihr gelerntes Wissen, ihre Fertigkeiten und Skills sowie ihre Einstellungen und sozialkonstruktiven Aktivitäten zur

Tab. 2: Anteil der zur Problemlösung genutzten interkulturellen Strategien

Kompetenzstufen		Subkategorien/Items		Prozent (%)	
				Critical Incident: *Wohnheim*[a]	
				Exp. Gruppe t1	Exp. Gruppe t2
VI	*Infragestellen des eigenen Referenzrahmens*	8	Infragestellen	33	56
V	*Verhandeln eines gemeinsam geteilten Verständnisses*	2	Hervorrufen der fremden Perspektive	11	36
		10	Visionen entwickeln	8	28
IV	*Einbeziehen des sozialen Kontextes*	3	Beziehung herstellen	18	41
		5	Konflikte managen	48	67
III	*Der aktuellen Situation schnell „entkommen"*	4	Gesichtwahren	28	57
		6	Pragmatische Lösung	85	80
		9	Situationsende schnell herstellen	11	36
II	*Präsentieren der eigenen Perspektive*	1	Präsentieren	34	52
I	*Reflexion des Selbst*	7	Reflexion	25	36

[a]Fall 1: $N=61$: Experimentalgruppe ($=100\%$)

Bewältigung der interkulturellen Clash-Situation einsetzten – sowohl in t1 als auch in t2. Damit kann Hypothese 1 beibehalten werden. Zugleich werden alle verwendeten interkulturellen Strategien im Zeitverlauf von t1 nach t2 signifikant häufiger eingesetzt.

Item Response-Analyse. Die Ergebnisse der eindimensionalen IRT-Analyse (Abb. 2) zeigen für den Prä- und Post-Test in der "Wright Map" die Fähigkeiten der Testpersonen (hier dargestellt über die „x") sowie die Itemschwierigkeiten (hier dargestellt über die „Itemnummern") auf einer Logit-Skala abgebildet. Die "Wright Map" lässt sich als empirisches Korrelat zu dem theoretisch formulierten eindimensionalen Kompetenzmodell interpretieren (Abb. 1).[3]

Die Wright-Map stellt auf der rechten Seite der Logit-Skala die Schwierigkeiten der Items, d. h. der verwendeten interkulturellen Strategien dar. Dabei sind leichte Items zum unteren Ende hin abgetragen und schwierigere Items zum oberen Ende. Auf der linken Seite finden sich die Fähigkeiten der Testpersonen in derselben Anordnung: geringere Fähigkeiten finden sich am unteren Ende der Skala, höhere Fähigkeiten am oberen Ende. Die zehn verwendeten Items wurden im Prä-Test mit den Ziffern 1–10 und im Nachtest entsprechend mit den Ziffern 11–20 bezeichnet; da die Items identisch waren, entspricht die „1" der „11" etc. Die „X" repräsentieren die einzelnen Testpersonen mit ihren Fähigkeiten. Ein Interpretationsbeispiel: Die Wahrscheinlichkeit, dass das Item Nr. 7 („Reflexion") von den gegenüberliegenden sechs Testpersonen gelöst wurde, beträgt 0.5. Die Wahrscheinlichkeit, dass diese sechs Personen die interkulturelle Strategie Nr. 4

Abb. 2: Wright Map zur interkulturellen Kompetenz im Prä-Post-Vergleich (Quelle: Eigene Berechnung gemäß Wilson et al. 2008, S. 109) [$N = 61$ Auszubildende der Experimentalgruppe im Prä-Post-Vergleich; Items 1–10 entsprechen dem Prä-Test; Items 11–20 dem Post-Test]

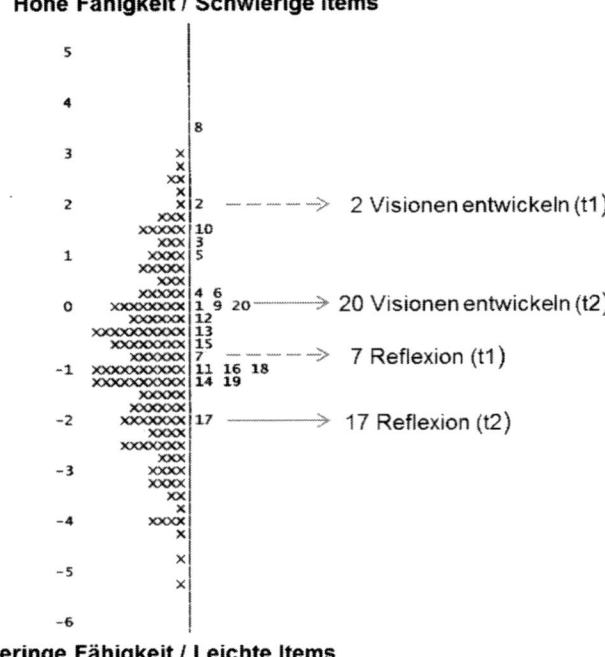

Hohe Fähigkeit / Schwierige Items

2 Visionen entwickeln (t1)

20 Visionen entwickeln (t2)

7 Reflexion (t1)

17 Reflexion (t2)

Geringe Fähigkeit / Leichte Items

(„Gesichtwahren") verwenden, ist kleiner als 0.5. Diese Zuordnungen ergeben sich aufgrund des gewählten Rasch-Modells. Der logit-Skalenwert von -.849 für „7 Reflexion" ist für die gegebene Stichprobe errechnet.

Die Rangordnung der Items zeigt, dass der Gebrauch der interkulturellen Strategien empirisch in derselben Rangreihe gegeben ist, wie das theoretisch in Abb. 1 formuliert wurde. Bemerkenswert ist, dass die Rangordnung der Items für den Prä- und Posttest nahezu identisch ist – mit Ausnahme von Item Nr. 18 „Infragestellen des eigenen Referenzrahmens", das sowohl absolut als auch relativ in der Rangordnung der Items in t2 leichter geworden ist, während Item Nr. 1 „Präsentieren" erwartungsgemäß in t2 zwar absolut leichter geworden, aber relativ gemäß der Rangordnung aller Items in t2 jedoch schwieriger geworden ist (Abb. 2 und Tab. 3). Dass die Items in t2 insgesamt leichter geworden sind, kann als Lerneffekt aufgrund der Intervention interpretiert werden.

Die Fit-Statistiken (vgl. Strobl 2010; Bühner und Ziegler 2009) zeigen, dass das gewählte Item Response-Modell in der Lage ist, die interkulturelle Kompetenz der Testpersonen angemessen zu beschreiben: Alle Items können als verschieden betrachtet werden: Chi-Quadrat = 527,83; df = 19; $p = 0,000$. Der Diskriminierungsindex für alle Items liegt zwischen $0,22 < d < 0,77$; d. h. die Items bilden die Unterschiede der Leistungen der Testpersonen angemessen ab. Die Items weisen eine große Breite der Schwierigkeiten auf: Range: $-2,095$ bis $3,567$. Gleiches gilt für die Fähigkeiten der Testpersonen (EAP/PV): Range: $-4,371$ bis $3,497$. Der Spearman Rang-Korrelations-Koeffizient für die Item-Ränge im Prä- und Post-Test ist $r_s = 0,78$; $p < 0,01$; das bedeutet, dass die Rangordnungen der verwendeten interkulturellen Strategien in t1 und t2 vergleichbar sind.

Tab. 3: Kompetenzstufen, Items und Kennwerte

Kompetenzstufe		Prätest (t1)				Posttest (t2)			
		Item		Estimate	T	Item		Esti-mate	T
VI	*Infragestellen*	8	Infragestellen	3,567	0,1				
V	*Verhandeln e. gem. Verst.*	2	Hervorrufen frem. Persp.	2,006	1,1	20	Visionen entwickeln	0,007	–1,0
		10	Visionen entwickeln	1,434	1,7	12	Hervorrufen frem. Persp.	–0,111	1,2
IV	*Einbeziehen des sozialen Kontextes*	3	Beziehung herstellen	1,278	–1,9	13	Beziehung herstellen	–0,428	–1,6
		5	Konflikte managen	1,118	–1,3	15	Konflikte managen	–0,733	–1,7
						18	Infragestellen	–1,137	2,2
III	*Der aktuellen Situation „entkommen"*	4	Gesichtwahren	0,457	–1,2	16	Pragmatische Lösung	–1,138	–2,1
		6	Pragmatische Lösung	0,451	0,5	11	Präsentieren	–1,146	0,2
		9	Situationsende schnell	0,104	0,9	19	Situationsen-de schnell	–1,341	–1,7
						14	Gesichtwahren	–1,499	–1,6
II	*Präsentieren*	1	Präsentieren	0,005	0,9				
I	*Reflexion des Selbst*	7	Reflexion	–0,849	2,7	17	Reflexion	–2,095	0,7

Alle Items sind in t2 leichter als in t1. Die Items haben in t1 und t2 dieselbe Reihenfolge. Ausnahmen bilden das Item „18 Infragestellen", das relativ leichter in t2 ist, und das Item „11 Präsentieren", das relativ schwieriger in t2 ist

Mit Cronbachs Alpha = 0,89 kann die Reliabilität als hoch eingeschätzt werden. Die Leistungen der Testpersonen verändern sich signifikant vom Prä- zum Post-Test mit einer hohen praktischen Bedeutsamkeit: t-Test für abhängige Stichproben: T = 5,903; $p = 0,000$; df = 9; ES = 1,75 (sehr hoch); $N = 61$.

Aufgrund dieser Ergebnisse können die Hypothesen H2 und H3 beibehalten werden.

4 Zusammenfassung und Diskussion

4.1 Zusammenfassung

Ziel dieser Studie war es, in Weiterführung eines als Design-Experiment angelegten Projekts zur Förderung interkulturellen Lernens das Konstrukt "interkulturelle Kompetenz" im Rahmen der Ausbildung im kaufmännisch-verwaltenden Bereich neu zu modellieren und entsprechend messbar zu machen. Die Modellierung im Rahmen dieser Re-Studie erfolgte in Anlehnung an die internationale Kompetenzdiskussion (Weinert 2001, 2002; Baethge et al. 2006; Winther 2010; Winterton 2009) eingebettet in fachdidaktische Überlegungen zur Curriculum-Instruktion-Assessment- Triade (Pellegrino 2004, 2010;

Achtenhagen 2012). Dabei ging es zunächst darum, das latente Konstrukt „interkulturelle Kompetenz" in Anlehnung an die Fachwissenschaft zu definieren und in einem Modell zu operationalisieren (Abb. 1). Die instruktionale Umsetzung erfolgte im Hinblick auf die gesetzten Ziele auf der Basis lehr-lern-theoretischer Befunde. Bezüglich des Assessment wurde geprüft, ob und inwiefern sich das Konstrukt "interkulturelle Kompetenz" vor dem Hintergrund der derzeitigen internationalen Kompetenzdiskussion für den Bereich der Ausbildung im kaufmännisch-verwaltenden Bereich modellieren und messen ließe. Dabei war es nicht das Ziel, noch einmal den Treatmenteffekt des komplexen Lehr-Lern-Arrangements nachzuweisen, sondern vielmehr einen ersten Zugang zur Modellierung und Messung einer „interkulturellen Kompetenz" zu finden, die an die derzeitige nationale und internationale Diskussion anschlussfähig ist.

Die Ergebnisse zeigen, dass es möglich ist, über „interkulturelle Critical Incidents" Antworten i.S.v. intendierten Handlungen von den Testpersonen zu erhalten, die Hinweise darauf geben, wie diese den spezifischen interkulturellen Konflikt zu lösen versuchen (Akzeptieren von H1). Sowohl die Deskriptionen als auch die IRT-Analysen legen nahe, dass sich das theoretische Modell einer Fähigkeitshierarchie, wie sie in Abb. 1 vorgeschlagen wird, bestätigen lässt (Akzeptieren von H2). Mit Hilfe des Prä-Post-Designs lässt sich zeigen, dass sich die angenommenen Niveaustufen einer interkulturellen Fähigkeitshierarchie im Zeitablauf als stabil erweisen (Abb. 2) (Akzeptieren von H3).

4.2 Diskussion und Gütekriterien

Interkulturelle Kompetenz zum einen über nicht direkt beobachtbare Dispositionen und andererseits über eine direkt beobachtbare Performanz zu charakterisieren, erfordert angemessene theoretische Beschreibungen von Situationen, Inhalten, Dispositionen und Evidenzen (i.S.e. akzeptierten Verhaltens) einschließlich der zwischen diesen Konzepten angenommenen Beziehungen. In einem ersten Schritt wurden die Dispositionen in Abhängigkeit von den Situationen und Inhalten als eindimensionale „interkulturelle Kompetenz" mit sechs Ausprägungen modelliert. Diese Eindimensionalität der Entwicklung von „interkultureller Kompetenz", d. h. die Entwicklung von einer eher ethnozentrischen zu einer eher ethnorelativistischen Person (Bennett 1986, 1993, 2004) und das damit verbundene Stufenmodell scheinen theoretisch angemessen abgesichert zu sein (vgl. auch Over et al. 2008). Von daher wundert es nicht, dass diese gewählte Operationalisierung sich im Vergleich von t1 nach t2 als stabil erweist – ein Befund, der für andere Inhaltsbereiche und Fächer überaus kontrovers diskutiert wird (Shavelson 2010; Yuan et al. 2006).

Im Hinblick auf die Gütekriterien (Rost 2007; Bühner 2011) war die *Objektivität* dadurch gegeben, dass die Testbedingungen für alle nach genau derselben Anordnung durchgeführt und die Analyseschritte nachvollziehbar und transparent vorgenommen wurden. Die *Reliabilität* wurde gewährleistet, indem die Kodierprozesse regelgeleitet, systematisch, konsistent durchgeführt und im „Dialog-Konsens-Verfahren" gegengeprüft wurden (Kolbe und Burnett 1991, S. 247; Kassarjian 1977; Huber und Mandl 1982; Mayring 2008, S. 145). Bezüglich der *Validität* sehen wir eine „Face-Validity" als gegeben an, da einerseits alle Antworten strikt auf den vorgegebenen Fall und andererseits auf das theoretisch konzipierte Modell plausibel bezogen waren.

4.3 Grenzen und weitere Forschung

Da wir erst am Beginn des Modellierens und Messens von interkultureller Kompetenz stehen, sind Begrenzungen gegeben, die in der weiterführenden Forschung bearbeitet werden müssen: Es gilt erstens, weitere interkulturelle Konfliktsituationen mit weiteren Inhaltsbereichen zu untersuchen, um festzustellen, ob die theoretisch angenommenen Hierarchiestufen weiterhin repliziert werden können. Zweitens wäre zu prüfen, inwiefern sich das Kompetenzmodell nicht nur wie hier dichotom, sondern auch polytom ausdifferenzieren ließe. Entsprechend wäre auch die Stichprobengröße zu erhöhen. Um die Validität weitergehend zu kontrollieren, bietet es sich an, interkulturelle Kompetenz auch mit multiplen Instrumenten zu erfassen.

4.4 Relevanz

Das Beschreiben und Sichtbarmachen von Facetten interkultureller Kompetenz kann als ein wesentlicher Schritt im Hinblick auf die Entwicklung von Fähigkeiten und Fertigkeiten für das 21. Jahrhundert angesehen werden (Griffin et al. 2012). Über den Einsatz der Item Response-Theorie lassen sich die individuellen Fähigkeiten getrennt von den Item-Schwierigkeiten erfassen. Damit werden detaillierte Analysen möglich, mit deren Hilfe sich das Niveau der erworbenen interkulturellen Kompetenz individuell ermitteln und zugleich Aufgaben mit entsprechenden Schwierigkeitsabstufungen formulieren lassen. So wäre ein Ansatz gegeben, entsprechende Interventionen zur Vermittlung interkultureller Zielsetzungen in vergleichbar komplexen Arrangements zu planen und anzuwenden – im Dreiklang von Curriculum, Instruktion und Assessment. Zusammenfassend sehen wir uns in unserer Überzeugung bestätigt, dass wir für die Weiterentwicklung beruflicher Fachdidaktiken in vermehrtem Maße Re-Analysen und Replikationsstudien benötigen.

Anmerkungen

1   Damit ist nicht impliziert, dass diese externen Prüfungen derzeit den Standards einer Kompetenzmessung genügen, wie sie durch die internationalen Vergleichsstudien vorgegeben sind (vgl. Lorig et al. 2010; Winther 2011).

2   Im Hinblick auf die prinzipiellen Vorteile, aber auch Probleme, die für Stufentheorien in der Erziehungswissenschaft oder Psychologie gegeben sind, sei auf Minnameier (2013, S. 21) verwiesen.

3   Zu dieser Darstellung sind zwei Anmerkungen zu machen: 1) Wir haben mit $N=61$ Versuchspersonen gerechnet. Für die Mindestgröße der Stichprobe gibt es nur Faustformeln (Hartig 2009, S. 307, nennt z. B. $N=200$; andere Autoren fordern weitaus höhere Werte). Unsere Überzeugung ist, dass es wesentlich von der Güte der fachdidaktischen Modellierung abhängt, welche Stichprobengröße man benötigt. In unserem Fall erfüllen alle Daten die durch die Theorie und ConQuest vorgegebenen Gütekriterien. 2) Wir haben bei der Darstellung die Prä- und Post-Testwerte gemäß den Voraussetzungen des eindimensionalen Rasch-Modells als stochastisch lokal unabhängig gemeinsam auf einer Skala abgebildet.

Literatur

Abele, S., Achtenhagen, F., Gschwendtner, T., Nickolaus, R., & Winther, E. (2009). *Die Messung beruflicher Fachkompetenz im Rahmen eines Large Scale Assessments im Bereich beruflicher Bildung (VET-LSA) – Vorstudien zur Validität von Simulationsaufgaben.* Bonn: Bundesministerium für Bildung und Forschung.

Achtenhagen, F. (1984). *Didaktik des Wirtschaftslehreunterrichts.* Opladen: Leske + Budrich.

Achtenhagen, F. (2012). The curriculum-instruction-assessment triad. *Empirical Research in Vocational Research and Training, 4*(1), 5–25.

Achtenhagen, F., & John, E. G. (Hrsg.). (1992). *Mehrdimensionale Lehr-Lern-Arrangements – Innovationen in der kaufmännischen Aus- und Weiterbildung.* Wiesbaden: Gabler.

Achtenhagen, F., & Tramm, T. (1983). Curriculumforschung aufgrund des Einsatzes neuerer empirischer Verfahren. In U. Hameyer, K. Frey, & H. Haft (Hrsg.), *Handbuch der Curriculumforschung* (S. 545–568). Weinheim: Beltz.

Achtenhagen, F., Tramm, T., Preiß, P., Seemann-Weymar, H., John, E. G., & Schunck, A. (1992). *Lernhandeln in komplexen Situationen – Neue Konzepte der betriebswirtschaftlichen Ausbildung.* Wiesbaden: Gabler.

Achtenhagen, F., & Weber, S. (2009). Zur Bedeutung der beruflichen Aus- und Weiterbildung. In J. M. Fegert, A. Streeck-Fischer, & H. J. Freyberger (Hrsg.), *Adoleszenzpsychiatrie – Psychiatrie und Psychotherapie der Adoleszenz und des jungen Erwachsenenalters* (S. 48–65). Stuttgart: Schattauer.

Achtenhagen, F., & Winther, E. (2009). *Konstruktvalidität von Simulationsaufgaben: Computergestützte Messung berufsfachlicher Kompetenz – am Beispiel der Ausbildung von Industriekaufleuten. Abschlussbericht zur Einreichung beim BMBF.* Göttingen: Professur für Wirtschaftspädagogik und Personalentwicklung der Georg-August-Universität.

Ajzen, I. (1991). The Theory of Planned Behavior. *Organizational Behavior and Human Decision Processes, 50*(2), 179–211.

Arasaratnam, L. A. (2008). *Further testing of a new model of intercultural communication competence.* Paper presented at the Annual Meeting of the International Communication Association, New York, NY.

Armitage, C. J., & Conner, M. (2001). Efficacy of the theory of planned behaviour: A meta-analytic review. *British Journal of Social Psychology, 40,* 471–499.

Baethge, M., Achtenhagen, F., Arends, L., Babic, E., Baethge-Kinsky, V., & Weber, S. (2006). *Berufsbildungs-PISA, Machbarkeitsstudie.* Stuttgart: Steiner.

Baumert, J., & Kunter, M. (2006). Stichwort: Professionelle Kompetenz von Lehrkräften. *Zeitschrift für Erziehungswissenschaft, 9,* 469–520.

Bennett, M. J. (1986). A developmental approach to training for intercultural sensitivity. *International Journal of Intercultural Relations, 10,* 179–196.

Bennett, M. J. (1993). Toward ethnorelativism: A developmental model of intercultural sensitivity. In R. M. Paige (Hrsg.), *Education for the intercultural experience* (S. 21–71). Yarmouth: Intercultural Press.

Bennett, M. J. (2004). Becoming interculturally competent. In J. Wurzel (Hrsg.), *Toward multiculturalism: A reader in multicultural education* (S. 62–77). Newton: Intercultural Resource Corporation.

Bergemann, N., & Sourisseaux, A. L. J. (Hrsg.). (2002). *Interkulturelles Management* (3. Aufl.). Berlin: Springer.

Berliner, D. C. (1987). Simple views of effective teaching and a single theory of classroom instruction. In D. C. Berliner & B. Rosenshine (Hrsg.), *Talks to teachers* (S. 93–110). New York: Random House.

Berry, J. W., Kim, U., Power, S., Young, M., & Bujaki, M. (1989). Acculturation in plural societies. *Applied Psychology: An International Review, 38,* 285–206.

Bhawuk, D. P. S., & Brislin, R. (1992). The measurement of intercultural sensitivity using the concept of individualism and collectivism. *International Journal of Intercultural Relations, 16*, 413–436.

Bolten, J. (2001). *Interkulturelle Kompetenz*. Erfurt: Landeszentrale für politische Bildung Thüringen.

Bransford, J. D., Brown, A. L., & Cocking, R. R. (Hrsg.). (2000). *How people learn*. Washington, DC: National Academy Press.

Brown, A. L. (1992). Design experiments: Theoretical and methodological challenges in creating complex interventions in classroom settings. *The Journal of the Learning Sciences, 2*(2), 141–178.

Bühner, M. (2011). *Einführung in die Test- und Fragebogenkonstruktion* (3. Aufl.). München: Pearson Studium.

Bühner, M., & Ziegler, M. (2009). *Statistik für Psychologen und Sozialwissenschaftler*. München: Pearson Studium.

Byram, M. (1997). *Teaching and assessing intercultural communication competence*. New York: Multilingual Matters.

Carroll, J. B. (1963). A model of school learning. *Teachers College Record, 64*, 723–733,

Cobb, P., Confrey, J., diSessa, A, Lehrer, R., & Schauble, L. (2003). Design experiments in educational research. *Educational Researcher, 32*(1), 9–13.

Cognition and Technology Group at Vanderbilt (CTGV). (1997). *The Jasper Project: Lessons in curriculum, instruction, assessment, and professional development*. Mahwah: Erlbaum.

Deardorff, D. K. (2006). The identification and assessment of intercultural competence. *Journal of Studies in International Education, 10*, 241–266.

Deardorff, D. K. (Hrsg.). (2009). *The SAGE handbook of intercultural competence*. Los Angeles: Sage.

Deller, J. (1996). Interkulturelle Eignungsdiagnostik. In A. Thomas (Hrsg.), *Psychologie interkulturellen Handelns* (S. 283–316). Göttingen: Hogrefe.

Design-Based Research Collective. (2003). Design-based research: An emerging paradigm for educational inquiry. *Educational Researcher, 32*(1), 5–8.

Dochy, F., Segers, M., Van den Bossche, P., & Gijbels, D. (2003). Effects of problem-based learning: A meta-analysis. *Learning and Instruction, 13*, 533–568.

Earley, P. C., & Gibson, C. B. (2002). *Multinational work teams. A new perspective*. Mahwah: Erlbaum.

Embretson, S. E. (2010). Measuring psychological constructs with model-based approaches: An introduction. In S. E. Embretson (Hrsg.), *Measuring psychological constructs. Advances in model-based approaches* (S. 1–7). Washington, DC: American Psychological Association.

Engeström, Y. (1992). *Interactive expertise. Studies in distributed working intelligence. Research Bulletin 83*. Helsinki: University of Helsinki, Department of Education.

Engeström, Y. (1996). Developmental work research as educational research. Looking ten years back and into the zone of proximal development. *Nordisk Pedagogik, 16*(3), 131–143.

Engeström, Y. (1999a). Activity theory and individual and social transformation. In Y. Engeström, R. Miettinen, & R.-L. Punamäki (Hrsg.), *Perspectives on activity theory* (S. 19–38). Cambridge: Cambridge University Press.

Engeström, Y. (1999b). From iron cages to webs on wind: Three theses on themes and learning at work. *Lifelong Learning in Europe, 4*(2), 101–110.

Engeström, Y., & Middleton, D. (1996). Introduction: Studying work as mindful practice. In Y. Engeström & D. Middleton (Hrsg.), *Cognition and communication at work* (S. 1–14). Cambridge: Cambridge University Press.

Fantini, A. E. (1995). Language, culture, and worldview: Exploring the nexus. *International Journal of Intercultural Relations, 19*, 143–153.

Flechsig, K.-H. (1996). *Kleines Handbuch didaktischer Modelle*. Eichenzell: Neuland.

Fraser, B. J., Walberg, H. J., Welch, W. W., & Hattie, J. A. (1987). Syntheses of educational productivity research. *International Journal of Educational Research, 11*, 145–252.

Frey, K., & Frey-Eiling, A. (1993). *Allgemeine Didaktik* (6. Aufl.). Zürich: VDF.

Gilbert, D. U. (1998). *Konfliktmanagement in international tätigen Unternehmen.* Sternenfels: Verlag Wissenschaft und Praxis.

Good, T. L., & Brophy, J. E. (2000). School effects. In M. C. Wittrock (Hrsg.), *Handbook of research on teaching* (3. Aufl., S. 570–602). New York: McMillan.

Griffin, P., McGaw, B., & Care, E. (Hrsg.). (2012). *Assessment and teaching of 21st century skills.* Dordrecht: Springer.

Grosch, C., & Hany, E. (2009). Entwicklungsverlauf kognitiver Komponenten des inter-kulturellen Verständnisses. In M. Byram & A. Hu (Hrsg.), *Interkulturelle Kompetenz und fremdsprachliches Lernen: Modelle, Empirie, Evaluation* (S. 87–103). Tübingen: Narr.

Gullahorn, J. R., & Gullahorn, J. E. (1962). An extension of the U-Curve hypothesis. *Journal of Social Issues, 3*, 33–47.

Hager, W., & Hasselhorn, M. (2000). Einige Gütekriterien für Kriteriumsmaße bei der Evaluation von Interventionsprogrammen. In W. Hager, J. L. Patry, & H. Brezing (Hrsg.), *Evaluation Psychologischer Interventionsmaßnahmen* (S. 169–179). Bern: Huber.

Hall, E. T. (1976). *Beyond culture.* New York: Doubleday.

Hameyer, U., Frey, K., & Haft, H. (Hrsg.). (1983). *Handbuch der Curriculumforschung.* Weinheim: Beltz.

Hammer, M. R., Wiseman, R. L., Rasmussen, J. L., & Bruschke, J. C. (1998). A test of anxiety/uncertainty management theory: The intercultural adapation context. *Communication Quarterly, 46*, 309–326.

Hany, E., & Grosch, C. (2006). *Entwicklung interkulturellen Verständnisses. Konstruktion eines psychometrischen Verfahrens. Bericht Nr. 4 aus dem Forschungsvorhaben zur interkulturellen Kompetenz.* Erfurt: Universität Erfurt.

Hartig, J. (2008). Psychometric models for the assessment of competencies. In J. Hartig, E. Klieme, & D. Leutner (Hrsg.), *Assessment of competencies in educational contexts* (S. 69–90). Göttingen: Hogrefe.

Hartig, J. (2009). Modelle der Item-Response-Theorie. In O. Zlatkin-Troitschanskaia, K. Beck, D. Sembill, R. Nickolaus, & R. Mulder (Hrsg.), *Lehrprofessionalität* (S. 295–310). Weinheim: Beltz.

Hattie, J. A. C. (2009). *Visible learning: A synthesis of over 800 meta-analyses relating to achievement.* Milton Park: Routledge.

Hasselhorn, M., & Gold, A. (2006). *Pädagogische Psychologie. Erfolgreiches Lernen und Lehren.* Stuttgart: Kohlhammer.

Helmke, A. (2003). *Unterrichtsqualität erfassen, bewerten, verbessern.* Seelze: Kallmeyer.

Hmelo-Silver, C. E. (2004). Problem-based learning: What and how do students learn? *Educational Psychology Review, 16*, 235–266.

Hofner Saphiere, D. M. (1995). Ecotonos: A multicultural problem-solving simulation. In S. M. Fowler & M. G. Mumford (Hrsg.), *Intercultural sourcebook: Cross-cultural training methods* (Bd. 1, S. 117–125). Yarmouth: Intercultural Press.

Hofstede, G. (1993). *Interkulturelle Zusammenarbeit.* Wiesbaden: Gabler.

Howard-Hamilton, M. F., Richardson, B. J., & Shuford, B. (1998). Promoting multicultural education: A holistic approach. *College Student Affairs Journal, 18*(1), 5–17.

Huber, G. L., & Mandl, H. (Hrsg.). (1982). *Verbale Daten.* Weinheim: Beltz.

Kaiser, F.-J., & Kaminski, H. (1999). *Methodik des Ökonomie-Unterrichts: Grundlagen eines handlungsorientierten Lernkonzepts mit Beispielen* (3. Aufl.). Bad Heilbrunn: Klinkhardt.

Kanning, U. P. (2009). *Diagnostik sozialer Kompetenzen* (2. Aufl.). Göttingen: Hogrefe.

Kartari, A. (1997). *Deutsch-türkische Kommunikation am Arbeitsplatz. Zur interkulturellen Kommunikation zwischen türkischen Mitarbeitern und deutschen Vorgesetzten in einem deutschen Industriebetrieb.* Münster: Waxmann.

Kluckhohn, F., & Strodtbeck, F. (1961). *Variations in value orientations.* New York: Row, Peterson.

Knapp, K., Kappel, B. E., Eubel-Kasper, K., & Salo-Lee, L. (Hrsg.). (1999). *Meeting the intercultural challenge.* Sternenfels: Verlag Wissenschaft und Praxis.

Kassarjian, H. H. (1977). Content analysis in consumer research. *Journal of Consumer Research, 4*(1), 8–18.

Kim, Y. Y. (1988). *Communication and cross-cultural adaptation: An integrative theory.* Philadelphia: Multilingual Matters.

King, P. M., & Baxter Magolda, M. B. (2005). A developmental model of intercultural maturity. *Journal of College Student Development, 46,* 571–592.

Klieme, E., Avenarius, H., Blum, W., Döbrich, P., Gruber, H., Prenzel, M., Reiss, K., Riquarts, K., Rost, J., Tenorth, H.-E., & Vollmer, H. J. (2003). *Zur Entwicklung nationaler Bildungsstandards Eine Expertise.* Bonn: Bundesministerium für Bildung und Forschung.

Klieme, E., & Hartig, J. (2008). Kompetenzkonzepte in den Sozialwissenschaften und im erziehungswissenschaftlichen Diskurs. In M. Prenzel, I. Gogolin, & H.-H. Krüger (Hrsg.), *Kompetenzdiagnostik. Zeitschrift für Erziehungswissenschaft, Sonderheft 8/2007* (S. 11–29). Wiesbaden: VS Verlag für Sozialwissenschaften.

Kolbe, R. H., & Burnett, M. S. (1991). Content-analysis research: An examination of applications with directives for improving research reliability and objectivity. *Journal of Consumer Research, 18,* 243–250.

Krumm, V. (1973). *Wirtschaftslehreunterricht.* Stuttgart: Klett.

Lorig, B., Bretschneider, M., Görmar, G., & Stertz, A. (2010). *Kompetenzbasierte Prüfungen im Dualen System Bestandsaufnahme und Gestaltungsperspektiven.* Bonn: Bundesinstitut für Berufsbildung.

Manzano, R. J., & Kendall, J. S. (2007). *The new taxonomy of educational objectives* (2. Aufl.). Thousand Oaks: Corwin Press.

Marcia, J. (1989). Identity in adolescence. *Journal of Adolescence, 12,* 401–410.

Mayer, R. E. (2008). *Learning and instruction.* Upper Saddle River: Pearson.

Mayring, P. (2008). *Qualitative Inhaltsanalyse. Grundlagen und Techniken.* Weinheim: Beltz.

Mertens, D. (1974). Schlüsselqualifikationen. *Mitteilungen aus der Arbeitsmarkt- und Berufsforschung, 7,* 36–43.

Minnameier, G. (2013). Ziele der beruflichen Bildung und ihre Einlösung. In R. Nickolaus, J. Retelsdorf, E. Winther, & O. Köller (Hrsg.), *Mathematisch-naturwissenschaftliche Kompetenzen in der beruflichen Erstausbildung* (Zeitschrift für Berufs- und Wirtschaftspädagogik, Beiheft 26, S. 11–35). Stuttgart: Steiner.

Morrison, T., Conaway, W. A., & Borden, G. A. (1994). *How to do business in sixty countries. Kiss, bow, or shake hands.* Holbrook: Adams Media Corporation.

Navas, M., Garcia, M. C., Sanchez, J., Rojas, A. J., Pumares, P., & Fernandez, J. S. (2005). Relative acculturation extended model (RAEM): New contributions with regard to the study of acculturation. *International Journal of Intercultural Relations, 29,* 21–37.

Nurmi, J. (2004). Socialization and self-development: Channeling, selection, adjustment and reflection. In R. Lerner & L. Steinberg (Hrsg.), *Handbook of adolescent psychology* (S. 85–124). New York: Wiley.

Over, U., Mienert, M., Grosch, C., & Hany, E. (2008). Interkulturelle Kompetenz: Begriffsklärung und Methoden der Messung. In T. Ringeisen, P. Buchwald, & C. Schwarzer (Hrsg.), *Interkulturelle Kompetenz in Schule und Weiterbildung* (S. 65–79). Münster: Lit.

Pätzold, G., & Reinisch, H. (2010). Didaktik der beruflichen Fachrichtungen. In R. Nickolaus, G. Pätzold, H. Reinisch, & T. Tramm (Hrsg.), *Handbuch Berufs- und Wirtschaftspädagogik* (S. 160–168). Bad Heilbrunn: Klinkhardt.

Pedersen, A. B. (1996). Double-loop thinking: Seeing two perspectives. In H. N. Seelye (Hrsg.), *Experiental activities for intercultural learning* (Bd. I, S. 105–111). Yarmouth: Intercultural Press.

Pellegrino, J. W. (2004). Complex learning environments: Connecting learning theory, instructional design, and technology. In N. M. Seel & S. Dijkstra (Hrsg.), *Curriculum, plans, and processes in instructional design* (S. 25–48). Mahwah: Erlbaum.

Pellegrino, J. W. (2010). *The design of an assessment system for the race to the top: A learning sciences perspective on issues of growth and measurement.* Princeton: Educational Testing Service.

Pellegrino, J. W., Chudowsky, N., & Glaser, R. (Hrsg.). (2001). *Knowing what students know: The science and design of educational assessment.* Washington, DC: National Academy Press.

Pellegrino, J. W., DiBello, L. V., & Brophy, S. P. (im Druck). The science and design of assessment in engineering education. In A. Johri & B. Olds (Hrsg.), *Cambridge handbook of engineering education research.* New York: Cambridge University Press.

Reetz, L. (1984). *Wirtschaftsdidaktik.* Bad Heilbrunn: Klinkhardt.

Reetz, L., & Tramm, T. (2000). Lebenslanges Lernen aus der Sicht einer berufspädagogisch und wirtschaftspädagogisch akzentuierten Curriculumforschung. In F. Achtenhagen & W. Lempert (Hrsg.), *Lebenslanges Lernen im Beruf – Seine Grundlegung im Kindes- und Jugendalter* (Bd. V, S. 69–120). Opladen: Leske & Budrich.

Reusser, K. (2008). Empirisch fundierte Didaktik -didaktisch fundierte Unterrichtsforschung. In M. A. Meyer, M. Prenzel, & S. Hellekamps (Hrsg.), *Perspektiven der Didaktik* (Zeitschrift für Erziehungswissenschaft, Sonderheft 9, S. 219–237). Wiesbaden: VS Verlag für Sozialwissenschaften.

Robinsohn, S. B. (1967). *Bildungsreform als Revision des Curriculum.* Neuwied: Luchterhand.

Rost, D. H. (2007). *Interpretation und Bewertung pädagogisch-psychologischer Studien* (2. Aufl.). Weinheim: Beltz.

Rost, J. (2004). *Lehrbuch Testtheorie Testkonstruktion* (2. Aufl.). Bern: Huber.

Schiro, M. S. (2008). *Curriculum theory. Conflicting visions and enduring concerns.* Thousand Oaks: Sage.

Schroll-Machl, S. (2001). *BusinesKontakte zwischen Deutschen und Tschechen: Kulturunterschiede in der Wirtschaftszusammenarbeit.* Sternenfels: Verlag Wissenschaft und Praxis.

Schümer, G., Tillmann, K.-J., & Weiß, M. (Hrsg.). (2004). *Die Institution Schule und die Lebenswelt der Schüler: Vertiefende Analysen der PISA-2000-Daten zum Kontext von Schülerleistungen.* Wiesbaden: VS Verlag für Sozialwissenschaften.

Seeber, S., Nickolaus, R., Winther, E., Achtenhagen, F., Breuer, K., Frank, I., Lehmann, R., Spöttl, G., Straka, G., Walden, G., Weiß, R., & Zöller, A. (2010). Kompetenzdiagnostik in der Berufsbildung. *Berufsbildung in Wissenschaft und Praxis, 1*(Suppl), 1–15.

Seidel, T., & Shavelson, R. J. (2007). Teaching effectiveness research in the past decade: The role of theory and research design in disentangling meta-analysis results. *Review of Educational Research, 77,* 454–499.

Shavelson, R. J. (2010). *Measuring college learning responsibly. Accountability in a new era.* Stanford: Stanford University Press.

Shavelson, R. J., & Towne, L. (Hrsg.). (2002). *Scientific research in education.* Washington: National Academy Press.

Spitzberg, B. H., & Changnon, G. (2009). Conceptualizing intercultural competence. In D. K. Deardorff (Hrsg.), *The SAGE handbook of intercultural competence* (S. 2–52). Los Angeles: Sage.

Strobl, C. (2010). *Das Rasch-Modell. Eine verständliche Einführung für Studium und Praxis.* Mering: Hampp.

Terhart, E. (2011). Zur Situation der Fachdidaktiken aus der Sicht der Erziehungswissenschaft: Konzeptionelle Probleme, institutionelle Bedingungen, notwendige Perspektiven. In H. Bayrhuber, U. Harms, B. Muszynski, B. Ralle, M. Rothgangel, L.-H. Schön, H. J. Vollmer, & H.-G. Weigand (Hrsg.), *Empirische Fundierung in den Fachdidaktiken* (S. 241–256). Münster: Waxmann.

Thomas, A. (2003a). Das Eigene, das Fremde, das Interkulturelle. In A. Thomas, E.-U. Kinast, & S. Schroll-Machl (Hrsg.), *Handbuch Interkulturelle Kommunikation und Kooperation* (Bd. 1, S. 44–59). Göttingen: Vandenhoeck und Ruprecht.

Thomas, A. (2003b). Interkulturelle Wahrnehmung, Kommunikation und Kooperation. In A. Thomas, E.-U. Kinast, & S. Schroll-Machl (Hrsg.), *Handbuch Interkulturelle Kommunikation und Kooperation* (Bd. 1, S. 94–116). Göttingen: Vandenhoeck und Ruprecht.

Thomas, A. (2003c). Globale Unternehmenskommunikation. In A. Thomas, E.-U. Kinast, & S. Schroll-Machl (Hrsg.), *Handbuch Interkulturelle Kommunikation und Kooperation* (Bd. 1, S. 372–389). Göttingen: Vandenhoeck und Ruprecht.

Ting-Toomey, S. (1999). *Communicating across cultures.* New York: Guilford.

Tramm, T. (1996). *Lernprozesse in der Übungsfirma – Rekonstruktion und Weiterentwicklung schulischer Übungsfirmenarbeit als Anwendungsfall einer evaluativ-konstruktiven und handlungsorientierten Curriculumstrategie. Habilitationsschrift.* Göttingen: Seminar für Wirtschaftspädagogik der Georg-August-Universität.

Trompenaars, F., & Hampden-Turner, C. (1998). *Riding the waves of culture. Understanding diversity in global business* (2. Aufl.). New York: McGraw-Hill.

Turner, J. H. (1987). Toward a sociological theory of motivation. *American Sociological Review, 52,* 15–27.

Van de Vijver, F. J. R., & Breugelmans, S. M. (2008). Research foundation of cultural competency training. In R. Dana & J. Allen (Hrsg.), *Professional training in a global society* (S. 117–133). New York: Springer.

Van de Vijver, F. J. R., & Leung, K. (2009). Methodological issues in researching intercultural competence. In D. K. Deardorff (Hrsg.), *The SAGE handbook of intercultural competence* (S. 404–418). Los Angeles: Sage.

Van Merriënboer, J. J. G., & Kirschner, P. A. (2013). *Ten steps to complex learning. A systematic approach to four-component instructional design.* (2. Aufl.). New York: Routledge.

Waibel, R., & Dörig, R. (1999). *Baustein 1: Shell/Brent Spar. Neue Lehr-Lern-Kultur in der Betriebswirtschaftslehre.* Aarau: Sauerländer.

Walberg, H. J. (1991). Improving science in advanced and developing countries. *Review of Educational Research, 61,* 25–69.

Walberg, H. J., & Paik, S. J. (2000). *Effective Educational Practices.* Geneva: IBE-UNESCO.

Weber, S. (1994). *Vorwissen in der betriebswirtschaftlichen Ausbildung. Eine struktur- und inhaltsanalytische Studie.* Wiesbaden: Gabler.

Weber, S. (2004). Interkulturelles Lernen Versuch einer Rekonzeptualisierung. *Unterrichtswissenschaft, 32,* 143–168.

Weber, S. (2005). *Intercultural learning as identity negotiation.* Frankfurt a. M.: Lang.

Weber, S. (2006). Design experiment. In F.-J. Kaiser & G. Pätzold (Hrsg.), *Wörterbuch Berufs- und Wirtschaftspädagogik* (2. Aufl., S. 211–213). Bad Heilbrunn: Klinkhardt.

Weber, S. (2007). Mindful identity negotiation and intercultural learning at work. *Lifelong Learning in Europe, XII*(3), 142–152.

Weber, S., & Achtenhagen, F. (2010). Molare didaktische Ansätze zur Förderung forschungs- und evidenzbasierter Lehr-Lern-Prozese. In J. Seifried, E. Wuttke, R. Nickolaus, & P. F. E. Sloane (Hrsg.), *Lehr-Lern-Forschung in der kaufmännischen Berufsbildung Ergebnisse und Gestaltungsaufgaben* (Zeitschrift für Berufs- und Wirtschaftspädagogik, Beiheft 23, S. 13–26). Stuttgart: Steiner.

Weinert, F. E. (2001). Concept of competence: A conceptual clarification. In D. S. Rychen & L. H. Salganik (Hrsg.), *Defining and selecting key competencies* (S. 45–65). Seattle: Hogrefe.

Weinert, F. E. (2002). Vergleichende Leistungsmessung in Schulen Eine umstrittene Selbstverständlichkeit. In F. E. Weinert (Hrsg.), *Leistungsmessung in Schulen* (S. 17–31). Weinheim: Beltz.

Wilson, M. (2005). *Constructing measures. An item response modeling approach.* Mahwah: Lawrence Erlbaum.

Wilson, M., De Boeck, P., & Carstensen, C. H. (2008). Explanatory item response models: A brief introduction. In J. Hartig, E. Klieme, & D. Leutner (Hrsg.), *Assessment of competencies in educational contexts* (S. 91–120). Göttingen: Hogrefe.

Winterton, J. (2009). Competence across Europe: Highest common factor or lowest common denominator? *Journal of European Industrial Training, 33,* 681–700.

Winther, E. (2010). *Kompetenzmessung in der beruflichen Bildung.* Bielefeld: Bertelsmann.

Winther, E. (2011). Das ist doch nicht fair! Mehrdimensionalität und Testfairness in kaufmännischen Assessments. *Zeitschrift für Berufs- und Wirtschaftspädagogik, 107,* 218–238.

Wu, M. L., Adams, R. J., Wilson, M., & Haldane, S. A. (2007). *ACER ConQuest* (Version 2.0). Camberwell: ACER Press.

Yin, R. K. (1994). *Case study research. Design and methods* (2. Aufl). Thousand Oaks: Sage.

Yuan, K., Steedle, J., Shavelson, R., Alonzo, A., & Oppezzo, M. (2006). Working memory, fluid intelligence, and science learning. *Educational Research Review, 1,* 83–98.

Z Erziehungswiss (2014) 17:59–80
DOI 10.1007/s11618-013-0460-7

Struktur und kognitive Voraussetzungen beruflicher Fachkompetenz: Am Beispiel Medizinischer und Zahnmedizinischer Fachangestellter

Susan Seeber

Zusammenfassung: Um die berufliche Fachkompetenz bei Medizinischen und Zahnmedizinischen Fachangestellten optimal fördern zu können, sind Erkenntnisse über die Struktur der beruflichen Fachkompetenz unabdingbar. In dem vorliegenden Beitrag wird deshalb untersucht, ob das Ensemble beruflicher Fachkompetenz, das gegen Ende der Ausbildung zu beobachten ist, adäquat durch ein eindimensionales Modell beschrieben werden kann oder ob hier von Mehrdimensionalität ausgegangen werden muss. Darüber hinaus haben bisherige Untersuchungen gezeigt, dass die Eingangsvoraussetzungen der Jugendlichen, insbesondere kognitive Ressourcen und allgemeine Grundqualifikationen wie mathematische Fähigkeiten, schriftsprachliche Kompetenzen und metakognitive Strategien, zum Erfolg der beruflichen Ausbildung beitragen. Ziel des vorliegenden Beitrags ist es daher, neben der Dimensionalität der beruflichen Fachkompetenz in den beiden Berufen auch strukturelle Zusammenhänge zwischen Basiskompetenzen, die am Ende der Sekundarbildung erreicht werden, und berufsspezifischen Kompetenzen am Ende der Ausbildung herauszuarbeiten und dabei einschlägige Hintergrundeinflüsse angemessen zu berücksichtigen. Die Ergebnisse verweisen auf einen substanziellen Einfluss von Lesekompetenzen und mathematischen Fähigkeiten auf die berufliche Fachkompetenzentwicklung und es bestätigt sich die Einsicht, dass die unterschiedlichen Ausbildungsvoraussetzungen in der Folge auch eine besondere Berücksichtigung in der didaktischen Gestaltung der Ausbildung erfordern.

Schlüsselwörter: Kompetenzmessung · Berufliche Kompetenzmodelle · Determinanten beruflicher Fachkompetenz

Structure and prerequisites of professional competence: the example of medical assistance and qualified dental employee

Abstract: In a great number of empirical studies, the influence and significance of individual and contextual characteristics for successful learning has been demonstrated. Similarly, research on the emergence of vocational competencies has shown that the trainees' initial abilities, in particular cognitive resources and general qualifications such as mathematics, reading and the possession

Prof. Dr. S. Seeber (✉)
Georg-August-Universität Göttingen, Platz der Göttinger Sieben 5,
37073 Göttingen, Deutschland
E-Mail: susan.seeber@wiwi.uni-goettingen.de

of suitable metacognitive strategies contribute substantially to the success of vocational education and training. There is, however, considerable variation in this regard between studies and fields of training. Even within these fields, findings as to the impact of cross-vocational qualifications and general cognitive dispositions are far from being consistent. Thus, it is the aim of the present paper to investigate the relationships between basic competencies as attained at the end of secondary schooling and specific vocational competencies acquired during the training of medical assistants and qualified dental employees, and to take supporting and impeding background factors appropriately into account. The results support the assumption of a substantial Influence of reading and mathematical abilities on the emergence of vocational competencies. This has consequences for the didactical arrangements which accompany the training in that variable inputs, processes and outcomes will have to be adequately considered.

Keywords: Educational measurement · Vocational competency models · Determinants of vocational qualifications

1 Einleitung

Ziel des vorliegenden Beitrags ist es, Strukturen beruflicher Fachkompetenz und deren Zusammenhänge zu den sogenannten Basiskompetenzen, die bei Eintritt in die berufliche Ausbildung erreicht sind, für einen Berufsbereich herauszuarbeiten, der bislang in der empirischen Berufsbildungsforschung wenig beachtet wurde, nämlich der Bereich der gesundheitsbezogenen Dienstleistungsberufe. Nicht nur ist nach aktuellen Arbeitsmarktprognosen in den nächsten Dekaden eine wachsende Arbeitskräftenachfrage auf diesem Gebiet zu erwarten (vgl. Helmrich et al. 2012, S. 6), sondern es werden gegenwärtig auch qualitative Fragen der Weiterentwicklung entsprechender Ausbildungsgänge und damit auch der anzustrebenden beruflichen Kompetenzen breit diskutiert. Exemplarisch werden für die Analysen die Berufe der Medizinischen und der Zahnmedizinischen Fachangestellten (MFA; ZFA) herangezogen. In beiden Fällen handelt es sich um quantitativ bedeutsame Ausbildungsberufe. Beispielsweise wurden im Jahr 2011 mehr als 14.500 neu abgeschlossene Ausbildungsverträge für die Medizinischen und knapp 11.000 Neuabschlüsse für die Zahnmedizinischen Fachangestellten registriert (vgl. Bundesinstitut für Berufsbildung 2012).

2 Forschungsstand

2.1 Zur Messung beruflicher Fachkompetenzen bei Medizinischen und Zahnmedizinischen Fachangestellten

In Deutschland steht den normativen Diskussionen zur Professionalisierung in den Gesundheitsberufen einschließlich konzeptioneller Ausarbeitungen von Kompetenzprofilen derzeit noch ein erheblicher Mangel an empirisch belastbaren Befunden über Struktur und Niveau entsprechender beruflicher Kompetenzen gegenüber. Auch international sind die Bemühungen um eine kompetenzorientierte Strukturierung von Studien- und Ausbildungsprogrammen im Gesundheitsbereich unverkennbar. Davon zeugen beispielsweise die Standards der „American Association of Colleges of Nursing" für die Altenpflege

(2010, S. 10, 11) oder auch die Formulierung beruflicher Standards anhand von Rollen-
beschreibungen für angehende Ärzte und Ärztinnen in Kanada (vgl. die CanMED-Stu-
die von Frank 2005) sowie für nichtärztliche Gesundheitsberufe in der Schweiz (vgl.
Sottas 2011, S. 5). Während sich aber objektive Kompetenzmessungen im medizinischen
Bereich bisher allenfalls auf die Ebene angehender Ärzte beschränken, dominieren bei
den nichtärztlichen Gesundheitsberufen Verfahren der Selbst- und Fremdeinschätzung,
die diagnostischen Ansprüchen an Objektivität, Messgüte und Validität nicht genügen.
Trotz der erwähnten Bemühungen um plausible Annahmen über Strukturen berufsfachlicher Kompetenzen sowie um die Professionalisierung medizinischer Fachberufe (vgl.
z. B. Bonse-Rohmann und Burchert 2011) und die Qualitätssicherung in den entsprechenden Ausbildungsgängen (vgl. z. B. Bals et al. 2011) steht eine theoretisch begründete und
empirisch belastbare Diagnostik in diesem Berufsbereich weitgehend noch aus.

Einige erste Einblicke in die Kompetenzstrukturen für ausgewählte Berufe des Gesund-
heitsbereichs konnte die Hamburger Längsschnittstudie in der beruflichen Bildung geben
(Lehmann und Seeber 2007). Hier wurden, ausgehend von einem eher auf kognitive
Facetten der beruflichen Fachkompetenz begrenzten Testkonzept (vgl. Brand et al. 2005),
zwei Fachtests für die Berufe MFA und ZFA entwickelt, die mehrdimensionale Indikatoren für die jeweils komplexen beruflichen Fähigkeitsbereiche enthielten. Diese wurden
jeweils auf der Grundlage eines eindimensionalen IRT-Modells skaliert, eine empirische
Prüfung der Mehrdimensionalität erfolgte zunächst nicht (vgl. Seeber 2007a).

Eine Reihe von Studien zur Struktur beruflicher Fachkompetenz in verschiedenen
Bereichen verweist auf eine Mehrdimensionalität der Kompetenzstruktur, die es gestattet
relative Stärken und Schwächen im Kompetenzprofil der untersuchten Personengruppen
herauszuarbeiten und damit auch Anregungen und Schlussfolgerungen für die Gestaltung
der Ausbildung zu gewinnen. Beispielsweise zeigen Befunde im gewerblich-technischen
wie auch im kaufmännischen Bereich, dass zwischen dem Fachwissen und den Kompetenzen, dieses Fachwissen in verschiedenen Anforderungssituationen anwenden zu können, unterschieden werden kann (vgl. Nickolaus et al. 2009; Achtenhagen und Winther
2009). Auch zeigen sich Ausdifferenzierungen der Kompetenzstruktur nach Tätigkeits-
bereichen (vgl. Rosendahl und Straka 2011b) oder nach fachlichen Inhaltsbereichen (vgl.
Seeber 2008; Nickolaus et al. 2011).

2.2 Kognitive Voraussetzungen und berufliche Fachkompetenz

Zusammenhänge zwischen gemessenen Lernständen und ihren Antezedenzien werden
in der empirischen Bildungs- und Unterrichtsforschung überwiegend in Analogie zu
ökonomischen Produktivitätsfunktionen modelliert, und zwar so, dass von systemisch
vernetzten Lernumwelten ausgegangen wird (vgl. Reynolds und Teddlie 2000, S. 4 ff.;
Helmke 2010). Kognitive Lernvoraussetzungen und soziokulturelle Herkunftsmerkmale
erwiesen sich als besonders einflussstark und haben – anders als im Bereich der Berufsbildungsforschung – jedenfalls im schulischen Bereich die meiste Aufmerksamkeit auf
sich gezogen (z. B. Prenzel et al. 2006; Baumert et al. 2006). In der empirischen Berufsbildungsforschung hingegen lagen die Forschungsbemühungen auf der Aufdeckung von
Zusammenhängen zwischen spezifischen Lehr-Lern-Arrangements bzw. Instruktionsde-
signs und beruflichem Fachwissen und in der Herausarbeitung von Zusammenhängen

zwischen Lehr-Lern-Angeboten und motivationalen Merkmalen (vgl. die Beiträge in Beck und Krumm 2001). Forschung zur Konzeptualisierung und Messung der beruflichen Kompetenzen rückte erst in den letzten Jahren stärker in das Blickfeld (vgl. einen Überblick bei Nickolaus 2011). Daher fehlt es in der Berufsbildungsforschung bisher an einer vergleichbaren Basis komplexer Input-Prozess-Output-Analysen. Zudem wird anders als im eher kognitiv orientierten Kompetenzverständnis (vgl. Klieme und Leutner 2006) in der Erforschung beruflicher Kompetenzen von einem umfassenden, stärker handlungsorientierten Kompetenzverständnis ausgegangen (z. B. Sloane und Dilger 2005; auch Zlatkin-Troitschanskaia und Seidel 2011, S. 223), das hohe Anforderungen an die Entwicklung adäquater Messinstrumente stellt. Dennoch wurden in den letzten Jahren in dieser Hinsicht deutliche Fortschritte erreicht (vgl. Achtenhagen und Winther 2009; Nickolaus et al. 2009; Rosendahl und Straka 2011b; Lehmann und Seeber 2007), sodass auch in der beruflichen Bildung auf belastbare Weise Zusammenhänge zwischen Eingangsvoraussetzungen und beruflichem Lernerfolg, aber auch zwischen individuellen Voraussetzungen, institutionellen Ausbildungsbedingungen und Lerngelegenheiten und Lernergebnissen herausgearbeitet werden können.

Das Verständnis darüber, was unter kognitiven Eingangsvoraussetzungen zu verstehen ist und über welche Domänen und spezifischen Facetten der jeweiligen Kompetenz diese erfasst werden, unterscheidet sich jedoch deutlich. Durchgängig werden in den Studien, die der Frage des Einflusses kognitiver Voraussetzungen auf die berufliche Kompetenzentwicklung nachgehen, die allgemeinen kognitiven Grundfähigkeiten bestimmt (vgl. Nickolaus et al. 2010; Nickolaus et al. 2008; Rosendahl und Straka 2011b; Lehmann und Seeber 2007) In den meisten Studien, die ausgewählte Basiskompetenzen als Eingangsbedingungen einbeziehen, werden jedoch Kompetenzfacetten und Testkonzepte kaum expliziert (zu mathematischen Testkonzepten vgl. Seeber 2013; zu Testkonzepten der Lesekompetenz vgl. Ziegler et al. 2012).

Zu den Basiskompetenzen, „die für die individuellen Lern- und Lebenschancen ebenso bedeutsam sind wie für die gesellschaftliche, politische und wirtschaftliche Weiterentwicklung" (Prenzel et al. 2004, S. 13 f.), werden in der Regel die Lesekompetenz, die sprachlichen Fähigkeiten und die mathematisch-naturwissenschaftlichen Grundfähigkeiten gezählt, die als Voraussetzung für die Bewältigung von Alltagsanforderungen, für die berufliche Ausbildung und das Weiterlernen über die Schul- und Ausbildungszeit hinaus betrachtet werden (vgl. Deutsches PISA-Konsortium 2001; OECD und Statistics Canada 2000). Da Grundqualifikationen vor dem Hintergrund gesellschaftlicher und wirtschaftlicher Transformationsprozesse als dynamische Konzepte begriffen werden (vgl. dazu Kirsch 2001, S. 4), bedeutet dies, dass sich das kognitive Anspruchsniveau und die Bandbreite der systematisch geförderten Basiskompetenzen erweitert und dass die Jugendlichen neben den sprachlichen und mathematisch-naturwissenschaftlichen Grundqualifikationen auch weiteres, für verschiedene berufliche Bereiche relevantes Vorwissen einbringen, so beispielsweise Fremdsprachenkenntnisse, ökonomische, technische oder IT-Kompetenzen, die in bestimmten Ausbildungsberufen auch Vorwissen darstellen, an das in der Ausbildung angeknüpft wird (vgl. Seeber 2013). Neben pädagogisch-didaktischen Implikationen für die berufliche Ausbildung erfordert diese Entwicklung auch in der Forschung künftig einen breiteren Zugriff auf relevante kognitive Voraussetzungen, um deren Einfluss auf die berufliche Kompetenzentwicklung zu erklären und um den

Anteil der beruflichen Lernsettings an der Entwicklung der Fachkompetenzen empirisch belastbar zu bestimmen (zur Bedeutung des domänenspezifischen Vorwissens für den Aufbau von Expertise vgl. auch Gruber und Mandl 1996).

In den einschlägigen Untersuchungen zur beruflichen Kompetenzentwicklung hat sich gezeigt, dass die Eingangsvoraussetzungen der Jugendlichen, insbesondere aber allgemeine kognitive Ressourcen und Basiskompetenzen sowie metakognitive Strategien, substanziell zum Erfolg der beruflichen Ausbildung beitragen (für gewerbliche Berufe vgl. Nickolaus et al. 2010; Nickolaus und Norwig 2009; Nickolaus et al. 2008; für kaufmännische Berufe vgl. Rosendahl und Straka 2011b; Seeber 2008). Insgesamt betrachtet, variiert allerdings der Einfluss einzelner Merkmale zwischen den verschiedenen Studien und Berufen erheblich. Jenseits der Basiskompetenzen erweist sich vor allem das berufsbezogene Vorwissen zu Beginn der Ausbildung, dass die Jugendlichen in schulischen und außerschulischen Kontexten erworben haben, als starker Prädiktor (vgl. Nickolaus et al. 2010). Wenig überraschend ist der Einfluss des Vorwissens, der in Abhängigkeit vom Messzeitpunkt, d. h. im Ausbildungsverlauf zunimmt. So konnten Rosendahl und Straka (2011b, S. 27 f.) einen relativ geringen Einfluss des bankwirtschaftlichen Vorwissens im Vergleich zum allgemeinen ökonomischen Vorwissen am Beginn der Ausbildung auf die bankwirtschaftliche Kompetenz in der Mitte der Ausbildung feststellen. Hingegen hatten bankwirtschaftliche Kompetenzen in der Mitte der Ausbildung im Vergleich zu allgemein wirtschaftlichen und mathematischen Kompetenzen sowie Lesefähigkeiten den deutlich stärkeren Einfluss auf die bankwirtschaftlichen Kompetenzen am Ende der Ausbildungszeit.

Divergierende Befunde zum Einfluss verschiedener kognitiver Voraussetzungen zu Beginn der Ausbildung auf die berufliche Fachkompetenzentwicklung sind also einerseits durch die Nähe der jeweiligen berufsübergreifenden Domänen zum Beruf geprägt (vgl. auch die Befunde aus TIMSS zwischen mathematischen Kompetenzen und mathematik-affinen beruflichen Bildungsgängen Watermann und Baumert 2000), andererseits können diese aber auch aus Effekten der Messzeitpunkte und Messkonzepte für die Erfassung der verschiedenen kognitiven Voraussetzungen sowie auch der beruflichen Kompetenzen selbst resultieren.

3 Forschungsfragen und Hypothesen

Mit den vorliegenden Analysen sollen einige tiefere Einsichten über die beruflichen Kompetenzprofile Medizinischer und Zahnmedizinischer Fachangestellter gewonnen werden. Darüber hinaus wird den Fragen nach den Determinanten beruflicher Kompetenzentwicklung nachgegangen, wobei vor allem die Bedeutsamkeit der allgemeinen Basiskompetenzen, die in der letzten Dekade verstärkt unter der Perspektive der Ausbildungsfähigkeit und der beruflichen Integration thematisiert wurde, im Zentrum steht. Im Einzelnen werden folgende Fragestellungen untersucht:

1. Welche Dimensionen berufsfachlicher Kompetenzen lassen sich im Untersuchungsbereich theoretisch und empirisch begründet unterscheiden?

2. Welche Unterschiede in den Fachleistungen sind *am Ende der Berufsausbildung* in Abhängigkeit von der Zugehörigkeit zu bestimmten sozialen Gruppen (z. B. nach Schulabschluss, nach Migrationshintergrund, nach Klassenzugehörigkeit) festzustellen?
3. In welchem Ausmaß beeinflussen allgemeine kognitive Ressourcen und Basiskompetenzen sowie individuelle Hintergrundmerkmale die Ausprägung beruflicher Fachkompetenz am Ende der Ausbildung?

Hypothese 1: Bei den Medizinischen und Zahnmedizinischen Fachangestellten lässt sich die berufliche Fachkompetenz nicht eindimensional angemessen darstellen, sondern es sind jeweils mindestens zwei Dimensionen der beruflichen Fachkompetenz zu unterscheiden, zum einen die verwaltungsbezogenen, kaufmännischen Anforderungen und zum anderen die medizinischen bzw. zahnmedizinischen Kompetenzen.

Hypothese 2: Ausgehend vom Forschungsstand in der empirischen Bildung wird angenommen, dass interindividuelle Unterschiede in der fachlichen Kompetenzausprägung mit Merkmalen der sozialen Herkunft und der Bildungsbiografie zusammenhängen. Jugendliche mit günstigeren familiären Ressourcen und höheren Bildungsabschlüssen erlangen bessere berufliche Fachleistungen am Ende der Ausbildung als Personen aus sozial benachteiligter Lage und mit geringeren formalen Eingangszertifikaten sowie Kompetenzen. Weiterhin wird angenommen, dass sich die beruflichen Fachkompetenzentwicklungsprozesse für Personen mit Migrationshintergrund weniger günstig gestalten als bei Personen ohne Migrationsgeschichte.

Hypothese 3: Für den Bereich der Berufsfachlichkeit wird ein bedeutsamer Zusammenhang zwischen allgemeinen Basiskompetenzen und beruflicher Fachkompetenz erwartet. Dabei sind folgende Teilhypothesen zu prüfen: 1) Medizinisch-gesundheitsbezogene Fachkompetenzen sind gleichermaßen durch Lesefähigkeiten und mathematische Kompetenzen bestimmt. 2) Es besteht ein positiver Zusammenhang zwischen mathematischen und den kaufmännisch-verwaltenden Kompetenzfacetten angehender MFA und ZFA. 3) Individuelle Bedingungen wie Motivation und berufsbezogene Selbstwirksamkeitserwartungen weisen einen positiven Zusammenhang zu beiden Facetten der beruflichen Fachkompetenz auf.

4 Design, Methoden und Daten

4.1 Konzeption, Aufbau und psychometrische Eigenschaften der Tests zur Erfassung der Basiskompetenzen am Beginn der Ausbildung

Im vorliegenden Beitrag wird für die Analysen zur Struktur der Fachkompetenzen und zur Relevanz von Basiskompetenzen für die beiden Berufe MFA und ZFA auf die Daten der ULME I- und der ULME III-Studie (ULME: *U*ntersuchung der *L*eistungen, *M*otivationen und *E*instellungen zu Beginn bzw. am Ende der der beruflichen Ausbildung zurückgegriffen (vgl. Behörde für Schule und Berufsausbildung 2013a, b).

Die zu Beginn der Ausbildung eingesetzten und hier interessierenden Leistungstests umfassen, wie eingangs bereits dargestellt, die Domänen deutschsprachiges Leseverständnis und Mathematik. Als Kovariate wurde ferner die domänenunabhängige „Fähigkeit zu schlussfolgerndem Denken" (CFT20 – Weiß 1998) berücksichtigt. Der Leseverständnistest wurde ergänzt durch die Erfassung metakognitiver Strategien zur Texterschließung (vgl. dazu Schlagmüller und Schneider 1999). Die mathematischen Kompetenzen wurden auf zweifache Weise berücksichtigt. Während der „Mathematik-I-Test" mit 55 Items primär an curricularen Anforderungen orientiert war, bezog sich der „Mathematik-II-Test" mit seinen 38 Items auf praktisches Alltagshandeln und war somit eher einem funktional-situativen Konzept sensu TIMSS und stärker noch PISA verpflichtet (für TIMSS vgl. Baumert et al. 2000; für PISA vgl. Deutsches PISA-Konsortium 2001; für Details zu den Testkomponenten der Mathematiktests vgl. Lehmann et al. 2005). Die Dimensionalität der Mathematikaufgaben wurde empirisch über mehrdimensionale Rasch-Modellierungen geprüft. Die Modellfitwerte und Ergebnisse der latenten Korrelation zwischen beiden Tests rechtfertigen durchaus einen gemeinsamen Testscore (vgl. Seeber 2013). Um jedoch die Stärke des Einflusses der beiden Testkonzepte auf die berufliche Fachkompetenz prüfen zu können, werden die mathematischen Kompetenzen als latentes Konstrukt aufgenommen, indikatorisiert über die beiden Subscores. Analog wurden die beiden Tests zur Lesekompetenz – der eigentliche Leseverständnistest und das Inventar zu den Strategien im Texterschließen – als Indikatoren einer einzigen latenten Variable aufgefasst. Das am Ende der Ausbildung gemessene Verständnis diskontinuierlicher Texte (Testkomponente „Texte und Tab") wurde hingegen als eigenständige Größe belassen (zum Testkonzept vgl. Seeber 2007b, S. 67 ff.).

Darüber hinaus werden familiäre Herkunftsfaktoren, Ausbildungsmotivation, die ausbildungsbezogene Selbstwirksamkeit und berufliche Einstellungen in die Analysen einbezogen.

4.2 Konzeption und Aufbau der beruflichen Fachtests

Für die Messung beruflicher Fachkompetenzen war es notwendig, zunächst die Handlungs- und Anforderungsbereiche der Medizinischen und Zahnmedizinischen Fachangestellten genauer zu beschreiben. Insbesondere wurden curriculare Analysen durchgeführt, die sich auf die Ausbildungsordnungen und Rahmenlehrpläne sowie auf Lehrbücher, Materialien zur Prüfungsvorbereitung und Prüfungsaufgaben der Abschlussprüfungen bezogen. Darüber hinaus wurden Expertenmeinungen (Ausbilder/-innen, Ärzte und Fachangestellte, Fachlehrer/-innen und Fachberater) zur Einschätzung der curricularen Validität und Berufsrelevanz der konstruierten Testaufgaben herangezogen. Danach ließen sich für die Medizinischen Fachangestellten drei Handlungsbereiche identifizieren, die durch je typische Denk- und Verhaltensweisen geprägt sind, nämlich 1) die medizinisch-gesundheitsbezogenen Aufgaben der Patientenversorgung, und -betreuung, 2) die nicht unmittelbar personenbezogenen medizinischen Dienstleistungsaufgaben und 3) die verwaltungsbezogenen Tätigkeiten. Innerhalb dieser drei Bereiche waren jeweils spezifisches Fachwissen und typische berufliche Handlungen zu identifizieren, die bei der Testkonstruktion berücksichtigt wurden. Da die Studie primär auf die Erfassung der im schulischen Kontext erworbenen beruflichen Fachkompetenzen zielte, wurden darin auch typisch schulische Prozesse des Wissenserwerbs und der Wissensrepräsentation und damit „das ganzheitliche und funktionale Verständnis zentraler domänenspezifischer Ideen" (Winther 2010, S. 96) relativ stark betont.

4.2.1 Überlegungen zur Kompetenzmodellierung

Auf dieser Grundlage wurde ein mehrdimensionales Kompetenzmodell entwickelt, in dem sich die drei genannten Handlungsaspekte als Subdimensionen mit je spezifischen Fähigkeiten spiegeln: 1) Die personenorientierte, situationsgerechte Beratung und Betreuung von Patienten vor, während und nach einer ärztlichen Behandlung einschließlich Notfallversorgung. Dafür sind neben medizinischen und gesundheitsbezogenen Fachkenntnissen, um z. B. auf der Grundlage mitgeteilter Symptome eine vorläufige, elementare Diagnose zu stellen oder gesundheitsbezogene Beratungsleistungen zu erbringen, vor allem sozial-kommunikative Kompetenzen konstitutiv, zu denen Empathie, Kommunikationsgeschick, Sprachvermögen und Ausdrucksfähigkeit sowie Emotionsregulation gehören. 2) Die erforderlichen nicht unmittelbar personenbezogenen medizinisch-gesundheitsbezogenen Kompetenzen betreffen u. a. die Fähigkeit, Laborproben auszuwerten und anhand der Ergebnisse die konkrete Krankheitssituation zu deuten, aber auch hygienische Standards konsequent umzusetzen. 3) Die kaufmännisch-verwaltenden Anforderungen beziehen sich vor allem auf die Praxisorganisation und -verwaltung und umfassen somit Fähigkeiten, Arbeitsabläufe der Materialbeschaffung und -verwaltung, des Praxismarketings sowie der Abrechnung und Dokumentation von Leistungen zu planen, auszuführen

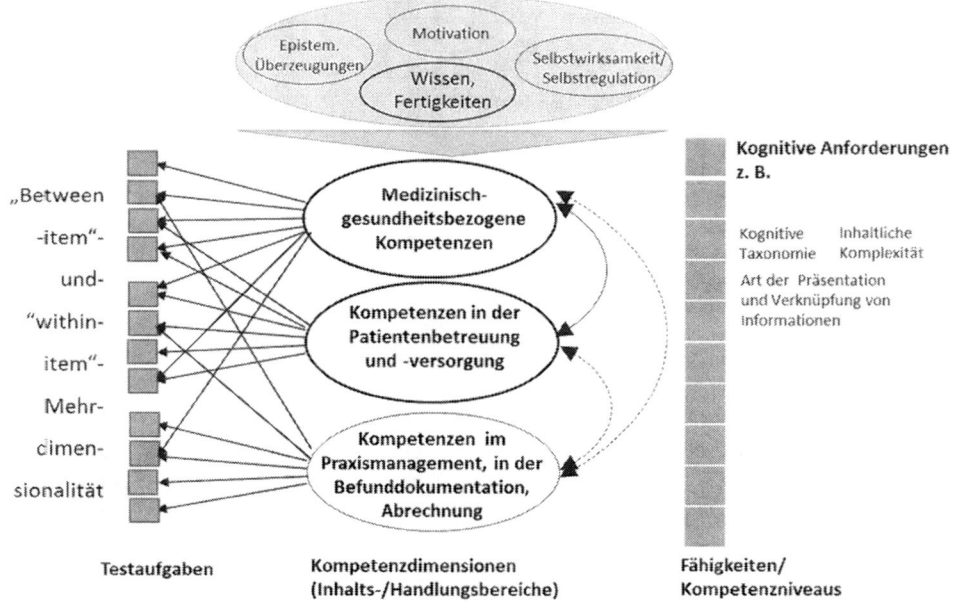

Abb. 1: Kompetenzmodell für Medizinische Fachangestellte

und zu kontrollieren. In Bezug auf die kognitiven Anforderungen wurden die Testaufgaben nach kognitiven Taxonomien und inhaltlicher Komplexität klassifiziert.

Abbildung 1 zeigt exemplarisch das Kompetenzmodell der Medizinischen Fachangestellten, bei dem hypothetisch die drei genannten Dimensionen unterschieden werden.

Zwischen medizinisch-gesundheitsbezogenen Anforderungen und der Fähigkeit zu einer gelingenden Patientenbetreuung werden substanzielle Zusammenhänge erwartet, da die Kommunikationskontexte in der Patientenbetreuung auch durch medizinisch-gesundheitsbezogene Anforderungen geprägt sind. Eher moderate Zusammenhänge werden zwischen medizinisch-gesundheitsbezogenen und kaufmännisch-verwaltenden Anforderungen angenommen.

Um die Fachkompetenzen in Übereinstimmung mit der weithin akzeptierten Definition von Weinert (2001) zu erfassen, also neben Wissen, Fähigkeiten und Fertigkeiten auch Motivationen sowie ausbildungs- und berufsbezogene Selbstwirksamkeitserwartungen angemessen zu berücksichtigen, erfolgte eine methodisch getrennte Erfassung von berufsfachlichen Wissensaspekten, Selbstwirksamkeitserwartungen, Selbsteinschätzungen zu Lernstrategien und ausbildungsbezogener Motivation. Der kommunikative und interaktive Aspekt der beruflichen Tätigkeit, der insbesondere die Patientenbetreuung prägt, konnte indessen bei der Testkonstruktion nicht ausreichend erfasst werden; ein Defizit, das in nahezu allen bisherigen Studien zur beruflichen Kompetenzmessung festzustellen ist. Die Testaufgaben für die MFA bezogen sich, wie erwähnt, relativ stark auf deklaratives und konzeptuelles Wissen, während Aufgaben, deren Lösung prozedurales Wissen erfordert und insoweit eine höhere Affinität zu betrieblichen Anforderungssituationen aufgewiesen hätten, unterrepräsentiert waren (vgl. Seeber 2007a, S. 198).

Auch bei den Zahnmedizinischen Fachangestellten war ebenfalls von einem mehrdimensionalen Kompetenzmodell ausgegangen worden, wobei zwischen den zahnmedizinischen, diagnostischen und therapeutischen Aufgaben einerseits und den verwaltungsbezogenen Anforderungen wie Praxisorganisation, Materialbeschaffung und Liquidation zahnärztlicher Leistungen andererseits unterschieden wurde. Die Testaufgaben zeichneten sich – ähnlich wie die Items des Tests für die MFA – durch einen starken Bezug zum konzeptuellen Wissen aus. Aber es war auch – im Unterschied zum Test für die MFA – ein durchaus nennenswerter Anteil an Aufgaben, der Wissen über Prozeduren erforderte, enthalten. Demnach schien es hier – zumindest in erster Näherung – besser gelungen zu sein, betriebliche Handlungsabläufe abzubilden. Im Hinblick auf die kognitiven Anforderungsniveaus lag der Schwerpunkt deutlich auf dem Anwenden. Ein Teil der Aufgaben erforderte anspruchsvolle Verknüpfungsleistungen, insbesondere zwischen zahnmedizinischem und allgemeinmedizinischem Wissen sowie über verschiedene zahnmedizinische Teilgebiete hinweg (vgl. Seeber 2007a, S. 206).

4.3 Stichprobe

Die beiden Tests wurden bei Auszubildenden in Berlin und Hamburg eingesetzt. In Berlin bearbeiteten 82 und in Hamburg 203 Probanden den Test der MFA, so dass für die Schätzung der Item- und Personenparameter Daten von insgesamt 285 Auszubildenden verwendet wurden. In die deskriptiven und multivarianten Analysen zur beruflichen Fachkompetenz und deren Determinanten wurde allerdings nur die Hamburger Stichprobe einbezogen. Bei den ZFA konnten für die Testskalierungen die Daten von insgesamt 286 Jugendlichen verwendet werden, wobei für $N=204$ Probanden wiederum das komplette Testprogramm und der Längsschnitt zur Verfügung standen, auf die sich die Auswertungen zu den Fachleistungen und deren Prädiktoren beziehen (Lehmann und Hunger 2007, S. 32).

5 Ergebnisse

5.1 Psychometrische Aspekte der beruflichen Fachtests

5.1.1 Medizinische Fachangestellte

Das den Untersuchungen zur beruflichen Fachleistung zugrunde liegende Testkonzept beruhte auf Prämissen der probabilistischen Testtheorie (vgl. Fischer und Molenaar 1995). Von den insgesamt 90 Testitems konnten aufgrund der statistischen Gütekriterien 81 Items für die Auswertungen berücksichtigt werden (vgl. Seeber 2007a, S. 198). Mit dem Ziel der Überprüfung der Hypothese 1 und in Anlehnung an das in Abschn. 4.2 beschriebene Kompetenzmodell wurden unter Verwendung des Computerprogramms ConQuest (Wu et al. 2007) über das einparametrische logistische Modell zwei Modellvarianten im Hinblick auf ihre Anpassung an die empirischen Daten verglichen. Neben einem Generalfaktormodell wurde ein zweidimensionales Modell spezifiziert, das zwei der im Kompetenzmodell hypothetisch angenommenen Fähigkeitsbereiche, medizinisch-gesundheitsbezogene und kaufmännisch-verwaltende Anforderungen, unterschied. Wegen der geringen Anzahl von Items im Bereich der Patientenversorgung musste der Bereich der Patientenversorgung letztlich unberücksichtigt bleiben. Der Vergleich erfolgte über die einschlägigen Anpassungs- und Informationsindizes. Die Ergebnisse der Analysen zeigen eine hoch signifikant schlechtere Modellanpassung für das zweidimensionale Modell, und die messfehlerbereinigten Korrelationen von 0,85 sprechen ebenfalls nicht gegen eine Auswertung der Daten auf der Grundlage des eindimensionalen Modells (Eindimensionales Modell: $Chi^2=3131{,}40$, $df=80$; Zweidimensionales Modell: $Chi^2=5441{,}80$, $df=74$). Im Bereich der medizinischen Fachassistenz spricht somit die Re-Analyse der Daten eher gegen die Geltung der Hypothese 1. Dieser Befund überrascht insofern, als sich medizinische Anforderungen aufgrund ihrer höheren Affinität zu den Naturwissenschaften deutlich von kaufmännischen Aufgaben mit einem stärkeren Bezug zu mathematischen Anforderungen sowie gesellschaftswissenschaftlichen Konzeptionen unterscheiden und hier erwartet wurde, dass es sich um je spezifische Fähigkeiten handelt. Ein möglicher Erklärungsansatz für diesen Befund könnte darin liegen, dass den mathematischen und naturwissenschaftlichen Kompetenzen ein globales Merkmal der mathematisch-naturwissenschaftlichen Grundbildung zugrunde liegt und domänenspezifische Verständnisfaktoren einen geringeren Einfluss auf die je spezifischen Fachleistungen aufweisen im Vergleich zum Generalfaktor (vgl. die Befunde zur Struktur mathematisch-naturwissenschaftlicher Kompetenzen im Rahmen von TIMSS-III bei Klieme et al. 2000, S. 95 ff.).

Für die nachfolgenden Analysen zu den Ergebnissen der Fachkompetenzen und deren Determinanten wird daher die eindimensionale Skala den Auswertungen zugrunde gelegt, die eine Reliabilität (EAP/PV) von 0,84 erreicht. Aufgaben mit niedrigem Schwierigkeitsindex

Abb. 2: Beispielaufgabe für Medizinische Fachangestellte aus dem Bereich „Medizinisch-gesundheitsbezogene Aufgaben" mit mittlerem Schwierigkeitsparameter (98)

Sie untersuchen den Harn eines Patienten mittels Teststreifen und erhalten den folgenden Befund:

pH-Wert:	8
Eiweiß:	++
Glucose:	neg.
Ketone:	neg.
Leukozyten:	(+)
Nitrit:	+
Billirubin:	neg.
Urobillinogen	norm.
Ascorbinsäure:	+

Um welche Erkrankung handelt es sich?

A	Der Patient hat eine Erkältung.
B	**Der Patient könnte einen bakteriellen Harnwegsinfekt haben.**
C	Der Patient könnte eine Leberschädigung haben.
D	Der Patient könnte an Diabetes mellitus erkrankt sein.

waren vor allem solche der gesundheitsbezogenen Allgemeinbildung, während die Aufgaben aus dem Bereich der Abrechnung ärztlicher Leistungen überwiegend zu den anspruchsvolleren Aufgaben zählten. Ein höherer Schwierigkeitsgrad war auch mit Aufgaben zu speziellem medizinischen Fachwissen verbunden (vgl. Seeber 2007a, S. 198 f.) (Abb. 2).

5.1.2 Zahnmedizinische Fachangestellte

Auch für diesen Test erfolgte im Rahmen einer Re-Analyse der Testdaten nunmehr ein Abgleich zwischen einem ein- und einem zweidimensionalen Rasch-Modell. Analog zum Testkonzept der MFA wurde auch bei diesem Beruf angenommen, dass für Aufgaben im Rahmen der zahnmedizinischen Behandlungsassistenz andere Fähigkeiten angesprochen werden als für kaufmännisch-verwaltende Anforderungen. Der ersten Dimension wurden daher die Items zum zahnmedizinischen Grundlagenwissen und zur Behandlungsassistenz und der zweiten Dimension die verwaltungsbezogenen Items zugeordnet. Im Ergebnis dieser Reanalyse weist auch hier das eindimensionale Modell eine bessere Anpassung an die empirischen Daten auf (Eindimensionales Modell: $Chi^2 = 4898,60$, $df = 86$; Zweidimensionales Modell: $Chi^2 = 5244,48$, $df = 85$). Die hohe latente Korrelation von 0,91 zwischen den beiden Dimensionen rechtfertigt auch in diesem Fall Analysen auf der Grundlage eines Generalfaktors. Der Test mit 87 Einzelitems erreicht eine EAP/PV-Reliabilität von 0,88 bei einer ebenfalls breiten Streuung der Itemschwierigkeiten (ebd., S. 206). Die Abb. 3 und 4 enthalten zwei Testaufgaben, die eine mittlere und eine höhere

Abb. 3: Beispielaufgabe für Zahnmedizinische Fachangestellte aus dem Bereich „Zahnmedizinische Assistenzleistungen" mit mittlerem Schwierigkeitsparameter (104)

Auf das Stadium einer Pulpitis lässt sich meist schon allein durch die Befragung des Patienten schließen, so dass eine vorausschauende ZFA bereits die sich anschließenden Arbeitsschritte vorbereiten kann.

Frau Schmidt gibt schon im Anamnesebogen an, dass sie starke, klopfende, bis ins Ohr ziehende Schmerzen habe, die Nachts besonders schlimm seien. Welche Behandlung würden Sie in diesem Fall vorbereiten?

A	eine Mortalamputation
B	**eine Trepanation des Zahnes (Gangräne Behandlung)**
C	eine Vitalamputation
D	eine Cp-Behandlung

Abb. 4: Beispielaufgabe für Zahnmedizinische Fachangestellte aus dem Bereich „Praxismanagement und Abrechnung zahnärztlicher Leistungen" mit hohem Schwierigkeitsparameter (199)

Welche Leistungsnummern können gemäß der abgebildeten Planung (Hohlkehlpräparation) nach der GOZ abgerechnet werden?

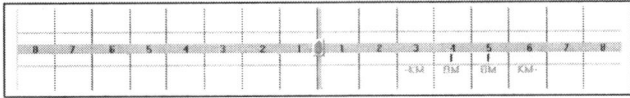

Kreuzen Sie eine Antwort an!

A   2x 500, 1x 507

B   2x 501, 1x 507

C   2x 501, 2x 507

D   2x 221, 2x 507

Itemschwierigkeit aufweisen und zudem inhaltlich jeweils einem der beiden Tätigkeitsbereiche zugeordnet werden können.

Eine Reihe von Aufgaben bezieht sich auf Standardbehandlungen in einer Zahnarztpraxis, bei denen anhand von Symptomen die angehenden ZFA auf die benötigten Instrumente und Materialien für die Behandlung schließen mussten oder zu entscheiden hatten, in welcher Reihenfolge bestimmte Aufgaben zu erledigen sind. Diese Aufgaben lagen weitgehend im mittleren Anforderungsbereich. Mit hoher Sicherheit wurden Aufgaben aus dem Bereich der Mundhygiene/Prophylaxe beherrscht. Dies hängt vermutlich damit zusammen, dass dieses Teilgebiet einerseits gesundheitsbezogenes Allgemeinwissen impliziert und andererseits ein besonderes curriculares Gewicht in der schulischen und praktischen Ausbildung hat (ebd., S. 207 ff.).

Ähnlich wie bei den MFA erwiesen sich auch bei den angehenden ZFA Aufgaben zur Abrechnung ärztlicher Leistungen als anspruchsvoll, aber auch zahnmedizinische Anforderungen, in denen komplexere Zusammenhänge unter Rückgriff auf spezifisches zahnmedizinisches Fachwissen zu modellieren waren.

In beiden Fachtests wiesen also Aufgaben, die ein tieferes Verständnis medizinischer bzw. zahnmedizinischer Fachkonzepte erforderten oder bei denen fach- oder fachgebietsübergreifende Verknüpfungen zu leisten waren, höhere Itemschwierigkeiten auf als Aufgaben, in denen lediglich Einzelinformationen zu einem Sachverhalt verarbeitet werden mussten. Auch verbanden sich mit Aufgaben aus dem medizinischen und zahnmedizinischen Grundlagenwissen, über das Personen im Interesse der eigenen Gesundheit verfügen sollten (z. B. bei Themen der allgemeinen Gesundheitsvorsorge oder der Zahnhygiene), eher geringe Schwierigkeiten. Hier kann im Sinne von Gschwendter et al. (2010, S. 266) mit der Vertrautheit des Wissens aus vorgelagerter Bildungsstufen und Alltagserfahrungen argumentiert werden, das in deren Studien einen zentralen Prädiktor der Itemschwierigkeit darstellte.

5.2 Deskriptive Befunde zur beruflichen Fachkompetenz

5.2.1 Medizinische Fachangestellte

Die Leistungen der künftigen Medizinischen Fachangestellten waren in guter Näherung normalverteilt und erstreckten sich bei einem Mittelwert von 100 Skalenpunkten (SD=25) auf einen Wertebereich von 32 bis 167 Punkten. Die Verteilung der Testleistun-

Abb. 5: Perzentilbänder der beruflichen Fachkompetenzen Medizinischer Fachangestellter nach Schulabschlussniveau und Migrationshintergrund ($N=203$)

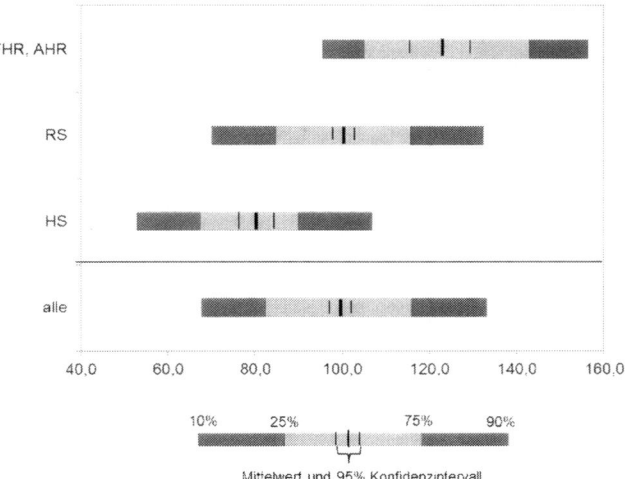

gen nach Schulabschluss (Abb. 5) zeigt die erwarteten Unterschiede in den beruflichen Fachleistungen in Abhängigkeit von den formalen Eingangszertifikaten und damit einhergehenden anfänglichen Kompetenzunterschieden in der Ausbildung. Der hier ersichtliche Unterschied zwischen Schülern mit Hauptschulabschluss oder Realschulabschluss gegenüber denjenigen mit Fachhochschulreife oder Hochschulreife dürfte eher noch unterschätzt sein, da ein Teil der Auszubildenden mit Hochschulzugangsberechtigung die Ausbildung vorzeitig beenden konnte und nicht mehr in der Abschlussuntersuchung erfasst wurde.

Gleichfalls hypothesenkonform zeigen sich Unterschiede in den beruflichen Fachleistungen in Abhängigkeit vom Migrationshintergrund (operationalisiert über das Merkmal der deutschen versus nichtdeutschen Familiensprache). Anhand der Perzentilbänder wird deutlich, dass 75% der Jugendlichen mit nichtdeutscher Familiensprache das mittlere Leistungsniveau der Auszubildenden mit deutscher Muttersprache nicht übersteigen. Die Mittelwerte in den beruflichen Fachleistungen unterscheiden sich hoch signifikant (deutsche Muttersprache: MW = 104,6, SD = 23,2; nichtdeutsche Muttersprache: MW = 86,2, SD = 25,4), die Effektstärke der Differenz liegt bei d = 0,76. Eine ähnliche Effektstärke wiesen die mathematischen Leistungsdifferenzen zu Beginn der Ausbildung auf, in den Lesekompetenzen lagen die Leistungsabstände mit einer Effektstärke von d = 0,83 etwas höher. Auch bei gleichem formalen Vorbildungsniveau, hier die Gruppe mit Realschulabschluss, zeigen sich ähnliche Differenzen (nur Realschulabschluss – deutsche Muttersprache: MW = 105,5, SD = 20,1; nichtdeutsche Muttersprache: MW = 85,7, SD = 24,8); die Effektstärke der mittleren Leistungsunterschiede liegt bei 0,87. Zwar ist nicht zwangsläufig zu erwarten, dass die duale Ausbildung bestehende Leistungsdifferenzen in den kulturellen Grundqualifikationen ausgleicht, aber offenbar wirken sich bestehende kognitive Ausbildungsvoraussetzungen erheblich auf das berufliche Lernen aus. Damit besteht die Gefahr, dass der zu Beginn der Ausbildung erkennbare Leistungsrückstand für Personen mit Zuwanderungsgeschichte, aber auch von Jugendlichen mit niedrigem Schulabschluss zu weniger günstigen Chancen einer selbst gewählten Lebensgestaltung

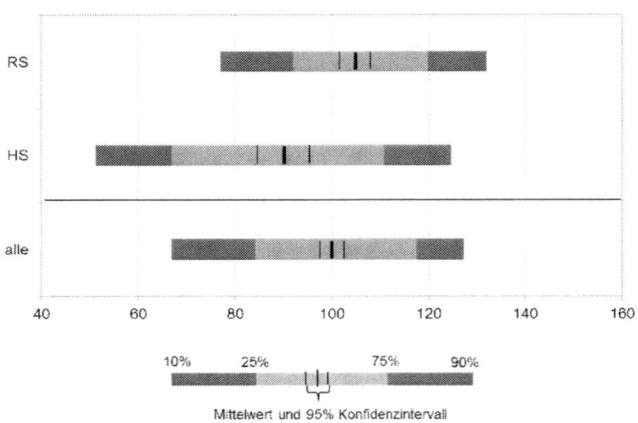

sowie gesellschaftlichen und beruflichen Integration nach der Ausbildung führen kann (vgl. dazu Baethge 2006, S. 26), zumal eine differenzierte Ausbildungsförderung zumindest bei der hier betrachteten Stichprobe nicht erkennbar war.

5.2.2 Zahnmedizinische Fachangestellte

Ähnlich wie bei den MFA erreichte auch bei den ZFA nur ein kleiner Teil der Jugendlichen die curricularen Anforderungen gegen Ende der Ausbildung. Etwa 9 % der Testteilnehmerinnen lag in den Leistungen mindestens eine Standardabweichung oberhalb der durchschnittlichen Schülerfähigkeit; rund 18 % der Jugendlichen eine Standardabweichung unterhalb des Gesamtdurchschnitts. Die Gruppe leistungsschwacher Jugendlicher überschritt somit kaum die Grenze zwischen Alltags- und Professionswissen (vgl. auch Seeber 2007a, S. 209). Differenziertere Analysen zeigen – wie bei den MFA – einen monotonen Zusammenhang zwischen allgemeinbildenden Schulabschlüssen und beruflichen Fachleistungen. So zählten rund ein Drittel der Jugendlichen mit Hauptschulabschluss zu jener Gruppe, die mehr als eine Standardabweichung unterhalb des Mittelwerts der Gesamtgruppe lag, bei den Auszubildenden mit Realschulabschluss waren dies knapp 10 %. Die Mittelwerte markieren ein deutliches Leistungsgefälle zwischen den Jugendlichen mit Hauptschulabschluss und jenen mit mittlerer Reife (vgl. Abb. 6).

Auch bei den ZFA zeigen sich deutliche Unterschiede in den mittleren beruflichen Fachleistungen zwischen Jugendlichen mit deutscher und nichtdeutscher Familiensprache (deutsche Muttersprache: $MW=106,1$, $SD=22,7$; nichtdeutsche Muttersprache: $MW=88,3$, $SD=24,7$). Die Differenzen sind hoch signifikant bei einem starken Effekt von $d=0,72$.

Zusammenfassend lässt sich Hypothese 2 bestätigen, denn Leistungsvorteile am Beginn der Ausbildung, erfasst über die Schulabschlüsse, führen auch zu einem besseren beruflichen Lernerfolg. Migrationsbedingte Disparitäten im Kompetenzerwerb konnten in der beruflichen Ausbildung nicht wesentlich gemildert werden, wie die Unterschiede in den Fachleistungen zwischen den Gruppen gezeigt haben. Offen bleiben muss indes, inwiefern sich Unterschiede in den Lernausgangslagen am Beginn der Ausbildung auch auf weniger kognitiv orientierte berufliche Kompetenzfacetten auswirken, etwa den Fähigkeiten einer ZFA bei der Herstellung von Provisorien oder für die Durchführung von Prophylaxebehandlungen, bei denen neben dem Fachwissen insbesondere motorische Fähigkeiten eine Rolle spielen. Die Untersuchung solcher Zusammenhänge war jedoch aufgrund der bereits genannten Einschränkungen in den beruflichen Tests nicht möglich und markiert ein wichtiges künftiges Forschungsfeld.

5.3 Befunde zu den Determinanten beruflicher Fachkompetenz

Bei der Aufnahme von Jugendlichen in eine Ausbildung spielen der Schulabschluss und die tatsächlich erreichten Kompetenzen eine ausschlaggebende Rolle. Vor allem im Blick auf prekäre Lernstände gegen Ende der Schulzeit wird den Basiskompetenzen besondere Aufmerksamkeit gewidmet. Argumentiert wird, dass diese für die Ausbildung und die berufliche Entwicklung neben dem berufsbezogenen Vorwissen eine besondere Bedeutung besitzen. Auch mit Blick auf die politische und kulturelle Partizipation und das berufliche Weiterlernen dürften diese nicht unerheblich sein. Allerdings ist, wie bereits dargelegt, über ihre Bedeutung für den Aufbau beruflicher Fachkompetenz die Befundlage bislang lückenhaft und zudem weit weniger stabil als beispielsweise zum Einfluss des Vorwissens.

Um die Hypothese 3 zu prüfen, soll nunmehr der Einfluss kognitiver schülerseitiger Voraussetzungen auf die berufsspezifischen Fachkompetenzen bestimmt werden. Verwendet wurde hierzu das Anwenderprogramm „*Mplus*", Version 6.0 (Muthén und Muthén 2007).

Die mathematischen Kompetenzen und die Lesekompetenzen wurden als latente Variable in das Modell aufgenommen. Beide latenten Variablen setzen sich, wie unter 4.1 dargelegt, jeweils aus zwei Skalen zusammen. Die Lesekompetenz stützt sich auf die Skala „Leseverständnis" und das gleichfalls zu Beginn der Ausbildung gemessene „Metakognitive Wissen zur Texterschließung". Ebenso können die im curricular orientierten und im anwendungsorientierten Mathematiktest erfassten Fähigkeiten als Manifestationen derselben latenten Variablen gelten. Ferner wurden der Bildungsstand der Eltern und weitere soziokulturelle Herkunftsmerkmale berücksichtigt. Geprüft wurden zudem Zusammenhänge zwischen beruflicher Fachleistung und Ausbildungsmotivation, beruflichen Selbstwirksamkeitserwartungen und Lernstrategien.

Die kognitiven Grundfähigkeiten (CFT-20) haben in beiden Berufsgruppen einen Einfluss auf die mathematischen Fähigkeiten zu Beginn der Ausbildung. Ein eigenständiger Erklärungsbeitrag der kognitiven Grundfähigkeiten auf die beruflichen Fachleistungen am Ende der Ausbildung wurde geprüft, ließ sich jedoch in beiden Fällen statistisch nicht absichern. Das Leseverständnis zu Beginn der Ausbildung war bei den Schülerinnen und Schülern deutscher Muttersprache etwas günstiger ausgeprägt als bei jenen fremder Herkunftssprache; darüber hinaus beeinflusste die Familiensprache auch die mathematischen Fähigkeiten zu Beginn der Ausbildung. Ein zusätzlicher Effekt der Muttersprache auf die beruflichen Fachkompetenzen war bei beiden Berufen nicht festzustellen, sondern er blieb auf den indirekten Einfluss vermittelt über die Basiskompetenzen beschränkt.

Aus Abb. 7, dem Strukturgleichungsmodell zur Erklärung von Fachleistungsunterschieden bei den MFA, zeigt sich ein besonders starker Einfluss der Lesefähigkeiten, aber

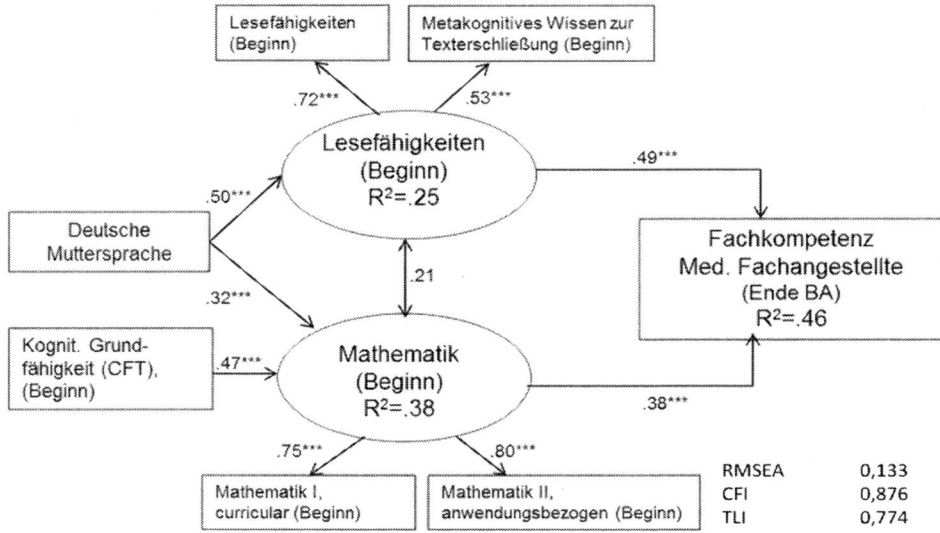

Abb. 7: Strukturgleichungsmodell zur Erklärung von Unterschieden in der Fachkompetenz Medizinischer Fachangestellter am Ende der Ausbildung

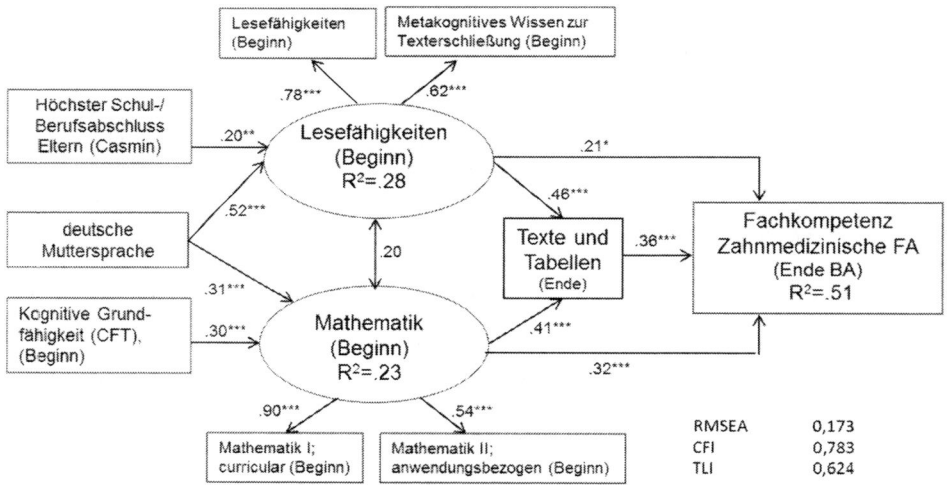

Abb. 8: Strukturgleichungsmodell zur Erklärung von Unterschieden in der Fachkompetenz Zahnmedizinischer Fachangestellter am Ende der Ausbildung

auch die mathematischen Kompetenzen spielen im Aufbau beruflicher Fachkompetenzen offenbar eine wichtige Rolle.

Bei den ZFA (Abb. 8) werden leicht abweichende Zusammenhänge sichtbar. Anders als bei den MFA zeigt sich hier ein stärkerer Einfluss der Fähigkeiten im Umgang mit diskontinuierlichen Texten und der Verarbeitung numerischer Informationen aus Tabellen und Grafiken. Dieser Typus von Anforderungen entspricht im Unterschied zum Leseverständnistest, der zu Beginn der beruflichen Ausbildung eingesetzt wurde, stärker alltags- und vor allem berufsbezogenen Textinformationssystemen, die ein breites Arsenal verschiedenster kognitiver und metakognitiver Strategien zur Verarbeitung solcher abstrakter Informationen sowie ein elementares Verständnis im Umgang mit Zahlen erfordern. Lesefähigkeiten und mathematische Kompetenzen wirken daher vermittelt über die Fähigkeiten im Umgang mit diskontinuierlichen Texten sowohl indirekt als auch direkt auf die berufliche Fachkompetenzentwicklung. Ferner zeigt sich im Unterschied zu den MFA ein Einfluss des Bildungshintergrunds der Eltern auf die Lesekompetenzen zu Beginn der beruflichen Ausbildung. Dieses „elterliche Humankapital" ging über die CASMIN-Klassifikation von Schul- und Berufsabschlüssen in die Analysen ein, wobei jeweils nur der Elternteil mit der höheren Qualifikation berücksichtigt wurde. Obwohl die Modellpassung dieser komplexen Modelle noch nicht befriedigen kann und nur um den Preis einer starken Vereinfachung wesentlich zu verbessern wäre, können die vorliegenden Befunde als plausibel und in einem exploratorischen Sinne als aussagekräftig gelten.

Für beide Berufe konnten direkte oder indirekte Einflüsse der Ausbildungsmotivation sowie weiterer personenbezogener Variabler statistisch nicht abgesichert werden. Dieser Befund weicht ab von Ergebnissen, die beispielsweise für KfZ-Mechatroniker, Elektroinstallateure und Bankkaufleute herausgearbeitet wurden (vgl. Nickolaus et al. 2010).

Hypothese 3, die von einem nachweislichen Effekt der Basiskompetenzen auf die berufliche Fachkompetenzentwicklung ausgeht, konnte mit den vorliegenden Analysen zumindest für die getesteten beruflichen Kompetenzfacetten bestätigt werden. Aufgrund der Eindimensionalität des beruflichen Fachtests konnte möglicher differenzierter Effekte nicht nachgegangen werden.

Auch wurde geprüft, in welchen Fällen nach Maßgabe der Basiskompetenzen erwartungswidrig hohe berufliche Fachleistungen festgestellt werden konnten. Dazu wurden – getrennt für beide Berufe – von den Residuen der entsprechenden Regressionsanalysen die Fälle mit einer Standardabweichung über dem Durchschnitt untersucht. Es stellte sich heraus, dass Overachievement bei beiden Berufen kein Merkmal ganzer Schulklassen war. Unterschiede zeigten sich hinsichtlich der ausbildungs- und berufsbezogenen Motivation, aber nur für die Gruppe der ZFA, bei der die sog. Overachiever eine signifikant höhere Motivation aufwiesen als die Restgruppe. Nachdem darüber hinaus die in der Untersuchung berücksichtigten Klima-, Einstellungs-, Lernstrategie- und Selbstkonzeptvariablen sowie die emotionale Unterstützung im Elternhaus in Ausbildungsangelegenheiten ebenfalls keine nennenswerte Erklärung der beobachteten Resilienz liefern, ist für künftige Untersuchungen die Frage besonders interessant, welche Faktoren Resilienz bewirken und wie diese in der Ausbildung verstärkt werden können.

6 Diskussion

Mit Blick auf die Forschungsfragen und Hypothesen bestätigten sich einige der getroffenen Annahmen nicht. So konnte weder bei den Medizinischen noch bei den Zahnmedizinischen Fachangestellten die in *Hypothese 1* angenommene mehrdimensionale Struktur der Fachkompetenz empirisch belegt werden. Der jeweils klare Vorteil des eindimensionalen

Modells kann verschiedene Ursachen haben. So wurde vorangehend angedeutet, dass in den Tests prozedurale Aspekte beruflicher Anforderungen aufgrund der curricularen Akzentuierung der Studie nicht hinreichend berücksichtigt werden konnten. In Untersuchungen zur beruflichen Fachkompetenz anderer Berufe hat sich beispielsweise für den Industriekaufmann eine Unterscheidung zwischen verstehensbasierten und handlungsorientierten Anforderungen als das empirisch bessere Modell erwiesen (vgl. Achtenhagen und Winther 2009, S. 32), und bei den KfZ-Mechatronikern zeigte ein zweidimensionales Modell, das zwischen Fachwissen und fachspezifischer Problemlösekompetenz unterscheidet, Vorteile gegenüber der eindimensionalen Variante (vgl. Gschwendtner et al. 2010, S. 264 f.). Ferner ließen sich in längsschnittlichen Modellierungen Veränderungen in der Dimensionalität beruflicher Fachkompetenzen beobachten, die auf Verknüpfungen von kognitiven Strukturen verweisen (für den Bankkaufmann vgl. Rosendahl und Straka 2011a; für KfZ-Mechatroniker vgl. Nickolaus et al. 2008, S. 61 f.). Auch ein solcher Effekt kann hier nicht ausgeschlossen werden.

Hypothese 2, die darauf abzielt, dass sich trotz Eingangsselektion durch die ausbildenden Unternehmen und einer damit verbundenen Homogenisierung der Eingangsleistungen, auch am Ende der Ausbildung noch deutliche Fachleistungsunterschiede in Abhängigkeit von der vorberuflichen Bildungslaufbahn und ethnischen Herkunft zeigen, konnte im Wesentlichen bestätigt werden. Jugendliche mit höheren Schulabschlüssen und deutscher Familiensprache wiesen am Ende der Ausbildung deutlich günstiger ausgeprägte berufliche Fachkompetenzen auf. Angesichts dieses Befunds stellt sich die Frage, wie es in der beruflichen Bildung künftig besser gelingen kann, auch jene Jugendlichen zu fördern, die mit weniger günstigen kognitiven Eingangsvoraussetzungen in die Ausbildung einmünden. Die Ergebnisse zu den Leistungen der Jugendlichen stimmen auch insofern nachdenklich, als nur ein relativ kleinerer Teil der Probanden die in den Curricula formulierten Ansprüche erreicht, ein Befund der mit dem anderer Berufe konform ist (vgl. eine Übersicht zu den Ergebnissen verschiedener Studien bei Rosendahl und Straka 2011b). Auch für die hier durchgeführten Analysen zeigt sich in beiden Berufen, dass die in den Ausbildungsordnungen definierten Anforderungen, insbesondere im Bereich konzeptuellen beruflichen Fachwissens, eher von den Jugendlichen mit allgemeiner Hochschulreife und Fachhochschulreife erreicht werden, während Personen mit maximal Hauptschulabschluss deutlich im unteren beruflichen Leistungsbereich verbleiben.

Die in *Hypothese 3* vermuteten Zusammenhänge zwischen Basiskompetenzen und beruflichen Fachleistungen konnten für die beiden hier untersuchten Berufe belegt werden. Eine Erklärung für die recht starken Effekte kann in der kognitiven Orientierung der beiden beruflichen Fachleistungstests liegen, während beispielsweise sozial-kommunikative oder auch motorische Handlungsbereiche im Testkonzept aus bereits angesprochenen Gründen nicht erfasst wurden. Die herausgearbeiteten Befunde bedeuten allerdings keinesfalls, dass allgemeine Grundqualifikationen etwa als substitutiv für berufliches Lernen betrachtet werden können. In einer Reihe von Analysen zu anderen Berufen konnte gerade aufgezeigt werden, dass die prädiktive Kraft allgemeiner Grundqualifikationen sinkt, je stärker fachspezifische Konzepte für die Bearbeitung beruflicher Aufgaben erforderlich sind (vgl. Seeber 2013). Darüber hinaus ist die Stärke der Zusammenhänge zwischen beruflichen Fachleistungen und allgemeinen Grundqualifikationen, die zum Ende der Schulzeit erreicht wurden, von den insgesamt im Modell berücksichtigten Determinanten abhängig. So zeigt sich im gewerblichen Bereich stets ein stärkerer Zusammenhang zum Vorwissen (vgl. Nickolaus 2011), der auch in der Expertiseforschung als gut belegt gilt (Gruber und Mandl 1996). Allerdings ist das Vorwissen seinerseits von kognitiven Grundfähigkeiten sowie Basisqualifikationen wie den Lesekompetenzen und den mathematisch-naturwissenschaftlichen Kompetenzen abhängig. Um solche Zusammenhänge daher differenzierter herauszuarbeiten, sind Panel-Studien erforderlich, die über die Schul- und Ausbildungsspanne hinweg angelegt sind.

Literatur

Achtenhagen, F., & Winther, E. (2009). Konstruktvalidität von Simulationsaufgaben: Computergestützte Messung berufsfachlicher Kompetenz – am Beispiel der Ausbildung von Industriekaufleuten. Abschlussbericht für das Bundesministerium für Bildung und Forschung. Berlin/Bonn. http://www.bmbf.de/pub/Endbericht_BMBF09.pdf. Zugegriffen: 15. Aug. 2010.

American Association of Colleges of Nursing. (2010). Recommended Baccalaureate Competencies and Curricular Guidelines for the Nursing Care of Older Adults: A Supplement to The Essentials of Baccalaureate Education for Professional Nursing Practice. Washington, DC. http://www.aacn.nche.edu/geriatric-nursing/AACN_Gerocompetencies.pdf. Zugegriffen: 24. Aug. 2012.

Bals T., Grunau J., & Unger A. (Hrsg.). (2011). *Qualitätsentwicklung an Schulen des Gesundheitswesens. Eine theoretische und praktische Handreichung.* Paderborn: Eusl-Verlagsgesellschaft.

Baethge, M. (2006). Das deutsche Bildungs-Schisma: Welche Probleme ein vorindustrielles Bildungssystem in einer nachindustriellen Gesellschaft hat. SOFI-Mitteilungen Nr. 34. http://www.sofi.uni-goettingen.de/fileadmin/SOFI-Mitteilungen/Nr._34/Baethge.pdf. Zugegriffen: 15. Jan. 2013.

Baumert, J., Bos, W., & Lehmann, R. (Hrsg.). (2000). *Dritte Internationale Mathematik- und Naturwissenschaftsstudie. Mathematische und naturwissenschaftliche Grundbildung am Ende der Schullaufbahn (Bd. 1). Mathematische und naturwissenschaftliche Grundbildung am Ende der Pflichtschulzeit.* Opladen: Leske+Budrich.

Baumert, J., Stanat, P., & Watermann, R. (Hrsg.). (2006). *Herkunftsbedingte Disparitäten im Bildungswesen.* Wiesbaden: VS Verlag für Sozialwissenschaften.

Behörde für Schule und Berufsausbildung. (Hrsg.). (2013a). *ULME I und II. Untersuchung der Leistungen, Motivation und Einstellungen zu Beginn der beruflichen Ausbildung und in den Abschlussklassen der teilqualifizierenden Berufsfachschulen. HANSE – Hamburger Schriften zur Qualität im Bildungswesen* (Bd. 11). Münster: Waxmann.

Behörde für Schule und Berufsausbildung. (Hrsg.). (2013b). *ULME III. Untersuchung der Leistungen, Motivation und Einstellungen in den Abschlussklassen der Berufsschulen. HANSE – Hamburger Schriften zur Qualität im Bildungswesen* (Bd. 12). Münster: Waxmann.

Brand, W., Hofmeister, W., & Tramm, T. (2005). Auf dem Weg zu einem Kompetenzstufenmodell für die berufliche Bildung – Erfahrungen aus dem Projekt ULME. bwp@Nr. 8. http://www.bwpat.de/ausgabe8/brand_etal_bwpat8.pdf. Zugegriffen: 24. März 2008.

Beck, K., & Krumm, V. (Hrsg.). (2001). *Lehren und Lernen in der beruflichen Erstausbildung. Grundlagen einer modernen kaufmännischen Berufsqualifizierung.* Opladen: Leske+Budrich.

Bonse-Rohmann, M., & Burchert, H. (Hrsg.). (2011). *Neue Bildungskonzepte für das Gesundheitswesen.* Bielefeld: W. Bertelmann.

Bundesinstitut für Berufsbildung. (2012). Datenbank Auszubildende des Bundesinstituts für Berufsbildung (BIBB) auf Basis der Daten der Berufsbildungsstatistik der statistischen Ämter des Bundes und der Länder (Erhebung zum 31. Dezember). http://berufe.bibb-service.de/Z/B/30/85610500.pdf; http://berufe.bibb-service.de/Z/B/30/85643500.pdf. Zugegriffen: 02. Jan. 2013.

Deutsches PISA-Konsortium. (Hrsg.). (2001). *PISA 2000. Basiskompetenzen von Schülerinnen und Schülern im Vergleich*.Opladen: Leske + Budrich.

Fischer, G. H., & Molenaar, I. (Hrsg.). (1995). *Rasch models – Foundations, recent developments, and applications*. New York: Springer.

Frank, J. R. (Hrsg.). (2005). The CanMEDS 2005 physician competency framework. Better standards. Better physicians. Better care. Ottawa: The Royal College of Physicians and Surgeons of Canada. http://www.royalcollege.ca/portal/page/portal/rc/common/documents/canmeds/resources/publications/framework_full_e.pdf. Zugegriffen: 22. Aug. 2012.

Gschwendtner, T., Geißel, B., & Nickolaus, R. (2010). Modellierung beruflicher Fachkompetenz in der gewerblichtechnischen Grundbildung. Projekt Berufspädagogik. *Zeitschrift für Pädagogik*, (56. Beiheft), 258–269. (Weinheim: Beltz).

Gruber, H., & Mandl, H. (1996). Das Entstehen von Expertise. In J. Hoffmann & W. Kintsch (Hrsg.), *Enzyklopädie der Psychologie: Themenbereich C Theorie und Forschung, Serie II Kognition* (Bd. 7, Lernen S. 583–615). Göttingen: Hogrefe.

Helmke, A. (2010). *Unterrichtsqualität und Lehrerprofessionalität. Diagnose, Evaluation und Verbesserung des Unterrichts* (3. Aufl.). Seelze: Kallmeyer.

Helmrich, R., Zika, G., Kalinowski, M., & Wolter, M. I. (2012). *Engpässe auf dem Arbeitsmarkt: Geändertes Bildungs- und Erwerbs – verhalten mildert Fachkräftemangel. BIBB-Report. 6.Jahrgang, Heft 18/12*. Bielefeld: Bertelsmann.

Kirsch, I. (2001). The International Adult Literacy Survey (IALS). Understanding What Was Measured. Research Report. ETS Educational Testing Service. Princeton. http://www.ets.org/Media/Research/pdf/RR-01-25-Kirsch.pdf. Zugegriffen: 26. Okt. 2012.

Klieme, E., Baumert, J., Köller, O., & Bos, W. (2000). Mathematische und naturwissenschaftliche Grundbildung: Konzeptuelle Grundlagen und die Erfassung und Skalierung von Kompetenzen. In J. Baumert, W. Bos, & R. Lehmann (Hrsg.), *Dritte Internationale Mathematik- und Naturwissenschaftsstudie. Mathematische und naturwissenschaftliche Grundbildung am Ende der Schullaufbahn. Mathematische und naturwissenschaftliche Grundbildung am Ende der Pflichtschulzeit* (Bd. 1, S. 85–133). Opladen: Leske + Budrich.

Klieme, E., & Leutner, D. (2006). Kompetenzmodelle zur Erfassung individueller Lernergebnisse und zur Bilanzierung von Bildungsprozessen. *Zeitschrift für Pädagogik, 52*(6), 876–903.

Lehmann, R. H., Ivanov, S., Hunger, S., & Gänsfuß, R. (2005). *ULME I. Untersuchung der Leistungen, Motivationen und Einstellungen zu Beginn der beruflichen Ausbildung*. Hamburg: Behörde für Bildung und Sport, Amt für Berufliche Bildung und Weiterbildung.

Lehmann, R., & Hunger, S. (2007). ULME III: Anlage und Durchführung der Untersuchung. In R. Lehmann & S. Seeber (Hrsg.), *ULME III. Untersuchung von Leistungen, Motivation und Einstellungen der Schülerinnen und Schüler in den Abschlussklassen der Berufsschulen* (S. 21–66). Hamburg: Behörde für Bildung und Sport.

Lehmann, R., & Seeber, S. (Hrsg.). (2007). *ULME III. Untersuchung von Leistungen, Motivation und Einstellungen der Schülerinnen und Schüler in den Abschlussklassen der Berufsschulen. Behörde für Bildung und Sport der Freien und Hansestadt Hamburg*. Hamburger Institut für berufliche Bildung (HIBB), Hamburg.

Muthén, L. K., & Muthén, B. O. (2007). *Mplus. Statistical analysis with latent variables. User's guide*. (5. Aufl.). Los Angeles: Muthén & Muthén.

Nickolaus, R., Gschwendtner, T., & Geißel, B. (2008). Entwicklung und Modellierung beruflicher Fachkompetenz in der gewerblich-technischen Grundbildung. *Zeitschrift für Berufs- und Wirtschaftspädagogik, 104*(1), 48–73. (Stuttgart: Steiner Verlag).

Nickolaus, R., & Norwig, K. (2009). Mathematische Kompetenzen von Auszubildenden und ihre Relevanz für die Entwicklung von Fachkompetenz – ein Überblick zum Forschungsstand. In A. Heinze & M. Grüßing (Hrsg.), *Mathematiklernen vom Kindergarten bis zum Studium* (S. 205–216). Münster: Waxmann.

Nickolaus, R. Gschwendtner, T., & Abele, S. (2009). Die Validität von Simulationsaufgaben am Beispiel der Diagnosekompetenz von Kfz-Mechatronikern. http://www.bmbf.de/pubRD/Abschluss-Bericht_Druckfassung.pdf. Zugegriffen: 23. Aug. 2012.

Nickolaus, R. (2011). Die Erfassung fachlicher Kompetenzen und ihrer Entwicklungen in der beruflichen Bildung – Forschungsstand und Perspektiven. In O. Zlatkin-Troitschanskaia (Hrsg.), *Stationen empirischer Bildungsforschung* (S. 331–351). Wiesbaden: VS Verlag für Sozialwissenschaften.

Nickolaus, R., Geißel, B., & Gschwendtner, T. (2008). Die Rolle der Basiskompetenzen Mathematik und Lesefähigkeit in der beruflichen Ausbildung und die Entwicklung mathematischer Fähigkeiten im ersten Ausbildungsjahr. bwp@ – Berufs- und Wirtschaftspädagogik online, Ausgabe 14. http://www.bwpat.de/ausgabe14/nickolaus_etal_bwpat14.pdf. Zugegriffen: 20. Nov. 2009.

Nickolaus, R., Straka, G. A., Fehring, G., Gschwendtner, T., Geißel, B., & Rosendahl, J. (2010). Erklärungsmodelle zur Kompetenz- und Motivationsentwicklung bei Bankkaufleuten, Kfz-Mechatronikern und Elektronikern. *Zeitschrift für Berufs- und Wirtschaftspädagogik,* Beiheft 23, 73–87. (Stuttgart).

Nickolaus, R., Gschwendtner, T., & Abele, S. (2011). Valide Abschätzungen von Kompetenzen als eine notwendige Basis zur Effektbeurteilung pädagogischer Handlungsprogramme – Herausforderungen, Ansätze und Perspektiven. In M. Fischer, M. Becker, & G. Spöttl (Hrsg.), *Kompetenzdiagnostik in der beruflichen Bildung – Probleme und Perspektiven* (S. 57–74). Frankfurt: Peter Lang.

OECD & Statistics Canada. (2000). Literacy in the information age.final report of the international adult literacy survey. Organization for Economic Co-operation and Development, Paris, and the Minister of Industry, Canada.

Prenzel, M., Drechsel, B., Carstensen, C. H., & Ramm, G. (2004). PISA 2003 – eine Einführung. In PISA-Konsortium Deutschland (Hrsg.), *PISA 2003. Der Bildungsstand der Jugendlichen in Deutschland – Ergebnisse des zweiten internationalen Vergleichs* (S. 13–46). Münster: Waxmann.

Prenzel, M., Baumert, J., Blum, W., Lehmann, R., Leutner, D., Neubrand, M., Pekrun, R., Rost, J., & Schiefele, U. (Hrsg.). (2006). *PISA 2003. Untersuchungen zur Kompetenzentwicklung im Verlauf eines Schuljahres.* Münster: Waxmann.

Reynolds, D., & Teddlie, C. (2000). An introduction to school effectiveness research. In C. Teddlie & D. Reynolds (Hrsg.), *The international handbook of school effectiveness research* (S. 3–25). London: Falmer Press.

Rosendahl, J., & Straka, G. (2011a). Effekte personaler, schulischer und betrieblicher Bedingungen auf berufliche Kompetenzen von Bankkaufleuten während der dualen Ausbildung. In ITB Forschungsberichte 51/2011. http://www.itb.uni-bremen.de/itb-forschungsberichte.html. Zugegriffen: 12. März 2012.

Rosendahl, J., & Straka, G. A. (2011b). Kompetenzmodellierungen zur wirtschaftlichen Fachkompetenz angehender Bankkaufleute. *Zeitschrift für Berufs- und Wirtschaftspädagogik, 107*(2), 190–217 (Stuttgart: Steiner).

Schlagmüller, M., & Schneider, W. (1999). Metacognitive knowledge about text processing: A questionnaire.Unpublishedmanuscript. Würzburg: University Würzburg Department of Psychology.

Seeber, S. (2007a). Berufsspezifische Fachleistungen in Ausbildungsberufen der Bereiche Gesundheit und Körperpflege. In R. Lehmann & Seeber, S. (Hrsg.), *ULME III. Untersuchung von Leistungen, Motivation und Einstellungen der Schülerinnen und Schüler in den Abschlussklassen der Berufsschulen* (S. 191–213). Hamburg: Behörde für Bildung und Sport.

Seeber, S. (2007b). Allgemeine Grundqualifkationen am Ende der beruflichen Ausbildung. In R. Lehmann & Seeber, S. (Hrsg.), *ULME III. Untersuchung von Leistungen, Motivation und Einstellungen der Schülerinnen und Schüler in den Abschlussklassen der Berufsschulen* (S. 67–88). Hamburg: Behörde für Bildung und Sport.

Seeber, S. (2008). Ansätze zur Modellierung beruflicher Fachkompetenz in kaufmännischen Ausbildungsberufen. *Zeitschrift für Berufs- und Wirtschaftspädagogik, 104*(1), 74–97. (Stuttgart: Franz Steiner).

Seeber, S. (2013). Mathematische Kompetenzen an der Schwelle und am Ende der kaufmännischen Berufsausbildung. *Zeitschrift für Berufs- und Wirtschaftspädagogik*, (24. Beiheft.), 67–94. (Stuttgart: Franz Steiner).

Sloane, P. F. E., & Dilger, B. (2005). The Competence Clash – Dilemmata bei der Übertragung des ‚Konzepts der nationalen Bildungsstandards' auf die berufliche Bildung. bwp@ Nr. 8. http://www.bwpat.de/ausgabe8/sloane_dilger_bwpat8.pdf. Zugegriffen: 15. Jan. 2007.

Sottas, B. (2011). Abschlusskompetenzen für alle Gesundheitsberufe: das schweizerische Rahmenwerk und seine Konzeption. GMS *Zeitschrift für Medizinische Ausbildung, Vol. 28*(1). http://www.pflegeportal.ch/pflegeportal/pub/Sottas_Abschlusskompetenzen_2114_1.pdf. Zugegriffen: 24. Aug. 2012.

Watermann, R., & Baumert, J. (2000). Mathematische und naturwissenschaftliche Grundbildung beim Übergang von der Schule in den Beruf. In J. Baumert, W. Bos, & R. Lehmann (Hrsg.), *Dritte Internationale Mathematik- und Naturwissenschaftsstudie. Mathematische und naturwissenschaftliche Grundbildung am Ende der Schullaufbahn: Mathematische und naturwissenschaftliche Grundbildung am Ende der Pflichtschulzeit* (Bd. 1, S. 199–260). Opladen: Leske+Budrich.

Weinert, F. E. (2001). Concept of competence: A conceptual clarification. In S. Rychen & L. H. Salganik (Hrsg.), *Defining and selecting key competencies* (S. 45–65).Göttingen: Hogrefe & Huber.

Weiß R. H. (1998). *Grundintelligenztest Skala 2 (CFT 20) mit Wortschatztest (WS) und Zahlenfolgentest (ZF)*. Göttingen: Westermann.

Winther, E. (2010). *Kompetenzmessung in der beruflichen Bildung*. Bielefeld: Bertelsmann.

Wu, M. L., Adams, R. J., Wilson, M. R., & Haldane, S.A. (2007). ACER ConQuest Version 2: Generalised item response modelling software. Camberwell: Australian Council for Educational Research.

Ziegler, B., Balkenhol, A., Keimes, C., & Rexing, V. (2012). Diagnostik „funktionaler Lesekompetenz". bwp@ Ausgabe Nr. 22. http://www.bwpat.de/ausgabe22/ziegler_etal_bwpat22.pdf. Zugegriffen: 13. Jan. 2013.

Zlatkin-Troitschanskaia, O., & Seidel, J. (2011). Kompetenz und ihre Erfassung – das neue „Theorie-Empirie-Problem" der empirischen Bildungsforschung? In O. Zlatkin-Troitschanskaia (Hrsg.), *Stationen empirischer Bildungsforschung* (S. 218–233). Wiesbaden: VS Verlag für Sozialwissenschaften.

Z Erziehungswiss (2014) 17:81–101
DOI 10.1007/s11618-013-0457-2

Kompetenzförderung leistungsschwächerer Jugendlicher in der beruflichen Bildung – Förderansätze und ihre Effekte

Cordula Petsch · Kerstin Norwig · Reinhold Nickolaus

Zusammenfassung: Nach den Ergebnissen der internationalen Vergleichsstudien ist zu erwarten, dass ein substantieller Anteil der Jugendlichen aufgrund mangelnd ausgebildeter Basiskompetenzen mit erheblichen Problemen konfrontiert ist, den Anforderungen in der beruflichen Bildung zu genügen. In vorliegenden Erklärungsansätzen zur Entwicklung berufsfachlicher Kompetenzen kommt den Basiskompetenzen erwartungskonform eine wesentliche Erklärungskraft zu, wenngleich das fachspezifische Vorwissen in der Regel als stärkster Prädiktor ausgewiesen wird. Vor diesem Hintergrund stellt sich die Frage, inwieweit in der beruflichen Bildung mit einer gezielten Förderung der Basiskompetenzen oder auch integrierten Förderansätzen, in welchen Basiskompetenzen und fachliche Kompetenzen parallel fokussiert werden, bestehende Entwicklungsbarrieren reduziert werden können. Im vorliegenden Beitrag werden im Anschluss an einen Überblick zum Forschungsstand und die Ergebnisse einer Pilotstudie zur Fachkompetenzförderung in Kleingruppen neuere Befunde der größer angelegten und im regulären Stützunterricht situierten Folgestudie präsentiert. Beiden Interventionsstudien liegt ein Förderansatz zugrunde, in dem kognitive und metakognitive Strategien sowie fachliche und situierte mathematische sowie technisch-darstellende Kompetenzen parallel gefördert werden. In beiden Settings können substantielle Effekte auf die Entwicklung fachlicher Kompetenzen beobachtet werden.

Schlüsselwörter: Bautechnik · Berufliche Bildung · Individuelle Förderung · Interventionsstudie · Kombinierte Strategieförderung

Improving professional competence: Effects of a training program for low-achieving apprentices

Abstract: The results of international comparative studies give reason to expect that a substantial proportion of young people enrolling for vocational training has a low level of basic skills and

C. Petsch (✉) · K. Norwig · Prof. Dr. R. Nickolaus
Universität Stuttgart, Geschwister-Scholl-Straße 24D,
70174 Stuttgart, Deutschland
E-Mail: petsch@bwt.uni-stuttgart.de

K. Norwig
E-Mail: norwig@bwt.uni-stuttgart.de

Prof. Dr. R. Nickolaus
E-Mail: nickolaus@bwt.uni-stuttgart.de

therefore often has problems to meet the requirements of the training courses. Despite the fact that domain-specific prior knowledge usually is the best predictor of professional competence development, data from several studies indicate the high predictive value of basic skills such as literacy and numeracy. These findings pose the question whether it is possible to support professional competence development with training programs that either solely focus on the improvement of basic skills or even combine the training of basic and professional skills. The following article gives an overview of the state of the research pertinent to this question, presents findings of a pilot project that provided training in a small group setting, and gives insight into the results of a larger intervention study that was implemented into a regular classroom setting. In both studies a training approach was used that aimed to improve students' knowledge and use of (domain-specific) cognitive strategies, (general) metacognitive strategies and domain-related mathematics and drawing. As the results of both studies show, the training was overall effective and led to a significant improvement of professional development.

Keywords: Building trade · Combined strategy training · Individual training · Intervention study · Vocational education

1 Ausgangslage und Forschungsstand

Selektionsprozesse an der ersten Schwelle[1] führen dazu, dass Jugendliche mit unzureichend entwickelten Basiskompetenzen[2] und Entwicklungsproblemen im Bereich berufsfachlicher Kompetenzen primär in spezifischen Ausschnitten der beruflichen Ausbildung bzw. in spezifischen Berufen und im Übergangssystem zu finden sind. Mit diesen Selektionsmechanismen ist allerdings keineswegs die Generierung leistungshomogener Gruppen verbunden, vielmehr ist die in den Klassen vorfindliche Leistungsheterogenität i. d. R relativ groß (z. B. Stamm 2006), was für die Leistungsentwicklung jedoch durchaus vorteilhaft sein kann (Artiles et al. 2006). In der gewerblich-technischen Berufsausbildung sind vor allem Teile der handwerklichen Ausbildung von einer Häufung kognitiv ungünstiger Eingangsvoraussetzungen betroffen, wie z. B. ein Teil der Bauberufe wie Maurer, Stuckateure und Fliesenleger (vgl. Norwig et al. 2010; Kenner 2011); in der kaufmännischen Ausbildung zählen hierzu insbesondere verschiedene Berufe des Einzelhandels (vgl. Lehmann und Seeber 2007). Im Übergangssystem sind vor allem in den vielfältigen Formen des BVJ Jugendliche mit erheblichen Schwächen in den Basiskompetenzen anzutreffen. So erreichen beispielsweise die Schüler des BVJ in der Lesegeschwindigkeit lediglich das Niveau der 7./8. Klasse der Hauptschule (vgl. Gschwendtner 2012) und etwa 15 % sind nicht in der Lage, einem Text explizit enthaltene Informationen zu entnehmen. Die Leistungsheterogenität ist deutlich ausgeprägt, wenngleich die Gruppe der Leistungsstarken mit ca. 10 % relativ klein ist (vgl. Gschwendtner 2012, S. 185 ff.).

Eine positive Entwicklung der Basiskompetenzen in der beruflichen Bildung scheint sich zum Teil in den beruflichen Vollzeitschulen einzustellen, in welchen Mathematik und Deutsch mit ähnlichen Zeitkontingenten wie an den allgemeinbildenden Schulen gelehrt werden (vgl. Lehmann et al. 2006). In der dualen Ausbildung, in der kein spezifischer Mathematikunterricht erteilt wird und in der sich der Deutschunterricht auf eine Wochenstunde beschränkt, sind im ersten Ausbildungsjahr eher Stagnationen (vgl. Averweg et al. 2009; Nickolaus et al. 2008; Nickolaus und Norwig 2009) oder über die gesamte

Ausbildungsspanne auch schwache positive Entwicklungen beobachtbar (vgl. Nickolaus et al. 2012).

Spezielle, auf die Weiterentwicklung der Basiskompetenzen bezogene Förderprogramme liegen im beruflichen Bereich sowohl für die Lesekompetenz (vgl. z. B. Kitzig et al. 2008; Gschwendtner und Ziegler 2006a; Petsch 2009; Gschwendtner 2012) als auch für mathematische Kompetenzen (vgl. Berger et al. 2008) vor. Im Bereich der Leseförderung scheint es allerdings auch mit Förderkonzepten wie Reciprocal Teaching, die in anderen Kontexten mit bemerkenswerten Effekten zum Einsatz kamen, zumindest im Klassenunterricht an beruflichen Schulen schwierig, wünschenswerte Ergebnisse zu erzielen (vgl. Gschwendtner 2004; Gschwendtner und Ziegler 2006a, b; Petsch 2009; Gschwendtner 2012; Norwig et al. 2013). Effekte für die Leseleistung scheinen primär bei besonders leseschwachen Schülern erzielbar und auch das nicht durchgängig. Zum Teil stellen sich auch positive motivationale Effekte ein (vgl. z. B. Gschwendtner 2012), ohne dass diese allerdings lernwirksam werden. Ursächlich scheinen für die erwartungswidrigen Ergebnisse u. a. erhebliche Probleme, den Förderansatz des Reciprocal Teaching im Klassenkontext an beruflichen Schulen in wünschenswerter Qualität umzusetzen (vgl. Gschwendtner 2012; Petsch 2009); Gschwendtner (ebd.) konnte allerdings im BVJ auch in der Kleingruppenförderung keine erwartungskonformen Effekte nachweisen. Naheliegend scheint, nach den im beruflichen Bereich gesammelten Erfahrungen, dass die Umsetzungsprobleme des Reciprocal Teaching u. a. in dessen reziprokem Element zu suchen sind, das unter den vorgefundenen Bedingungen nicht adäquat umgesetzt werden kann (Gschwendtner 2012; Norwig et al. 2013). Denkbar wäre zudem, dass die primär im Deutschunterricht angesiedelte Förderung aus Sicht der Klientel den Kernbereich beruflichen Lernens nur randständig berührt.

Im Bereich der Mathematik, deren mangelnde Beherrschung auch individuell in einem Teil der beruflichen Anforderungskontexte als Barriere für die fachliche Kompetenzentwicklung wahrgenommen wird, berichten Berger et al. (2008) von positiven Effekten einer auf die metakognitiven Fähigkeiten gerichteten Interventionsstudie, bei der allerdings wie bei den vorliegenden Studien zur Förderung der Lesekompetenz offen bleibt, ob diese gegebenenfalls erzielten Effekte im Basiskompetenzbereich auch auf die Entwicklung der Fachkompetenz ausstrahlen.

Das Spektrum der im allgemeinbildenden Bereich inzwischen positiv getesteten Ansätze ist relativ breit und reicht im Bereich der Mathematik z. B. von Attribuierungstrainings (vgl. Gruenke und Castello 2004), Ansätzen zur Interessens- und Motivationsförderung (vgl. Schiefele 2004; Fischer 2006; Kunter 2005), Strategie- und Selbstregulationstrainings (vgl. Komorek et al. 2006; Perels et al. 2005), dem Arbeiten mit Lösungsbeispielen (vgl. Carroll 1994; Renkl 1997; Renkl et al. 2009; Ward und Sweller 1990; Zhu und Simon 1987) bis zum Lernen aus Fehlern (vgl. Chott 1999; Oser et al. 1999; im Überblick auch Nickolaus und Norwig 2009). Trotz des Scheiterns einer effektvollen Implementation von Reciprocal Teaching in der beruflichen Bildung ist zu erwarten, dass bei adäquater Umsetzung und einer hinreichenden Anbindung an die berufsfachliche Förderung Aussicht besteht, mit derartigen Förderansätzen auch in der beruflichen Bildung wünschenswerte Effekte zu erzielen. Förderkonzepte bzw. Instruktionsprinzipien, wie sie z. B. von Schneider und Hasselhorn (Hasselhorn 1992) in Orientierung am Modell des guten Strategieanwenders für den Mathematikunterricht herausgearbeitet wurden, scheinen ein für den beruflichen Bereich besonders geeignetes Lernsetting bereitzustellen. Die dort präferierte kombinierte, explizite Vermittlung bereichsspezifischer und metakognitiver Lösungs- und Überwachungsstrategien in enger Verknüpfung mit dem systematischen Aufbau berufsspezifischen Wissens scheint bei kognitiv eher schwachen Auszubildenden aussichtsreich. Zu prüfen wäre letztlich, welche oder welche Kombinationen der oben für den mathematischen Bereich als positiv getesteten Ansätze auch in den verschiedenen Bereichen der beruflichen Bildung als effektvoll bestätigt werden können.

An Förderansätzen, die auf die Bedingungen beruflicher Bildung abgestimmt sind, besteht zwar insgesamt kein Mangel, systematische Effektprüfungen stehen jedoch weitgehend aus (vgl. Bojanowski et al. 2005). Mehrfach wurden daher Forschungsprogramme eingefordert, die geeignet wären, belastbare Aussagen zur Förderung Schwächerer und Benachteiligter in der beruflichen Bildung zu generieren (vgl. Sektion Berufs- und Wirtschaftspädagogik 2009; Bojanowski et al. 2005; Ratschinski 2005). Verstärkte Aufmerksamkeit erhält die Förderung Schwächerer in der beruflichen Bildung gegenwärtig nicht zuletzt aufgrund der demographischen Entwicklung, die erwarten lässt, dass es den Unternehmen zunehmend schwerer fallen wird, ausschließlich leistungsstärkere Jugendliche zu rekrutieren.

Eine erste, in der Grundausbildung Bautechnik im Schuljahr 2008/2009 angesiedelte Interventionsstudie (Pilotstudie), in der in einem Kleingruppensetting (ca. drei bis vier Auszubildende) eine integrierte Förderung fachlicher und mathematischer Kompetenzen in Anlehnung an das Förderkonzept Hasselhorns (1992) realisiert wurde (zur genaueren Beschreibung siehe Abschn. 2), erbrachte deutliche Effekte in den Kompetenzfacetten des fachlichen Wissens und der fachspezifischen Problemlösefähigkeit; zugleich waren positive motivationale Effekte beobachtbar (vgl. Norwig et al. 2010; Petsch et al. 2011). Bemerkenswert waren insbesondere die im Vergleich zur Kontrollgruppe wesentlich besseren Leistungen bei der mathematischen Modellierung fachlicher Probleme bzw. der Generierung eines geeigneten Lösungsansatzes (vgl. Petsch et al. 2011): Hierbei konnte die Experimentalgruppe, bestehend aus Maurern, Fliesenlegern und Stuckateuren, nahezu das gleiche Niveau erreichen wie die aus Bauzeichnern und Zimmerern bestehende Referenzgruppe, die in den kognitiven Eingangsvoraussetzungen (Mathematik, fachliches Vorwissen, IQ) um nahezu eine Standardabweichung höhere Leistungen erbrachte. Die aus den Berufen Maurer, Fliesenleger und Stuckateuren zusammengesetzte Kontrollgruppe fiel hingegen deutlich ab ($d = 0,83$; $p \leq 0,001$). Nach dem Interventionsende konnten allerdings nur die kognitiv stärkeren Auszubildenden der Experimentalgruppe ($IQ \geq 92$) auch im Regelunterricht weiter von der Förderung profitieren; die kognitiv schwächeren Auszubildenden ($IQ < 92$) stagnierten ohne zusätzliche Förderung in ihrer fachlichen Kompetenzentwicklung (vgl. Norwig et al. 2010). Hatten im Trainingsverlauf gemessen an der Leistungsentwicklung die kognitiv schwächeren Schüler in gleicher Weise wie die kognitiv stärkere Gruppe von der spezifischen Förderung profitiert, ergab sich nach dem Trainingsende zwischen diesen Gruppen ein deutlicher Schereneffekt (part. $\eta^2 = 0,242$; $p \leq 0,05$). Für eine breite Implementierung im schulischen Kontext kommen solche auf Kleingruppenförderung ausgerichteten Ansätze aus Kostengründen nicht in Frage. Notwendig scheinen für eine breitere Implementation Förderansätze, die auch im Regelunterricht ohne substantiellen Effektverlust praktizierbar sind. Vor diesem Hintergrund wurde in einer Folgestudie, über deren Ergebnisse in diesem Beitrag berichtet wird, das Förderkonzept der Pilotstudie zwar strukturell beibehalten, jedoch wurden Modifikationen vorgenommen, die einen breiteren Einsatz sichern sollten. Das betraf 1) die Substitution der von studentischen Tutoren getragenen Kleingruppenförderung im Rahmen des Fachunterrichts durch die von Fachlehrkräften übernommene Förderung im Rahmen des Stütz- und Erweiterungsunterrichts[3] mit halben Klassen, 2) die Bereitstellung von zusätzlichen Lehrmaterialien und 3), aufgrund der in der Pilotstudie festgestellten Schereneffekte nach Förderende, die Ausweitung der Interventionszeit auf das gesamte Schuljahr.

2 Das Förderkonzept Berufsbezogenes Strategietraining „BEST"

Bei der Entwicklung des in der Pilotstudie für die Kleingruppenförderung vorgesehenen Trainingsansatzes wurde auf ausgewählte Konzepte aus der Lehr-Lernforschung (vgl. im Überblick z. B. Arnold et al. 2008; Lauth et al. 2004; Neber 1996; Zielinski 1996) zurückgegriffen, deren Wirksamkeit bereits in unterschiedlichen Kontexten außerhalb der beruflichen Bildung überprüft wurde. Eine engere Anlehnung erfolgte an die auf Hasselhorn (1992) zurückgehende kombinierte Förderung kognitiver und metakognitiver Strategien, an das „Konzept" des Lernens aus Fehlern (vgl. Oser et al. 1999) in Verbindung mit lautem Denken (vgl. Dörner 1981; Ericsson und Simon 1980) und den Ansatz des Cognitive Apprenticeship (vgl. Collins et al. 1989). Zentral war der Gedanke, die Strategieförderung in den Anwendungskontext einzubetten (vgl. Hasselhorn 1992; Mähler und Hasselhorn 2001; Nüesch und Metzger 2010), kognitive, direkt auf den Anwendungskontext bezogene und allgemeine, metakognitive Strategien (allgemeine Planungs-, Überwachungs- und Bewertungsstrategien) kombiniert zu fördern (vgl. Hasselhorn 1992; Mähler und Hasselhorn 2001; Schreblowski und Hasselhorn 2006), eine individuelle Eingangsdiagnostik mit dem Konzept des Lernens aus Fehlern zu verknüpfen (vgl. Oser et al. 1999) und durch eine bedarfsbezogene Unterstützung Erfolgserlebnisse zu ermöglichen.

In der Pilotstudie mit Kleingruppenförderung gliederte sich der Ablauf des Strategietrainings in vier Phasen (vgl. Norwig et al. 2010):

1. Die Konfrontation mit herausfordernden Aufgaben, deren (fehlerhafte) Bearbeitung als Lernchance gewendet und als Ausgangspunkt des anschließenden Strategietrainings genutzt wird, wobei sowohl die kognitiven und metakognitiven als auch die affektiven Komponenten des Lernens aus Fehlern (Hinwendung zu einer positiven Fehlerkultur) integriert werden (zur Umsetzung in mathematischen Kontexten siehe Chott (1999), Katzenbach (2004)). Genutzt wurde dafür auch der Ansatz des lauten Denkens, bei dem die Schüler (durch gezielte Leitfragen angeregt) ihren Bearbeitungsprozess und darin eingelagerte, intern ablaufende Denkstrukturen (partiell) verbalisieren, wodurch individuelle Fehlkonzepte offengelegt, diskutiert und teilweise bereits selbst behoben werden können.
2. Das *Modeling* in Anlehnung an den Cognitive Apprenticeship Ansatz (vgl. Collins et al. 1989), wobei der Lehrende als Strategieexperte die erfolgreiche Strategieanwendung sowie deren Bedingungs- und Begründungszusammenhang laut denkend modelliert.

3. Das ebenfalls an den Cognitive Apprenticeship Ansatz anschließende *Scaffolding,* in dem die Schüler bei der anschließenden selbstständigen Strategieanwendung bedarfsgerecht unterstützt werden und
4. Übungen zur Festigung der erarbeiteten Strategien.

Ziel des kombinierten, fachbezogenen Trainings war es, die Auszubildenden schrittweise an das planvolle Lösen der in der Berufspraxis immer bedeutsamer werdenden komplexen berufsfachlichen Aufgaben (fachliches Problemlösen) heranzuführen und dabei den Nutzen der strategischen Aufgabenbearbeitung erfahrbar zu machen. Zugleich sollte die Motivation, deren Entwicklung im Ausbildungsverlauf häufig negativ ist (z. B. Knöll et al. 2007), u. a. durch die Ermöglichung von Kompetenzerleben (Prenzel et al. 1996) gefördert und der Aufbau des Fachwissens, das sich auch für die Problemlöseleistungen als zentral erweist (Nickolaus et al. 2012), nicht vernachlässigt werden. Die Umsetzung erfolgte in der Pilotstudie, wie oben bereits erwähnt, eingebunden in den Regelunterricht in Kleingruppen von drei bis vier Auszubildenden durch Studierende höherer Semester, die zuvor systematisch geschult und im weiteren Projektverlauf wissenschaftlich unterstützt und betreut wurden. Für eine Abstimmung der Förderung mit dem Regelunterricht, die in anderen Förderkontexten wie z. B. den ausbildungsbegleitenden Hilfen in aller Regel nicht gewährleistet werden kann, wurden in Zweiwochenintervallen Hospitationen im Regelunterricht realisiert, die auch Gelegenheit gaben, auftretende Lernschwierigkeiten zu beobachten. Trotz der Kleingruppenförderung erwies sich in den Fördersitzungen aus Sicht der Studierenden die Heterogenität in den Gruppen als besonders markante Herausforderung (Norwig et al. 2010), was für die Weiterentwicklung des Förderansatzes für den Einsatz in größeren Lerngruppen eine besondere Anforderung darstellte. Eine Reduktion der Heterogenität durch eine Homogenisierung der Lerngruppen, gegebenenfalls in Verbindung mit einer Beschränkung des Förderangebots auf die besonders Förderbedürftigen, schied aufgrund der Forschungslage zur integrativen vs. separierten Förderung (Artiles et al. 2006), der erwartbaren Stigmatisierungseffekte sowie der schulseitig signalisierten organisatorischen Komplikationen aus.

Angesichts der bemerkenswerten Effekte des Ausgangskonzepts (s. o., vgl. auch Norwig et al. 2010; Petsch et al. 2011) sollten auf jeden Fall die Förderprinzipien der Pilotstudie auch in der Folgestudie beibehalten und versucht werden, über die Entwicklung von spezifisch abgestimmten Lernmaterialien (Lernmodulen), den Auszubildenden zumindest partiell ähnlich gute individuelle Entwicklungsbedingungen wie in der Kleingruppenförderung der Pilotstudie zu ermöglichen (zur detaillierten Beschreibung des Förderkonzepts und seiner praktischen Umsetzung in der Folgestudie siehe Petsch und Norwig 2012). Entwickelt wurden dazu sechs Module, die mittlerweile auch über das Landesinstitut für Schulentwicklung Baden-Württemberg zugänglich sind (vgl. BEST-Training, Lernmaterialien für die Grundstufe Bautechnik, Module 1 bis 6, z. B. Norwig und Petsch 2012). Das erste Modul dient der Sensibilisierung und Einführung in die allgemeinen Planungs-, Überwachungs- und Bewertungsstrategien am Beispiel sehr einfacher, fachlicher Aufgabenstellungen. Die folgenden fünf Module sind auf die dem Regelunterricht zugrundeliegenden Lernfelder bezogen und an problemhaltigen Aufgaben ausgerichtet, in welchen sowohl fachliche Kenntnisse, situierte mathematische Fähigkeiten als auch Fähigkeiten im Fachzeichnen eingefordert werden. Zusätzlich wurden verschiedene Unterstützungsmaterialien (Impulskarten, Grundlagen, Übungen und Profiaufgaben) entwickelt, die den Lehrenden bei der individuellen Förderung der Jugendlichen in Lerngruppen mit bis zu 16 Jugendlichen (halbe Klassengröße) behilflich sein sollen. Mit diesen Unterstützungsmaterialien schien es aussichtsreich, in den auf halbe Klassen reduzierten Lerngruppen ähnliche Effekte wie in der Kleingruppenförderung zu erzielen. Kritisch schien allerdings, ob tatsächlich alle Leistungsgruppen gleichermaßen gefördert werden können. Zu erwarten war im Anschluss an die ATI-Forschung (vgl. Bracht 1975; Helmke und Weinert 1997), dass unter den modifizierten Bedingungen vor allem die leistungsstärkeren Auszubildenden profitieren, da für diese am ehesten eine effektive Nutzung der Unterstützungsmaterialien unterstellt werden kann. Bei leistungsschwächeren Auszubildenden schien dies weniger wahrscheinlich, dürfte aber auch davon abhängen, inwieweit es den Lehrenden gelingen würde, eine bedarfsgerechte Unterstützung des Lernprozesses zu realisieren.

3 Hypothesen

Vor dem Hintergrund der mit dem Förderansatz in der Kleingruppenförderung erzielten Effekte (Pilotstudie) und den getroffenen Vorkehrungen, die auch in den größeren Lerngruppen die notwendige Unterstützung und Strategieförderung sichern sollten, wurden folgende Hypothesen einer Prüfung unterzogen:

H1:　Das kombinierte Strategietraining erbringt auch unter den modifizierten Einsatzbedingungen positive Effekte für die fachliche Kompetenzentwicklung (fachspezifisches Wissen und fachspezifische Problemlösefähigkeit) und die Lernmotivation.

H2:　Die fachlich situierte Förderung mathematischer Fähigkeiten führt zu deren positiver Entwicklung.

H3:　Die Effekte erweisen sich als abhängig von der Zugehörigkeit zu unterschiedlichen Leistungsgruppen.

4 Untersuchungsanlage

Für die Geltung von H1 sprach insbesondere, dass die Grundstruktur der in der Pilotstudie eingesetzten kombinierten Strategieförderung beibehalten und die in der Kleingruppenförderung mögliche individuelle Unterstützung durch spezifisch zugeschnittene Lernmaterialien sowie die Übernahme der Förderung durch erfahrene Fachlehrkräften (partiell) ausgeglichen wurde. H2 schien plausibel, da im Strategietraining sowohl eingebettet in die komplexeren fachlichen Aufgaben als auch durch eigenständige Übungsmöglichkeiten eine kontinuierliche Förderung mathematischer Fähigkeiten angestrebt wurde und für H3 sprachen die oben bereits angeführten Argumente.

　　Die Untersuchung wurde in einem Experimental- Kontrollgruppendesign mit einer Interventionsdauer von einem Ausbildungsjahr (2010/2011) angelegt. Neben den aus Maurern, Fliesenlegern und Stuckateuren bestehenden Experimental- und Kontrollgruppen wurden zusätzlich die leistungsstärkeren Zimmerer, die im ersten Ausbildungsjahr mit demselben Curriculum konfrontiert werden, als Referenzgruppe einbezogen. Vorge-

Abb. 1: Messzeitpunkte und Modulumsetzung über das erste Ausbildungsjahr (Grundstufe Bautechnik)

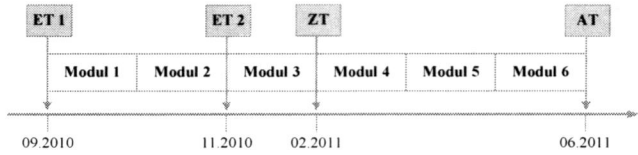

sehen wurden vier Messzeitpunkte (vgl. Abb. 1): Ein auf zwei Messzeitpunkte gestreckter Eingangstest (ET1, ET2), in dem neben dem Fachwissen und den mathematischen Fähigkeiten, die kognitiven Grundfähigkeiten (CFT 20R) und die Lernmotivation sowie die motivationalen Bedingungsfaktoren im Anschluss an Prenzel et al. (1996) erhoben wurden, ein Zwischentest zur Erfassung der fachlichen Kompetenz und ein Abschlusstest, in dem neben der fachlichen Kompetenz die mathematischen Fähigkeiten sowie die Motivationsausprägungen und die motivationalen Bedingungsfaktoren erneut erfasst wurden.

Die Instrumente zur Erfassung fachlicher Kompetenzen beruhen auf Eigenentwicklungen und versuchen, über paper pencil Tests zwei Kompetenzfacetten abzubilden, nämlich erstens das fachspezifische Wissen und zweitens die fachspezifische Problemlösefähigkeit. Während im Eingangstest und Abschlusstest das gleiche Instrument zum Einsatz kam, das das gesamte Inhaltsspektrum des ersten Ausbildungsjahres abdeckte, wurde im Zwischentest ein Instrument eingesetzt, das lediglich die Anforderungen der ersten drei Lernfelder abdeckte, die bis zu diesem Zeitpunkt behandelt wurden. Die Tests wurden im Vorfeld pilotiert bzw. in der Initialstudie bereits erprobt. Wird die durch Testzeiten beschränkte Itemanzahl sowie die inhaltlich abgebildete Vielfalt (Curriculum der gesamten Grundbildung) der Fachkompetenztests in Rechnung gestellt, so können die Reliabilitäten im Eingangstest und Zwischentest (Cronbachs $\alpha \geq 0{,}61$) als noch akzeptabel und im Abschlusstest (Cronbachs $\alpha \geq 0{,}77$) als befriedigend bezeichnet werden. Berücksichtigt wurden jeweils ausschließlich jene Aufgaben mit befriedigenden Trennschärfen ($r_{it} \geq 0{,}20$). Die mathematischen Fähigkeiten wurden mit Ausschnitten aus dem RTBS (vgl. Hinze und Probst 2007; Cronbachs $\alpha = 0{,}76$) erhoben, der speziell auf dieses Leistungsspektrum abgestimmt ist. Die Reliabilitätswerte (Cronbachs α) der Skalen zur Motivation nach Prenzel et al. (1996) liegen durchgängig über $\alpha = 0{,}80$.

Einen Überblick zur Stichprobenverteilung und den realisierten Unterrichtsumfängen in den Experimental-, Kontroll- und Referenzklassen (EG, KG, RG) gibt Tab. 1. In den Referenz- und Kontrollklassen ist kein bzw. zumindest kein spezifisch angeleiteter

Tab. 1: Stichprobenverteilung und Unterrichtsumfänge

	Ausbildungs-berufe	Stichprobenverteilung				Lernfeld-/Stützunterricht (in U.-Std./Woche)		
		Schüler-anzahl	Anteil in %	Klassen-anzahl	Schüler pro Klasse (Ø)	LF-U	S-U	Gesamt
EG	Fliesenleger, Stucka-	79	23,8	5	15,8[a]	6,9	2,0	8,9
KG	teure, Maurer	128	38,6	6	21,3	8,3	0,5	8,8
RG	Zimmerer	125	37,6	5	25	7,7	0	7,7

LF-U Berufsfachlicher Lernfeldunterricht, *S-U* Stützunterricht

[a]Der geringere Durchschnittswert der Schüleranzahl in der EG wird vor allem durch eine Experimentalklasse mit nur 8 Schülern verursacht

Stützunterricht umgesetzt worden. Die Klassen erhielten fast durchgängig lediglich den regulären berufsfachlichen Lernfeldunterricht, dessen Stundenkontingent jedoch besonders in den Kontrollklassen vergleichsweise höher bemessen war.[4]

Die Trainingsumsetzung in den Experimentalgruppen erfolgte, wie oben bereits erwähnt, entlang der sechs Module; insgesamt wurden für das erste Modul zur Einführung in allgemeine Problemlösestrategien drei und für die fachbezogenen Module fünf bis sechs 90-minütige Sitzungen umgesetzt. Den Lehrenden oblag die Aufgabe, den Trainingsablauf zu strukturieren und zu steuern, insbesondere auch zur Nutzung der Unterstützungsmaterialien anzuregen, die Schüler zur Verbalisierung des Lösungsprozesses zu veranlassen und diesen zu reflektieren sowie bedarfsbezogen durch Hinweise oder auch die Modellierung eines zielführenden Vorgehens den Bearbeitungsprozess zu unterstützen, leseschwachen Auszubildenden im Umgang mit den textbasierten Materialien hilfreich zu sein, kontinuierlich zur Nutzung allgemeiner Problemlösestrategien anzuregen und, eingebettet in den Bearbeitungsprozess, Lernzielkontrollen (z. B. durch lautes Denken) vorzunehmen (zur genaueren Beschreibung siehe Petsch und Norwig 2012).

5 Ergebnisse

Die Eingangsdiagnostik erbringt zur Zusammensetzung der Untersuchungsgruppen erwartungskonforme Ergebnisse. Das gilt sowohl für die soziodemographischen Daten (vgl. Tab. 2 und 3) als auch die kognitiven Voraussetzungen (vgl. Tab. 4). Alle Untersuchungsgruppen setzen sich nahezu ausschließlich aus männlichen Probanden zusammen. Die Auszubildenden der Experimental- und Kontrollgruppe sind trotz eines geringeren Anteils an Auszubildenden mit mittlerem Abschluss im Durchschnitt etwas älter (ca. 17,5 Jahre) als die Referenzgruppe (16,9 Jahre), was auf ungünstigere schulische Biographien verweist. In der Experimental- und Kontrollgruppe bleibt der Anteil mit mittlerem

Tab. 2: Soziodemographische Daten 1

	Alter Ø	Geschlecht (männlich; in %)	Schulabschluss (in %)				(außerschulische) Unterstützung
			Kein	HS	RS/MA	(A/F)HSR	
EG	17,5	100	1,3	89,7	9,0	0	7,0
KG	17,4	99,2	4,7	80,3	14,2	0,8	9,8
RG	16,9	99,2	0	56,5	41,1	2,4	5,8

HS Hauptschulabschluss, *RS/MA* Realschulabschluss/Mittlerer Abschluss, *(A/F)HSR* Allgemeine oder Fachgebundene Hochschulreife

Tab. 3: Soziodemographische Daten 2

	Muttersprache (in %)			Bücher (in %)			
	Deutsch	Andere	Bilingual	0–10	11–50	51–200	>200
EG	50,6	45,6	3,8	29,8	33,3	28,1	8,8
KG	48,4	47,7	3,9	10,6	44,7	29,4	15,3
RG	92,7	6,5	0,8	3,2	29,0	33,4	34,4

Tab. 4: Kognitive Eingangsvoraussetzungen

| | IQ
MW (SD) | Lösungshäufigkeiten (in %) | | |
		Mathematik MW (SD)	Fachwissen MW (SD)	Fachspezifisches Problemlösen MW (SD)
EG	88,3 (12,1)	49,8 (19,5)	18,4 (14,6)	15,0 (14,5)
KG	91,4 (12,6)	53,8 (22,8)	20,6 (16,7)	19,1 (16,1)
RG	97,6 (11,9)	67,0 (19,9)	34,2 (19,8)	38,5 (21,6)

IQ Kognitive Grundfähigkeit nach CFT 20-R, *MW* Gruppenmittelwert, *SD* Standardabweichung

Abschluss unter 15%, der Hauptschulabschluss ist der Regelabschluss. Der Anteil von Jugendlichen mit Migrationshintergrund liegt in beiden Gruppen bei ca. 45%. Die Referenzgruppe unterscheidet sich sowohl in den Schulabschlüssen (mittlere Abschlüsse ca. 41%, Hauptschulabschluss ca. 57%)) als auch dem Migrationshintergrund (Deutsch als Muttersprache ca. 93%) signifikant von der Experimental- und Kontrollgruppe. Auch die Anzahl der Bücher im Haushalt, als Indikator für das kulturelle Kapital, unterscheidet sich zugunsten der Referenzgruppe; die Experimentalgruppe weist hier die niedrigsten Werte auf. Die in Anspruch genommene außerschulische Unterstützung, z. B. durch ausbildungsbegleitende Hilfen, erreicht in allen Untersuchungsgruppen ein ähnliches Niveau und bleibt durchgängig unter 10%.

Im Test zu den kognitiven Grundfähigkeiten (CFT 20-R, Weiß 2006) ergeben sich hochsignifikante Unterschiede zwischen der Referenzgruppe auf der einen und der Experimental- und Kontrollgruppe auf der anderen Seite (RG/EG: $d=0{,}78$; RG/KG: $d=0{,}51$; $p \leq 0{,}01$). Während die Experimental- und Kontrollgruppe im Mittel IQ-Werte von 88,3 bzw. 91,4 Punkten erreichen, liegt der Mittelwert der Referenzgruppe bei 97,6 Punkten. Ähnlich stellen sich die Ergebnisse zu den mathematischen Fähigkeiten und dem fachlichen Vorwissen dar, wobei die Unterschiede zur Referenzgruppe eher noch deutlicher ausfallen. Die Effektstärken der Differenzen zwischen der Referenzgruppe einerseits und der Experimental- und Kontrollgruppe andererseits erreichen im Falle des fachlichen Problemlösens Werte von bis zu $d=1{,}27$. Zwischen der Experimental- und der Kontrollgruppe ergeben sich keinerlei signifikante Unterschiede in den erhobenen kognitiven Voraussetzungen (vgl. Tab. 4). Die Eingangsmotivation weist in allen Gruppen relativ hohe Werte in der intrinsischen und interessierten Variante auf, die Amotivation und die extrinsische Motivation sind nur schwach ausgeprägt.

6 Hypothesenprüfung

Durchgeführt wurden zweifaktorielle Varianzanalysen mit Messwiederholung (RM-ANOVA), wobei z. T. weitere Prädiktoren (IQ, mathematische Fähigkeiten, Muttersprache) nach Erfüllung der Prüfvoraussetzungen kontrolliert wurden (RM-ANCOVA)[5]. Die Referenzgruppe wurde aufgrund ihrer deutlich unterschiedlichen Eingangsvoraussetzungen nicht als Vergleichsgruppe in die Analysen einbezogen.

Entgegen den Erwartungen ergaben sich bezogen auf *H1* zum Zeitpunkt des *Abschlusstests* keine signifikanten Effekte bezogen auf die Motivation und das Fachwissen, wenngleich ein etwas günstigerer Entwicklungsverlauf des Fachwissens in der Experimentalgruppe gegenüber der Kontrollgruppe beobachtbar ist, der jedoch unter der Signifikanzgrenze bleibt. Erwartungskonforme mittlere Effekte zeigen sich bezogen auf die fachspezifische Problemlösefähigkeit, auf die der Interventionsansatz primär ausgerichtet ist. Unter Kontrolle der mathematischen Fähigkeiten, des IQ und der Muttersprache (Migrationshintergrund) ergibt sich ein Treatmenteffekt von part. $\eta^2 = 0{,}073$ ($p \leq 0{,}01$). Die Tatsache, dass Effekte nur in der primär geförderten Kompetenzfacette erzielt werden, deutet darauf hin, dass es sich tatsächlich um einen Treatmenteffekt und nicht um potentielle Zuwendungseffekte handelt.

Zum Zeitpunkt des *Zwischentests*, in dem die fachlichen Kompetenzfacetten Fachwissen und Problemlösefähigkeit aufgrund des kleineren Testformats und dem deutlichen Überhang von Problemlöseaufgaben auf lediglich einer Skala abgebildet sind, ergibt sich ebenfalls ein positiver Treatmenteffekt ähnlicher Größenordnung. Eine auf beide Kompetenzfacetten ausdifferenzierte Prüfung der Hypothese ist aufgrund des Testaufbaus bzw. des geringen Anteils an Aufgaben zum Fachwissen und damit verbundenen Reliabilitätsproblemen zum Zeitpunkt des Zwischentests nicht sinnvoll. Die Motivationsverläufe vom Eingangs- zum Abschlusstest sind in allen Untersuchungsgruppen negativ, d. h. die extrinsische Motivationsvariante zeigt eine steigende und die intrinsische und interessierte eine fallende Tendenz. Zu berücksichtigen bleibt dabei, dass die Motivationserhebungen jeweils im Regelunterricht der Versuchsgruppen vorgenommen wurden und insoweit ein Motivationseffekt als „Transfereffekt" von der Fördermaßnahme in den Regelunterricht zu deuten wäre. Dieser Effekt bleibt aus, womit sich im neuen Setting entgegen den Erwartungen bezogen auf die Gesamtgruppen keine motivationalen Vorteile der Experimentalgruppe replizieren lassen. Für die Gesamtgruppen wird mit diesen Daten H1 bezogen auf die Motivationsentwicklung falsifiziert, die differentiellen Analysen (siehe H3) deuten allerdings darauf hin, dass sich gruppenspezifische Effekte ergeben.

Falsifiziert wird H2, d. h. die Annahme, das Treatment habe positive Effekte auf die Entwicklung mathematischer Fähigkeiten. Auch hier ist zwar ein kleiner Entwicklungsvorteil der Experimentalgruppe gegenüber der Kontrollgruppe zu beobachten, der jedoch nicht signifikant wird. D. h. es ergibt sich weder ein Zeit- noch ein Treatmenteffekt. Insgesamt stagnieren die in einem innermathematischen Kontext erhobenen mathematischen Leistungen weitgehend. Gleichwohl gelingt es jedoch der Experimentalgruppe im Rahmen der fachspezifischen Problemlöseaufgaben, die generell so angelegt sind, dass sowohl fachliches Wissen, fachzeichnerische und mathematische Kompetenzen in integrierter Form abgefordert werden, Fachaufgaben mit deutlich größerem Erfolg mathematisch zu modellieren, als das für die Kontrollgruppe zu konstatieren ist (vgl. auch Petsch et al. 2011).

Zur *Prüfung von H3* nehmen wir einerseits Gruppenclusterungen nach den *kognitiven Grundfähigkeiten* und andererseits nach den *fachspezifischen Eingangsvoraussetzungen* vor und prüfen varianzanalytisch, ob sich im oberen, mittleren und unteren Terzil Entwicklungsunterschiede zwischen den Experimental- und Kontrollgruppen ergeben. Für die Nutzung der kognitiven Grundfähigkeiten als Clusterungsmerkmal sprechen nicht zuletzt die in der Initialstudie gewonnenen Ergebnisse, wonach die kognitiv Schwächeren nach Beendigung der Förderung in ihrer Entwicklung stagnierten, was den Gedanken nahelegt, dass diese Gruppe der individuellen Unterstützung besonders bedarf, die im neuen Setting jedoch nur noch bedingt bereit gestellt werden kann. Die fachlichen Eingangsvoraussetzungen (z. B. das fachspezifische Vorwissen) erweist sich in der Regel als

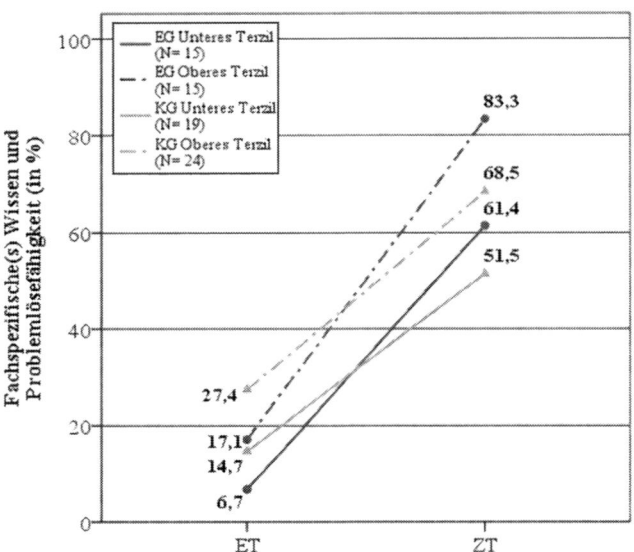

Abb. 2: Entwicklung der fachspezifischen Problemlösefähigkeit vom Eingangs- zum Zwischentest getrennt nach IQ-Terzilen für oberes und unteres Terzil

stärkster Prädiktor der fachlichen Kompetenzentwicklung (Nickolaus et al. 2010, 2011, 2012) und scheint vor diesem Hintergrund ebenfalls als Clusterungsmerkmal geeignet. Von zentralem Interesse ist im Kontext dieser Hypothese, ob alle Leistungsgruppen gleichermaßen von der Förderung profitieren können.

Im *Zwischentest*[6], der nach dreieinhalb Monaten durchgeführt wurde, ergibt sich bei einer Gruppenbildung nach den *kognitiven Grundfähigkeiten* ein mittlerer bis hoher Treatmenteffekt für die kognitiv starke und die kognitiv schwache Gruppe (vgl. Abb. 2; unteres Leistungsterzil (IQ < 83): part. $\eta^2 = 0,083$; $p \leq 0,001$; oberes Leistungsterzil (IQ > 95): part. $\eta^2 = 0,198$; $p \leq 0,01$). Die mittlere Gruppe weist gegenüber der entsprechenden Kontrollgruppe keine bedeutsamen Vorteile auf (vgl. Abb. 3). Man könnte diesen Befund u. a. so interpretieren, dass die leistungsstarke Gruppe in der Lage ist, die bereitgestellten Unterstützungsmaterialien besonders effektiv zu nutzen und die schwache Gruppe möglicherweise von Seiten der Lehrkräfte besondere Aufmerksamkeit erfährt. Die mittlere Gruppe scheint hingegen weder die notwendige Unterstützung durch die Lehrkraft zu erhalten, noch in der Lage zu sein, die bereitgestellten Materialien so effektiv zu nutzen, dass sich ein Entwicklungsvorteil gegenüber der Kontrollgruppe ergeben würde. Ob diese retrospektive Rationalisierung trägt, wäre zu prüfen.

Wird die Gruppenbildung zum Zeitpunkt des *Zwischentests* nach den *fachlichen Eingangsvoraussetzungen* vorgenommen, zeigen sich im untersten und mittleren Leistungsterzil im Eingangstest relativ homogene Leistungen. D. h., es sind in diesen Teilgruppen zu diesem Zeitpunkt kaum Varianzen innerhalb der Gruppen beobachtbar, weshalb die Ergebnisdarstellung an dieser Stelle rein deskriptiv bleibt. Die Entwicklung innerhalb der Leistungsgruppen bestätigen allerdings im Kern die Ergebnisse der Gruppenbildungen nach dem IQ. Sowohl im oberen als auch im unteren Leistungsterzil sind Vorteile der Experimentalgruppen beobachtbar. Im mittleren Leistungsterzil ist der Leistungsanstieg in der Experimental- und der Kontrollgruppe ähnlich stark ausgeprägt. Man könnte die-

Abb. 3: Entwicklung der fachspezifischen Problemlösefähigkeit vom Eingangs- zum Zwischentest getrennt nach IQ-Terzilen für mittleres Terzil

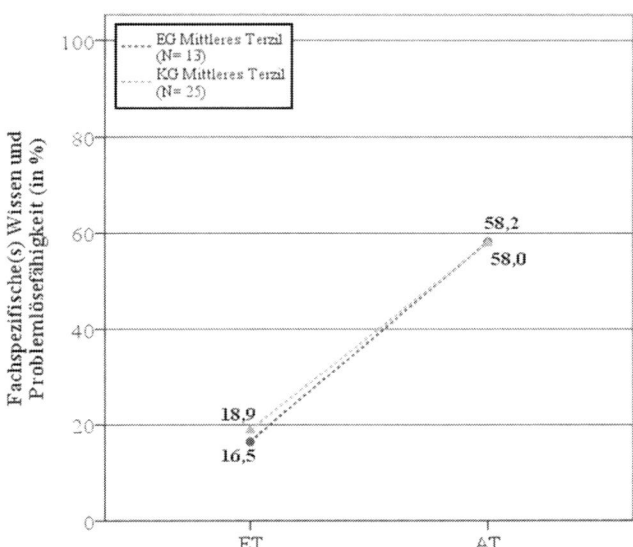

sen Teilbefund, ähnlich wie oben bereits angedeutet, so interpretieren, dass das mittlere Leistungssegment auch im regulären Fachunterricht relativ gut gefördert wird bzw. die Lehrkräfte den Unterricht eher an einer mittleren Leistungsgruppe ausrichten; unter den realisierten Interventionsbedingungen hingegen zusätzlich das untere und obere Leistungsterzil in ihrer Kompetenzentwicklung besonders unterstützt werden können.

Zum *Zeitpunkt des Abschlusstests* lassen sich bei einer Clusterung nach den *fachspezifischen Eingangsvoraussetzungen* für alle drei Leistungsterzile Vorteile der Experimental-gegenüber der Kontrollgruppe dokumentieren (vgl. Abb. 4). Am deutlichsten fallen die Vorteile der Experimentalgruppe wiederum im obersten Leistungsterzil aus ($\eta^2 = 0{,}128$; $p \leq 0{,}05$), im mittleren Terzil ergibt sich ein Interaktionseffekt von $\eta^2 = 0{,}082$ ($p \leq 0{,}05$), der Effekt im unteren Leistungsterzil ist ebenfalls hoch, allerdings (aufgrund der geringen Fallzahl) nicht signifikant (part. $\eta^2 = 0{,}100$; $p = 0{,}069$).

Wird der *IQ als Gruppenmerkmal* herangezogen bestätigt sich der bereits für den Zwischentest dokumentierte Befund. Die Effektstärken zugunsten der Experimentalgruppe werden allerdings sowohl im unteren als auch im oberen Leistungsterzil deutlich größer als zum Zeitpunkt des Zwischentests (unteres Leistungsterzil (IQ < 83): part. $\eta^2 = 0{,}360$; $p \leq 0{,}001$; oberes Leistungsterzil (IQ > 95): part. $\eta^2 = 0{,}258$; $p \leq 0{,}01$). Im mittleren Leistungsterzil ergeben sich erneut keine signifikanten Entwicklungsunterschiede und der im Zwischentest beobachtete kleine Vorteil der Experimentalgruppe verschiebt sich zugunsten der Kontrollgruppe. Wir interpretieren diesen Befund so, dass sich der Effekt des Treatments über die Zeit im unteren und oberen Terzil verstärkt, die Lehrenden ihre Grundorientierung beibehalten und primär den als kognitiv schwächer erkenntlichen Auszubildenden individuelle Unterstützung zukommen lassen und die kognitiv vergleichsweise Starken im Sinne eines ATI Effekts mit den speziell zugeschnittenen Lehrmaterialien weitgehend zur eigenständigen Erschließung relevanten Wissens und zum Aufbau der fachspezifischen Fähigkeiten befähigt werden.

Abb. 4: Entwicklung der fachspezifischen Problemlöse-fähigkeit vom Eingangs- zum Abschlusstest getrennt nach Leistungsterzilen

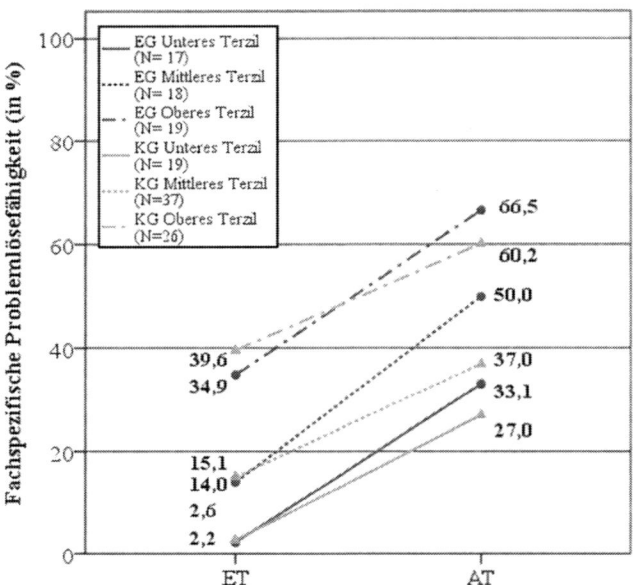

Besonders profitieren kann unter den realisierten Förderbedingungen über den gesamten Förderzeitraum das untere Terzil, das ohne weitere Förderung im Regelunterricht am Ende des ersten Ausbildungsjahres mit ca. 30 % der erzielten Leistungspunkte zu scheitern droht. Dass auch das oberste Leistungsterzil deutlich profitieren kann spricht für die Individualisierungsleistung des Förderansatzes.

Analysen in Abhängigkeit von der Zugehörigkeit zu kognitiven Leistungsgruppen dokumentieren differentielle Effekte auch hinsichtlich der motivationalen Entwicklung, wobei diese konsistent zu den Leistungsentwicklungen der Subgruppen auftreten. Es ist anzunehmen, dass die dem unteren Terzil des IQ zugehörigen Auszubildenden unter den Förderbedingungen eine besondere Zuwendung von den Lehrkräften erhalten und nicht zuletzt dadurch von dem realisierten Treatment besonders profitieren können. Gegenüber der Kontrollgruppe (unteres Terzil) zeigen sich nahezu durchgängig Vorteile in den motivationalen Entwicklungen und den relevanten motivationalen Bedingungsfaktoren. Das gilt z. B. für die Amotivation, die extrinsische und interessierte Motivation, das Überforderungsempfinden, die wahrgenommene Kompetenzunterstützung (part. $\eta^2 = 0,134$; $p \leq 0,05$) und das Feedback. Die Differenzen werden zwar nicht in allen Fällen signifikant, dennoch erachten wir angesichts der kleinen Gruppengrößen und der Konsistenz der Befundlage die Differenzen als bedeutsam. Der Vergleich der motivationalen Entwicklungen des mittleren Terzils, das sich leistungsmäßig in der Kontrollgruppe ähnlich wie in der Experimentalgruppe entwickelt, erbringt hingegen konsistente Entwicklungsvorteile für die Kontrollgruppe. Das gilt für die Amotivation (part. $\eta^2 = 0,203$; $p \leq 0,001$), mit gewissen Signifikanzeinschränkungen für die extrinsische Motivation (part. $\eta^2 = 0,086$; $p = 0,066$), die Überforderung (part. $\eta^2 = 0,155$; $p \leq 0,05$) und mit einer schwächeren Tendenz auch für die interessierte Motivation und das Feedback. Für das obere Terzil zeigt sich kein homogenes Befundmuster und keinerlei signifikante Differenz.

7 Diskussion

Wie eingangs am Beispiel des Förderkonzepts des Reciprocal Teaching Ansatzes skizziert, erweist es sich keineswegs als trivial, die im Bereich allgemeiner Bildung positiv
evaluierten Förderansätze in einem wünschenswerten Maße erfolgreich in den Bereich
der beruflichen Bildung zu transferieren. Effekte zeigen sich dort, wenn überhaupt,
begrenzt auf besonders leistungsschwache Jugendliche. Folgt man den vorliegenden
Analysen (vgl. Gschwendtner 2012; Norwig et al. 2013; Petsch 2009), so ist dies u. a
auf erhebliche Schwierigkeiten zurückzuführen, trotz relativ intensiver Lehrerschulungen
den Förderansatz in wünschenswerter Qualität zu implementieren. Die Umsetzungsmo-
dalitäten im Klassenkontext führen im Falle des Reciprocal Teaching offensichtlich dazu,
dass die intendierte Strategieförderung nicht gelingt und eher in einzelnen Teilleistun-
gen bei besonders schwachen Jugendlichen Entwicklungsvorteile gegenüber den Kontrollgruppen beobachtet werden können. Umsetzungsprobleme scheinen dabei sowohl
durch eine Überforderung der Auszubildenden durch das reziproke Element, als auch die
hohen Anforderungen an die Lehrenden verursacht (Gschwendtner 2012; Norwig et al.
2013). Mit dem Förderkonzept BEST scheint es hingegen gelungen, nicht nur deutlich
stärkere Effekte zu erzielen, sondern sowohl die kognitiv starken als auch die kognitiv
schwächeren Jugendlichen effektiv zu fördern. In der in Kleingruppensettings durchgeführten Initialstudie gelang dies auch mit Studierenden, die zwar auf ihre Förderaufgaben
vorbereitet und im Förderzeitraum systematisch gestützt und begleitet wurden, jedoch
zweifellos in ihrer unterrichtlichen Expertise gegenüber erfahrenen Lehrkräften Entwick-
lungsdefizite aufweisen. In der in halben Klassen durchgeführten Folgestudie resultieren die Effekte mit hoher Wahrscheinlichkeit auch aus dem speziell auf den situativen
Kontext zugeschnittenen Förderkonzept und den elaborierten Materialien (vgl. Norwig
und Petsch 2012; Petsch und Norwig 2012), die sowohl den Lehrenden als auch den
Lernenden die notwendige Unterstützung sicherten. Gestützt wird diese Annahme durch
die empirischen Befunde, die zeigen, dass das Treatment sowohl für die Schwächeren
als auch die Stärkeren gegenüber der Kontrollgruppe erhebliche Entwicklungsvorteile
erbringt und die Lehrenden offensichtlich nur in der Lage sind, einem relativ kleinen
Anteil eine individuelle Förderung angedeihen zu lassen. Die kognitiv Stärkeren sind
offensichtlich unter den Treatmentbedingungen mit Hilfe der Unterstützungsmaterialien
in der Lage, ihren Lernprozess gegenüber dem Regelunterricht deutlich zu verbessern.
Es ist anzunehmen, dass diese Gruppe im Regelunterricht, der in den hier einbezoge-
nen Kontrollklassen gemessen an den Kompetenzentwicklungen wohl eher am mittleren
Fähigkeitsniveau ausgerichtet war, vermutlich eher vernachlässigt werden. Zweifellos
bietet das hier erprobte Förderkonzept mit den bereitgestellten Materialien sowohl für
die Lehrenden als auch die Lernenden einen wesentlich besseren Unterstützungsrahmen,
als dies in den vorliegenden Studien zur Implementation von Reciprocal Teaching im
Bereich beruflicher Bildung der Fall war. Zudem dürften allerdings durch den Verzicht
auf das reziproke Element die Ansprüche an die Lernenden geringer und die Relevanzzuschreibungen im Falle des fachlichen Lernens günstiger sein, als im Deutschunterricht,
in den die Leseförderung in der Regel implementiert war. Offen ist die Frage, wie die
Förderbedingungen zu variieren sind, damit das Treatment auch für das mittlere Terzil
vorteilhaft wird. Denkbar sind hier einerseits verstärkte Zuwendungen durch die Lehr-

kräfte, die in den begleitenden Gesprächen mehrfach die Einschätzung äußerten „dass man aufpassen müsse, im Förderunterricht nicht völlig durch die Schwachen absorbiert zu werden". Andererseits wäre es auch denkbar, durch die Anreicherung der Materialien, z. B. durch weitere Ausdifferenzierungen der Schwierigkeitsgrade der Aufgaben weitere, speziell auf die mittlere Gruppe ausgerichtete Aufgaben bereit zu stellen.

Insgesamt scheint bemerkenswert, dass es gelungen ist, die aus dem allgemeinbildenden Bereich entlehnten und im Kleingruppenkontext in der Initialstudie im Bereich der beruflichen Bildung erstmals umgesetzten Förderprinzipien mit ähnlichen Effekten auf Förderbedingungen in halben Klassen zu übertragen. Das spricht einerseits für die Bedeutung dieser Förderprinzipien, macht im Vergleich zu den Implementationsversuchen des Reciprocal Teaching aber auch deutlich, dass es bei Weitem nicht genügt, die Prinzipien in die pädagogischen Handlungsprogramme formal zu implementieren, sondern die Implementationsqualität und Adaptivität im Sinne der Anpassung an den spezifischen Förderkontext entscheidend wird. Denkbar wäre, wie bereits angedeutet, allerdings auch, dass die inhaltlichen Zuschnitte der Förderprogramme, insbesondere vermittelt über daran gebundene Relevanzzuschreibungen und damit einhergehende motivationale Prozesse, effektrelevant werden. Das Ausbleiben motivationaler Effekte in der Folgestudie steht dieser Annahme allerdings entgegen.

Dass die erwarteten Effekte bezogen auf den Aufbau deklarativen Wissens und die Motivation in der Replikationsstudie unter den modifizierten Umsetzungsbedingungen ausbleiben, ist im Hinblick auf das deklarative Wissen nicht völlig überraschend, da bereits in der Initialstudie bei dieser Kompetenzfacette die beobachteten Effekte deutlich hinter jenen in der fachspezifischen Problemlösefähigkeit zurückblieben. Da der Förderansatz primär auf die Förderung der fachspezifischen Problemlösefähigkeit ausgerichtet ist, scheint die Befundlage durchaus plausibel. Überraschender sind die ausbleibenden globalen Effekte im motivationalen Bereich, da die objektiv (z. B. rein durch die Lernmaterialien) bereitgestellte Kompetenzunterstützung unter den realisierten Förderbedingungen im Vergleich zum Regelunterricht deutlich günstiger ausgeprägt ist. Die vergleichenden Analysen der Unterrichtswahrnehmungen zeigen allerdings bezogen auf die Gesamtgruppe ebenfalls keine Trainingsvorteile. Als erklärungsrelevant für die Motivationsentwicklung erweisen sich primär die wahrgenommene Überforderung, die wahrgenommene inhaltliche Relevanz und das wahrgenommene Feedbackverhalten der Lehrkräfte. Berücksichtigt man die oben referierten Ergebnisse der gruppenspezifischen Analysen des Motivationsgeschehens, so scheint der Förderansatz motivational für die kognitiv Schwächeren (unteres Terzil des IQ) vorteilhaft; das mittlere Terzil, das im Regelunterricht auch keine Leistungsnachteile aufweist, scheint hingegen von einer Ausrichtung des Unterrichts am mittleren Leistungsniveau auch motivational zu profitieren.

Insgesamt erweist sich das Förderkonzept als bemerkenswert effektvoll. Die Befundlage ist in sich konsistent. Zu prüfen wäre, ob sich die hier vorgestellten Befunde auch für andere Berufsgruppen und unter breiten Einsatzbedingungen replizieren lassen, in welchen die Begleitung der Lehrkräfte durch die wissenschaftlichen Mitarbeiter nicht oder nur in eingeschränktem Umfang bzw. auf andere Weise bereitgestellt werden kann. Mit speziell aufbereiteten Handreichungen, die neben den Lernmaterialien und einer ausführlichen Konzeptbeschreibung auch ein umfangreiches Lehrerbegleitheft und eine Übersicht über die Befunde bereitstellen (vgl. Petsch und Norwig 2012; Norwig und Petsch 2012), sind erste Voraussetzungen geschaffen, um einerseits eine breitere Implementation und andererseits eine breiter angelegte Evaluation unter „Normalbedingungen" zu realisieren.

Anmerkungen

1   Mit der ersten Schwelle wird der Übergang von der allgemeinen in die berufliche Bildung bezeichnet.

2   Basiskompetenzen werden verstanden als die „zur Teilhabe an Kultur und Gesellschaft je historisch-sozial als notwendiges Minimum definierten Kenntnisse und Fähigkeiten, meist definiert über Kompetenzen in der Verkehrssprache [...], mathematische und naturwissenschaftliche Grundfähigkeiten, historisch-soziales Verstehen, soziale und kognitive Schlüsselqualifikationen" (Tenorth und Tippelt 2007, S. 53).

3   Der Stütz- und Erweiterungsunterricht bietet die Vorteile, dass er bereits fest mit 2 Wochenstunden in der Stundentafel der beruflichen Schulen verankert ist und zudem eine Klassenhalbierung ermöglicht.

4   Die Unterschiede in den Stundenkontingenten ergeben sich klassen- bzw. schulspezifisch entsprechend unterschiedlicher Planungsschwerpunkte und Bedarfslagen. Vermutlich wurde das Stundenkontingent des Stützunterrichts in einigen Kontrollklassen dem regulären Lernfeldunterricht zugeschlagen.

5   Die zweifaktoriellen Varianzanalysen beziehen den Faktor Gruppe mit 2 Stufen („EG"/„KG" oder „unteres Terzil EG"/„unteres Terzil KG" usw.) und den Faktor Zeit mit zwei Stufen („ET"/ „AT" oder „ET"/„ZT") ein. Sämtliche Voraussetzungen der RM-ANOVA und RM-ANCOVA wurden geprüft. Teilweise sind einzelne Voraussetzungen wie Normalverteilung der abhängigen Variable oder Homogenität der Varianzen (Levene-Test) nicht erfüllt. Jedoch verhält sich die Varianzanalyse (RM-ANOVA) bei diesen Verletzungen relativ robust, wenn mittlere Stichprobenumfänge und eine homogene Zellenverteilung (Personen in Gruppen) gegeben sind (vgl. z. B. Pallant 2005). Für die abhängigen Variablen Fachwissen und mathematische Fähigkeiten konnten keine RM-ANCOVAS berechnet werden, da in diesem Fall die Annahme zur Homogenität der Regressionen verletzt wurde.

6   Es erscheint ungewöhnlich, dass die Lösungshäufigkeiten im Zwischentest über denen im Abschlusstest liegen. Allerdings muss berücksichtigt werden, dass in den Analysen nicht mit Kompetenzniveaus, sondern lediglich mit auf Summenscores basierenden Lösungshäufigkeiten gearbeitet wird. Die höhere Lösungsquote im Zwischentest ist unseres Erachtens zum einen auf den geringeren Testumfang zurückzuführen. Zum anderen werden im Zwischentest nur die bis zur Schuljahresmitte behandelten Inhalte erfasst, die zeitlich weniger weit zurückliegen und daher von Auszubildenden vielleicht besser bearbeitet werden können.

Literatur

Arnold, K. H., Graumann, O., & Rakhkochkine, A. (2008). *Handbuch Förderung. Grundlagen, Bereiche und Methoden der individuellen Förderung von Schülern.* Weinheim: Beltz.

Artiles, A. J., Kozleski, E. B., Dorn, S., & Christensen, C. (2006). Learning in inclusive education research: Re-mediating theory and methods with a transformative agenda. *Review of Research in Education, 30*(1), 65–108.

Averweg, A., Schürg, U., Geißel, B., & Nickolaus, R. (2009). Förderungsbedarf im Bereich Mathematik bei Berufsschülern im Berufsfeld Bautechnik. *Die berufsbildende Schule, 61*(1), 22–28.

Berger, J.-L., Kipfer, N., & Büchel, F. P. (2008). Effects of metacognitive intervention in low-performing vocational students. *Journal of cognitive Education and Psychology, 7*(3), 337–367.

Bojanowski, A., Eckardt, P., & Ratschinski, G. (2005). Annährung an die Benachteiligtenforschung – Verortung und Strukturierungen. In A. Bojanowski, G. Ratschinski, & P. Straßer (Hrsg.), *Diesseits vom Abseits. Studien zur beruflichen Benachteiligtenförderung* (S. 10–40). Bielefeld: Bertelsmann.

Bracht, G. H. (1975). Experimentelle Faktoren in Beziehung zur Wechselwirkung zwischen Schülermerkmalen und Unterrichtsmethoden. In R. Schwarzer & K. Steinhagen (Hrsg.), *Adaptiver Unterricht* (S. 94–108). München: Kösel.

Carroll, W. (1994). Using worked examples as an instructional support in the algebra classroom. *Journal of Educational Psychology, 86*(3), 306–367.

Chott, P. O. (1999). Ansätze zur Förderung einer „Fehlerkultur". *PÄDForum, 3*, 238–248.

Collins, A., Brown, J. S., & Newman, S. E. (1989). Cognitive apprenticeship: Teaching the crafts of reading, writing, and mathematics. In L. B. Resnick (Hrsg.), *Knowing, learning and instruction. Essays in honor of Robert Glaser* (S. 453–494). Hillsdale: L. Erlbaum Associates.

Dörner, D. (1981). Kognitive Prozesse und die Organisation des Handelns. In International Union of Psychological Science (Hrsg.), *Proceedings of the XXIInd International Congress of Psychology, Leipzig, July 6–12.* Leipzig: International Union of Psychological Science.

Ericsson, K. A., & Simon, H. A. (1980). Verbal reports as data. *Psychological Review, 87*(3), 215–251.

Fischer, N. (2006). Motivationsförderung in der Schule. Konzeption und Evaluation einer Fortbildungsmaßnahme für Mathematiklehrkräfte. *Schriften zur Pädagogischen Psychologie* (Bd. 22). Hamburg: Verlag Dr. Kovac.

Gruenke, M., & Castello, A. (2004). Attributionstraining. In G. W. Lauth, M. Gruenke, & J. C. Brunstein (Hrsg.), *Interventionen bei Lernstörungen: Förderung, Training und Therapie in der Praxis* (S. 382–390). Göttingen: Hogrefe.

Gschwendtner, T. (2004). *Lesestrategieinstruktion durch Reciprocal Teaching.* Diplomarbeit. Universität Stuttgart: Stuttgart.

Gschwendtner, T. (2012). Förderung des Leseverständnisses in Benachteiligtenklassen der beruflichen Bildung: Studien zur Implementation und Wirksamkeit von Reciprocal Teaching. *Stuttgarter Beiträge zur Berufs- und Wirtschaftspädagogik* (Bd. 31). Aachen: Shaker.

Gschwendtner, T., & Ziegler, B. (2006a). Kompetenzförderung durch reciprocal teaching? In P. Gonon, F. Klauser, & R. Nickolaus (Hrsg.), *Bedingungen beruflicher Moralentwicklung und beruflichen Lernens* (S. 101–111). Wiesbaden: VS Verlag für Sozialwissenschaften.

Gschwendtner, T., & Ziegler, B. (2006b). Möglichkeiten und Grenzen der Lesekompetenzentwicklung durch kurzfristige Interventionen: Eine Frage des Adressatenkreises? In P. Gonon, F. Klauser, & R. Nickolaus (Hrsg.), *Kompetenz, Qualifikation und Weiterbildung im Berufsleben* (S. 55–68). Opladen: Budrich.

Hasselhorn, M. (1992). Metakognition und Lernen. In G. Nold (Hrsg.), *Lernbedingungen und Lernstrategien. Welche Rolle spielen kognitive Verstehensstrukturen?* (S. 35–63). Tübingen: G. Narr.

Helmke, A., & Weinert, F. E. (1997). Bedingungsfaktoren schulischer Leistung. In F. E. Weinert (Hrsg.), *Psychologie des Unterrichts und der Schule* (Enzyklopädie der Psychologie Themenbereich D, Praxisgebiete: Serie 1 Pädagogische Psychologie, Bd. 3, S. 71–176). Göttingen: Hogrefe.

Hinze, R., & Probst, H. (2007). *Rechentest Berufsschule – RTBS Version 1: Erkennen und Förderung mathematischer Grundkenntnisse beim Berufsschulstart.* Wetzlar: GWAB-Verlag.

Katzenbach, M. (2004). Dem Fehler auf der Spur – Kinder als Fehlerdetektive. *Die neue Schulpraxis, 74*(12), 4–8.

Kenner, M. (2011). Berufliche Perspektiven und politische Orientierungen von Schülern im Über-gangssystem. In E. Jung, M. Kenner, & H.-G. Lambertz (Hrsg.), *bwp@ Spezial 5 – Hoch-schultage Berufliche Bildung 2011, Fachtagung 15*. http://www.bwpat.de/ht2011/ft15/kenner_ft15-ht2011.pdf. Zugegriffen: 17. Jan. 2013.

Kitzig, R., Paetzold, G., Burg von der, J., & Koesel, S. (2008). Basiskompetenzförderung im Kon-text berufsfachlichen Lernens. Erfahrungen und Reflexionen der Arbeit im Modellversuch „Verlas". *Dortmunder Beiträge zur Pädagogik* (Bd. 42). Bochum: Freiburg.

Knöll, B., Gschwendtner, B., Nickolaus, R., & Ziegler, B. (2007). Motivation in der elektrotechni-schen Grundbildung. *Zeitschrift für Berufs- und Wirtschaftspädagogik ZBW, 103*(2), 397–415.

Komorek, E., Bruder, R., Collet, C., & Schmitz, B. (2006). Inhalte und Ergebnisse einer Interven-tion im Mathematikunterricht der Sekundarstufe I mit einem Unterrichtskonzept zur Förde-rung mathematischen Problemlösens und von Selbstregulationskompetenzen. In M. Prenzel & L. Allolio-Näcke (Hrsg.), *Untersuchungen zur Bildungsqualität von Schule. Abschlussbericht des DFG-Schwerpunktprogramms* (S. 240–267). Münster: Waxmann.

Kunter, M. (2005). *Multiple Ziele im Mathematikunterricht*. Münster: Waxmann.

Lauth, G. W., Brunstein, J. C., & Grünke, M. (2004). Lernstörungen im Überblick: Arten, Klas-sifikationen, Verbreitung und Erklärungsperspektiven. In G. W. Lauth, M. Grünke, & J. C. Brunstein (Hrsg.), *Interventionen bei Lernstörungen. Förderung, Training und Therapie in der Praxis* (S. 13–23). Göttingen: Hogrefe.

Lehmann, R., & Seeber, S. (Hrsg.). (2007). *ULME III. Untersuchung von Leistungen, Motivation und Einstellungen der Schülerinnen und Schüler in den Abschlussklassen der Berufsschulen*. Hamburg.

Lehmann, R., Seeber, S., & Hunger, S. (2006). *ULME II. Untersuchung von Leistungen, Motivation und Einstellungen der Schülerinnen und Schüler in den Abschlussklassen der teilqualifizieren-den Berufsfachschulen*. Hamburg.

Mähler, C., & Hasselhorn, M. (2001). Lern- und Gedächtnistraining bei Kindern. In K. J. Klauer (Hrsg.), *Handbuch kognitives Training* (S. 407–429). Göttingen: Hogrefe.

Neber, H. (1996). Psychologische Prozesse und Möglichkeiten zur Steuerung remedialen Lernens. In F. Weinert (Hrsg.), *Psychologie des Lernens und der Instruktion* (Enzyklopädie der Psycho-logie, Bd. 22, S. 403–444). Göttingen: Hogrefe.

Nickolaus, R., & Norwig, K. (2009). Mathematische Kompetenzen von Auszubildenden und ihre Relevanz für die Entwicklung der Fachkompetenz – ein Überblick zum Forschungsstand. In A. Heinze & M. Grüßing (Hrsg.), *Mathematiklernen vom Kindergarten bis zum Studium* (S. 205–216). Münster: Waxmann.

Nickolaus, R., Geißel, B., & Gschwendtner, T. (2008). Die Rolle der Basiskompetenzen Mathe-matik und Lesefähigkeit in der beruflichen Ausbildung und die Entwicklung mathematischer Fähigkeiten im ersten Ausbildungsjahr. *bwp@ Berufs- und Wirtschaftspädagogik – online, 14*. http://www.bwpat.de/ausgabe14/nickolaus_etal_bwpat14.pdf (Internet). Zugegriffen: 31. Aug. 2009.

Nickolaus, R., Rosendahl, J., Gschwendtner, T., Geißel, B., & Straka, G. (2010). Erklärungsmo-delle zur Kompetenz- und Motivationsentwicklung bei Bankkaufleuten, Kfz-Mechatronikern und Elektronikern. In J. Seifried, et al. (Hrsg.), *Lehr-Lern-Forschung in der kaufmännischen Berufsbildung* (Zeitschrift für Berufs- und Wirtschaftspädagogik ZBW, Beiheft 23, S. 73–87). Stuttgart: Steiner.

Nickolaus, R., Geißel, B., Abele, S., & Nitzschke, A. (2011). Fachkompetenzmodellierung und Fachkompetenzentwicklung bei Elektronikern für Energie- und Gebäudetechnik im Verlauf der Ausbildung – Ausgewählte Ergebnisse einer Längsschnittstudie. In R. Nickolaus & G. Pät-zold (Hrsg.), *Lehr- Lernforschung in der gewerblich-technischen Berufsbildung* (Zeitschrift für Berufs- und Wirtschaftspädagogik ZBW, Beiheft 25, S. 77–94). Stuttgart: Steiner.

Nickolaus, R., Abele, S., Gschwendtner, T., Nitzschke, A., & Greiff, S. (2012). Fachspezifische Problemlösefähigkeit in gewerblich-technischen Ausbildungsberufen – Modellierung, erreichte Niveaus und relevante Einflussfaktoren. *Zeitschrift für Berufs- und Wirtschaftspädagogik ZBW, 108*(2), 243–272.

Norwig, K., & Petsch, C. (2012). *BEST-Training. Lernmaterialien für die Grundstufe Bautechnik. Modul 1 – Strategien zum planvollen Aufgabelösen.* H-12/31.1. Stuttgart: Landesinstitut für Schulentwicklung.

Norwig, K., Ziegler, B., Kugler, G., & Nickolaus, R. (2013). Reciprocal Teaching – auch in der beruflichen Bildung ein Erfolg? *Zeitschrift für Berufs- und Wirtschaftspädagogik ZBW,* in Druck.

Norwig, K., Petsch, C., & Nickolaus, R. (2010). Förderung lernschwacher Auszubildender – Effekte des berufsbezogenen Strategietrainings (BEST) auf die Entwicklung der bautechnischen Fachkompetenz. *Zeitschrift für Berufs- und Wirtschaftspädagogik ZBW, 106*(2), 220–239.

Nüesch, C., & Metzger, C. (2010). Lernkompetenzen und ihr Zusammenhang mit motivationalen Überzeugungen und Lernleistungen in der kaufmännischen Berufsausbildung. *Zeitschrift für Berufs- und Wirtschaftspädagogik ZBW, 106*(1), 36–51.

Oser, F., Hascher, T., & Spychiger, M. (1999). Lernen aus Fehlern. Zur Psychologie des „negativen" Wissens. In W. Althof (Hrsg.), *Fehlerwelten. Vom Fehlermachen und Lernen aus Fehlern* (S. 11–41). Opladen: VS Verlag für Sozialwissenschaften.

Pallant, J. (2005). *SPSS Survival Manual: A step by step guide to data analysis using SPSS for Windows (Version 12).* Sydney: Allen & Unwin.

Perels, F., Schmitz, B., & Bruder, R. (2005). Lernstrategien zur Förderung von mathematischer Problemlösekompetenz. In C. Artelt & B. Moschner (Hrsg.), *Lernstrategien und Metakognition. Implikationen für Forschung und Praxis* (S. 155–175). Münster: Waxmann.

Petsch, C. (2009). Reciprocal teaching – Implementierung einer Lesestrategieinstruktion in die berufliche Grundausbildung. *Zeitschrift für Berufs- und Wirtschaftspädagogik (ZBW), 105*(2), 189–220.

Petsch, C., & Norwig, K. (2012). *Berufsbezogenes Strategietraining BEST. Grundlagen und unterrichtliche Umsetzung* (H-12/31.0). Stuttgart: Landesinstitut für Schulentwicklung.

Petsch, C., Norwig, K., & Nickolaus, R. (2011). (Wie) Können Auszubildende aus Fehlern lernen? Eine empirische Interventionsstudie in der Grundstufe Bautechnik. In R. Nickolaus & G. Pätzold (Hrsg.), *Lehr-Lernforschung in der gewerblich-technischen Berufsbildung* (Zeitschrift für Berufs- und Wirtschaftspädagogik ZBW, Beiheft 25, S. 129–146). Stuttgart: Steiner.

Prenzel, M., Kristen, A., Dengler, P., Ettle, R., & Beer, T. (1996). Selbstbestimmt motiviertes und interessiertes Lernen in der kaufmännischen Erstausbildung. In K. Beck & H. Heid (Hrsg.), *Lehr-Lern-Prozesse in der kaufmännischen Erstausbildung. Wissenserwerb, Motivierungsgeschehen und Handlungskompetenzen* (Zeitschrift für Berufs- und Wirtschaftspädagogik ZBW, Beiheft 13, S. 108–127). Stuttgart: Steiner.

Ratschinski, G. (2005). Viele Daten – (zu) wenig Erkenntnis? Zum Wert der empirischen Benachteiligtenforschung für die Pädagogik. In A. Bojanowski, G. Ratschinski, & P. Straßer (Hrsg.), *Diesseits vom Abseits* (S. 41–71). Bielefeld: Bertelsmann.

Renkl, A. (1997). Learning from worked-out examples: A study on individual differences. *Cognitive Science, 21*(1), 1–29.

Renkl, A., Hilbert, T., & Schworm, S. (2009). Example-Based Learning in Heuristic Domains: A Cognitive Load Theory Account. *Educational Psychology Review, 21*(1), 67–78.

Schiefele, U. (2004). Förderung von Interessen. In G. W. Lauth, M. Grünke, & J. C. Brunstein (Hrsg.), *Interventionen bei Lernstörungen* (S. 134–144). Göttingen: Hogrefe.

Schreblowski, S., & Hasselhorn, M. (2006). Selbstkontrollstrategien: Planen, Überwachen, Bewerten. In H. Mandl & H. F. Friedrich (Hrsg.), *Handbuch Lernstrategien* (S. 151–161). Göttingen: Hogrefe.

Sektion Berufs- und Wirtschaftspädagogik. (Hrsg.). (2009). Memorandum. Zur Professionalisierung des pädagogischen Personals in der Integrationsförderung aus berufsbildungswissenschaftlicher Sicht. http://www.goodpractice.de/memorandum_integrationsfoerderung_0409. pdf (Internet). Zugegriffen: 21. Dez. 2009.

Stamm, M. (2006). Kluge Köpfe und goldene Hände. Überdurchschnittlich begabte Lehrlinge in der Berufsbildung. In *Zeitschrift für Berufs- und Wirtschaftspädagogik ZBW, 102*(2), 226–248.

Tenorth, H.-E., & Tippelt, R. (Hrsg.). (2007). *Lexikon Pädagogik*. Weinheim: Beltz Verlag.

Ward, M., & Sweller, J. (1990). Structuring effective worked examples. *Cognition and Instruction, 7*(1), 1–39.

Weiß, R. H. (2006). *CFT 20-R: Grundintelligenztest Skala 2 – Revision*. Göttingen: Hogrefe.

Zhu, X., & Simon, H. A. (1987). Learning mathematics from examples and by doing. *Cognition and Instruction, 4*(3), 137–166.

Zielinski, W. (1996). Lernschwierigkeiten. In F. Weinert (Hrsg.), *Psychologie des Lernens und der Instruktion* (Enzyklopädie der Psychologie, Bd. 2, S. 369–402). Göttingen: Hogrefe.

Z Erziehungswiss (2014) 17:103–126
DOI 10.1007/s11618-013-0459-0

Ökonomische Kompetenzen von Lernenden am Ende der Sekundarstufe II

Stephan Schumann · Franz Eberle

Zusammenfassung: Die im Querschnitt angelegte Studie untersucht auf der Basis einer für die Deutschschweiz repräsentativen Stichprobe ($N = 2.328$) die Ausprägung ökonomischer Kompetenzen von Lernenden am Ende der Berufsmaturität und des Gymnasiums mittels Leistungstests und einem Kontextfragebogen. Das ökonomische Wissen und Können hängt bei kleiner bis mittlerer Effektstärke positiv mit der kognitiven Grundfähigkeit sowie der Deutsch- und Mathematikleistung der Schülerinnen und Schüler zusammen. Deutlich wird weiterhin, dass die Lernenden in der kaufmännischen Berufsmaturität sowie im gymnasialen Schwerpunktfach „Wirtschaft und Recht" einen markant höheren Kenntnisstand als die Lernenden in den anderen Berufsmaturitätsrichtungen bzw. in den anderen gymnasialen Profilen aufweisen. In abgeschwächter Form ist dieser Vorsprung auch für das Interesse, die intrinsische Motivation und die domänenspezifischen Werthaltungen und Einstellungen der Lernenden nachweisbar. Darüber hinaus bestätigt sich der in der Literatur beschriebene Geschlechtseffekt zugunsten der männlichen Lernenden.

Schlüsselwörter: Ökonomische Bildung · Gymnasium · Berufsmaturität · Schweiz

Economic competencies at the end of upper secondary education

Abstract: Based on a representative sample the cross-sectional study analyses economic competencies of students from grammar schools and professional maturity schools in the german-speaking part of Switzerland ($N = 2,328$). By using achievement tests it can be shown that economic knowledge and skills are associated positively with basic cognitive ability as well as with students' reading comprehension and their ability in mathematics (small effects). Students in profiles with more and deeper economic education score significantly higher (large effects). These differences can also be observed for self-reported motivation, interest and attitudes on economic topics. However, the effects are rather small. Moreover, a significant medium-sized effect in favor of male students is observed.

Prof. Dr. S. Schumann (✉)
Universität Konstanz, Universitätsstraße 10,
78457 Konstanz, Deutschland
E-Mail: Stephan.Schumann@uni-konstanz.de

Prof. Dr. F. Eberle
Universität Zürich, Beckenhofstrasse 35,
8006 Zürich, Schweiz
E-Mail: feberle@ife.uzh.ch

Keywords: Economic education · Grammar school · Professional maturity school · Switzerland

1 Ausgangslage

Ökonomische Kompetenzen stellen ohne Zweifel eine der Grundlagen für die berufliche und soziale Teilhabe des Einzelnen und damit für die Entwicklung der Gesellschaft als Ganzes dar. Angesichts der wachsenden Bedeutung und zunehmenden Komplexität globalisierter wirtschaftlicher Prozesse stellen sie eine Grundvoraussetzung zu deren Verständnis und damit zur Bewältigung privater, beruflicher und gesellschaftlich-politischer Lebenssituationen dar (Eberle 2006). Im Hinblick auf den Erwerb ökonomischer Kompetenzen kommt der Schule nach verbreiteter Auffassung eine zentrale Vermittlungsrolle zu (Dubs 2011a). Vor allem an diesem Ort des systematischen Lernens können Jugendliche befähigt werden, die Komplexität wirtschaftlicher Zustände und Prozesse in einem Gesellschaftssystem wahrzunehmen, zu verstehen und sich individueller und kollektiver Perspektiven, Wertungen und Interessen bewusst zu werden. Die Frage ist, in welchem Maße diese Vermittlung gelingt. In öffentlichen und schulpolitischen Diskursen werden sowohl ausreichendes Gelingen als auch teils erhebliche Kompetenzdefizite behauptet. Aus wissenschaftlicher Sicht kann man diese Frage allerdings zu wenig präzise beantworten, da kaum verlässliche und zugleich aktuelle empirische Daten vorliegen.

Vor diesem Hintergrund ist das vom Schweizerischen Nationalfonds geförderte Projekt „Ökonomische Kompetenzen von Maturandinnen und Maturanden (OEKOMA)"[1] von zwei übergeordneten Fragestellungen geleitet: Erstens gilt es zu klären, über welches Ausmaß an ökonomischen Kompetenzen die Lernenden verfügen. Und zweitens interessiert, welche Individual- und Kontextvariablen mit den ökonomischen Kompetenzen korreliert sind.

2 Theoretischer Hintergrund und empirischer Forschungsstand

Die nachfolgenden Darstellungen zu Theorie und Forschungsstand widmen sich mit Blick auf die Fragestellungen des vorliegenden Beitrags drei Aspekten: Erstens werden im Überblick einige Diskussionspunkte der wissenschaftlichen Auseinandersetzung mit Kompetenzen dargestellt, wobei die Erfassung ökonomischer Kompetenzen besondere Beachtung erfährt. Der zweite und dritte Teil widmet sich der Befundlage zur Ausprägung ökonomischer Kompetenzen sowie deren Prädiktoren und Korrelaten.

2.1 Wissenschaftliche Diskussion zum Verständnis ökonomischer Kompetenzen

Mit Blick auf die hier ins Auge gefassten ökonomischen Kompetenzen kann festgehalten werden, dass die Diskussion zu deren konzeptuellem Verständnis nicht neu ist (vgl.u. a. von der Aa 1924; Kiehn 1965; Zabeck 1976; Albers 1995).[2] Dabei handelt es sich zumeist um Arbeiten mit heuristischem Charakter. Für die empirisch orientierte Forschung ging im deutschsprachigen Raum insbesondere von der Konzeptualisierung von Beck (1989) eine substanzielle Breitenwirkung aus. Er geht dabei von drei Dimensionen aus: 1) von der Dimension des ökonomischen Wissens und Denkens, 2) von der Dimension der ökonomischen Einstellungen und 3) von der Dimension der ökonomiebezogenen moralischen Reflexionsfähigkeit. Dieses Begriffsverständnis nimmt bewusst die Mehrdimensionalität ökonomischer Bildung an, die nicht zuletzt auf der Tatsache beruht, dass wirtschaftsbezogene Problemstellungen häufig mit Zielkonflikten einher gehen und deren Lösung auch von ökonomischen Einstellungen und Wertvorstellungen beeinflusst werden (Dubs 2001).

2.2 Forschung zur Ausprägung ökonomischer Kompetenzen

Als eine Initialzündung für die empirische Forschung zu den ökonomischen Kompetenzen kann die Publikation des US-amerikanischen Berichts „Economic Education in Schools" angesehen werden (Committee for Economic Development 1961). In der Folge entstanden einschlägige Leistungstests wie der Test of Economic Understanding (TEU, National Council of Economic Education (1964)) und der Test of Economic Literacy (TEL, Soper 1979) zur Überprüfung des Kenntnisstandes von Lernenden. Der auf volkswirtschaftliche Inhaltsbereiche ausgerichtete TEL wurde durch Soper und Walstad (1987) und durch Walstad und Rebeck (2001) überarbeitet und diente später dann auch in übersetzten Versionen als Instrument einer Vielzahl empirischer Untersuchungen (Beck 2000). Im internationalen Vergleich von TEL-basierten Studien zeigen sich teils beträchtliche Unterschiede (vgl. dazu die Beiträge in Walstad 1994a, zusammenfassend auch Lüdecke und Sczesny 1998). Vergleichsweise hohe Werte erreichten britische, australische und koreanische Lernende. Schlechter schnitten Lernende aus den USA, Deutschland, Österreich, der Schweiz und insbesondere aus Griechenland ab.

Im deutschsprachigen Raum ging von der Übersetzung der zweiten TEL-Version durch Beck und Krumm (1990) als „Wirtschaftskundlichen Bildungs-Test (WBT)" ein wichtiger Impuls aus. In vielen der in den letzten 20 Jahren durchgeführten Studien zur ökonomischen Bildung im deutschen Sprachraum ist der WBT (oder Teile dessen) eingesetzt worden. Mit dem Forschungsgegenstand auseinander gesetzt haben sich darüber hinaus in den letzten 20 Jahren weitere Studien in den deutschsprachigen Ländern (vgl.u. a. Freundlinger 1992; Brandlmaier et al. 2006; Katschnig und Hanisch 2005; Seeber 2009; Nagy et al. 2008; Schlegel 2009). Im Rahmen von Studien zur Erfassung beruflicher Handlungskompetenzen von Auszubildenden erfährt die Messung ökonomischer Kompetenzen vor allem mit Blick auf die kaufmännische Domäne gegenwärtig erhöhte Aufmerksamkeit (Winther 2010; Winther und Achtenhagen 2008). Obwohl auf die Tertiärstufe bezogen, sind zudem von der Forschungsgruppe um Zlatkin-Troitschanskaia Erkenntniszugewinne im Hinblick auf die Modellierung ökonomischer (Fach-)Kompetenz zu erwarten (Förster 2012; Zlatkin-Troitschanskaia et al. im Druck).

2.3 Prädiktoren und Korrelate ökonomischer Kompetenzen

Neben der Ausprägung ökonomischer Kompetenzen interessiert insbesondere, welche Merkmale als deren Prädiktoren angesehen werden können. Mit Blick auf die Korrelate ökonomischer Fachkompetenz im Bereich der Individualmerkmale erhält man aus der Literatur Hinweise auf die kognitive Grundfähigkeit und auf die Leistungsdispositionen in Deutsch und Mathematik (jeweils mittlere Effekte, Beck und Krumm 1998; Nickolaus et al. 2008;

Schlegel 2009; Seeber 2008). In den meisten Untersuchungen zeigen sich zudem Vorteile für männliche Lernende, wobei die Ursachen hierfür noch nicht gut genug ergründet sind (NCES 2006). Zudem zeigen sich positive sozio-ökonomische Effekte sowie mit zunehmendem Alter höhere Werte (Kotte und Lietz 1998; NCES 2006).

Aus pädagogischer Perspektive ist besonders relevant, welchen Einfluss Schule und Unterricht auf die Ausprägung und den Erwerb ökonomischer Kompetenzen haben. Mit Blick auf das Projekt OEKOMA ist zunächst relevant, dass Lernende am Gymnasium im Vergleich zu Lernenden in anderen Schulformen besser abschnitten (Beck und Krumm 1998; Müller et al. 2007; Sczesny und Lüdecke 1998). Die Ergebnisse des von Müller et al. (2007) vorgelegten „Quasi-Bundesländervergleichs" lassen darüber hinaus Unterschiede in den Kenntnisständen innerhalb Deutschlands von bis zu einer halben Standardabweichung erkennen, die zumindest partiell durch curriculare Effekte zu erklären sind. Vor allem in US-amerikanischen Studien kann in diesem Zusammenhang für die Teilnahme an wirtschaftsbildenden Kursen ein leistungssteigernder Effekt identifiziert werden (Rebeck 2002). Insgesamt lässt sich dieser Effekt in den deutschsprachigen Ländern jedoch weniger stark (Lüdecke und Sczesny 1998) bis zum Teil gar nicht beobachten (z. B. Wuttke 2008).

3 Hintergrund und Konzeptuelle Grundlagen von OEKOMA

3.1 Hintergrund

Die Studie OEKOMA fokussiert auf zwei unterschiedliche Gruppen von Lernenden: erstens auf Schülerinnen und Schüler an Gymnasien und zweitens auf Jugendliche in Berufsmaturitätsschulen (BMS). Während die bildungssystemische Verortung des Gymnasiums durchaus mit derjenigen in Deutschland oder auch Österreich vergleichbar ist, bedarf die BMS für die Leserschaft außerhalb der Schweiz einiger zusätzlicher Erklärungen. Mit der BMS, welche eine Berufsausbildung mit einer höheren Allgemeinbildung verknüpft und deren Abschluss mit einer fachgebundenen Fachhochschulreife einher geht, wurde in den 1990er Jahren einer der zentralen „Zulieferer" zur Fachhochschule etabliert, welcher sich schnell großer Beliebtheit erfreute (ca. 13 % einer Kohorte erwerben heute eine Berufsmaturität). Die Berufsmaturität kann lehrbegleitend während der beruflichen Ausbildung oder im Anschluss an eine Berufsausbildung im einjährigen Vollzeitunterricht in sechs Fachrichtungen erworben werden (technische, kaufmännische, gestalterische, gewerbliche, gesundheitliche und soziale sowie naturwissenschaftliche Richtung) und berechtigt zum prüfungsfreien Zutritt zur Fachhochschule. Ab 2014 soll – wie schon bereits seit dem Jahre 1995 am Gymnasium – nur noch eine sogenannte Einheitsmatura angeboten werden, bei der ein Schwerpunkt gesetzt werden muss, der sich an der beabsichtigten Fachhochschulstudienrichtung und auch am erlernten Beruf ausrichten soll.

Im Hinblick auf die Studie OEKOMA ist relevant, dass sowohl im Gymnasium als auch in der BMS wirtschaftsbildender Unterricht obligatorisch ist und in einem eigenständigen Fach unterrichtet wird. Am Gymnasium wird das Fach „Wirtschaft und Recht" angeboten, welches von allen Lernenden als Grundlagenfach (je nach Kanton eine bis fünf Jahreswochenstunden) belegt und zusätzlich als Schwerpunktfach (je nach Kanton 12 bis

18 Jahreswochenstunden) gewählt werden kann. In der BMS wird von allen Lernenden das Grundlagenfach „VWL/BWL/Recht" besucht. In der kaufmännischen Richtung ist die Lektionenzahl im Vergleich zu den Absolventen der anderen Berufsmaturatypen um eine Lektion höher. Zusätzlich belegen die BMS-Lernenden der kaufmännischen Richtung und der gewerblichen Richtung das Fach „Finanz- und Rechnungswesen".[3]

Die empirische Forschung zur Qualität und zu den Effekten der BMS ist bislang noch rudimentär (Ausnahmen sind u. a. die Studien von Ghisla et al. 2009 sowie Schumann 2011). Zum Schweizer Gymnasium liegen dagegen inzwischen einige prominente Studien vor, die sich systematisch den Wirkungen des Gymnasialunterrichts widmen (u. a. Eberle et al. 2008; Notter und Arnold 2003, 2006; Ramseier et al. 1999, 2004). Allerdings bezieht keine dieser Studien die wirtschaftskundliche Domäne ein. Insofern fördert OEKOMA für beide Schulformen neues, empirisch gewonnenes Wissen zu Tage.

3.2 Verständnis ökonomischer Kompetenzen in OEKOMA

In Einklang mit der eingangs beschriebenen Notwendigkeit der Verfügbarkeit ökonomischer Kompetenzen für eine gelingende individuelle Lebensgestaltung sowie soziale und politische Teilhabe des Einzelnen fokussieren wir auf eine ökonomische Grundbildung, welche im weiteren Sinne als Economic Literacy bezeichnet werden kann. Dabei wird die Bedeutung eines allgemeinen Wirtschafts- und Gesellschaftsverständnisses betont. Dies leitet sich aus der Tatsache ab, dass jeder Mensch als Familienmitglied, Konsument bzw. Konsumentin, Mitarbeiterin bzw. Mitarbeiter in wirtschaftlichen Institutionen und nicht zuletzt als Staatsbürgerin bzw. Staatsbürger in einem demokratischen System immer häufiger Entscheidungen ökonomischer Art zu treffen hat (Dubs 2011a). Diese betreffen in ihrer Komplexität zunehmend Zielkonflikte, die nicht mehr nur richtige oder falsche Lösungen zulassen, sondern ein begründetes Abwägen von Vor- und Nachteilen verschiedener Lösungsvarianten erfordern (Dubs 2011a, Eberle 2006). Die Referenzfigur ist demnach ein Mensch, welcher als „mündiger Wirtschafts- und Gesellschaftsbürger" in der Lage ist, wirtschaftsbezogene Problemstellungen zu verstehen, zu analysieren und begründete Schlüsse für (potentielle) Lösungen daraus zu ziehen, also über wirtschaftsbürgerliche Kompetenz verfügt.

OEKOMA wird zugleich ein Verständnis ökonomischer Kompetenzen zugrunde gelegt, das über fachlich-kognitive Aspekte hinausgeht. Ökonomische Kompetenzen umfassen in Übereinstimmung mit Weinerts (1999) Kompetenzdefinition und auch unseren bisherigen Arbeiten (u. a. Eberle 1997, 2006; Schumann et al. 2009) das Wissens sowie die Fähigkeiten, Fertigkeiten und Bereitschaften eines Individuums, wirtschaftliche Problemstellungen erfolgreich und verantwortungsvoll lösen zu können.

Wir verstehen demnach unter ökonomischen Kompetenzen

- ökonomisches Wissen und Können als Voraussetzung zur Lösung wirtschaftlicher Problemstellungen (Kerndimension ökonomischer Kompetenzen),
- Interesse an wirtschaftlichen Problemstellungen und motivationale Orientierungen, um wirtschaftliche Probleme lösen zu wollen und
- Einstellungen und Werthaltungen, um ökonomische Probleme reflektiert und verantwortungsvoll lösen zu können.

Diese Definition stimmt in weiten Teilen mit den anderen Studien zugrunde liegenden Auffassungen überein. Zieht man die „Anatomie ökonomischer Bildung" von Beck (1989) zum Vergleich heran, wird ersichtlich, dass hier die Facette der moralischen Reflexionsfähigkeit eine gesonderte Stellung einnimmt. Zugleich berücksichtigt er Aspekte des gegenstandsbezogenen Interesses und der motivationalen Orientierungen weniger. Sie sind bei Beck in Ansätzen über die affektive Komponente der ökonomischen Einstellungen repräsentiert. Wir sind der Auffassung, dass ein sachbezogenes Interesse nicht nur eine Voraussetzung für den Erwerb von ökonomischer Kompetenz, sondern eine eigene Kompetenzfacette repräsentiert (vgl. auch Ramseier 2004; Spinath 2005).

Den meisten Kompetenzdefinitionen ist gemein, dass sie ein gut strukturiertes, fachliches Wissen für unabdingbar halten (Dubs 2001). Im Hinblick auf die thematische Struktur der Wissenskomponente sind allerdings durchaus Differenzen zu beobachten. So gehen wir davon aus, dass im Unterschied z. B. zum US-amerikanischen Begriffsverständnis neben volkswirtschaftlichen Inhalten auch betriebswirtschaftliche Themen eine wichtige Rolle spielen (vgl. dazu näher Dubs 2011a, b).

4 Fragestellungen und Hypothesen

Folgende Fragestellungen werden im Beitrag beantwortet:

1. *Welche Dimensionalität weist die Komponente des „Ökonomischen Wissens und Könnens" auf?*

Hierzu sei erwähnt, dass im Projekt ein umfassender Test zur Erfassung dieser Kompetenzkomponente entwickelt wurde. Bislang liegt jenseits von verschiedenen Tagungspräsentationen keine Publikation vor, in welcher die innere Struktur des Konstrukts beschrieben wird

2. *Wie sind die verschiedenen Facetten ökonomischer Kompetenzen ausgeprägt und in welcher Beziehung stehen diese Facetten untereinander?*

Mit Facetten oder auch Komponenten sind gemäß unserem Verständnis das ökonomische Wissen und Können, das Interesse an wirtschaftlichen Problemstellungen und entsprechende motivationale Orientierungen sowie ökonomiebezogene Einstellungen und Werthaltungen gemeint.

3. *Welche Variablen stehen mit den ökonomischen Kompetenzen im Zusammenhang und wie groß sind die Effekte?*

In die Analysen zur Beantwortung der dritten Fragestellung gehen Individualmerkmale (kognitive Grundfähigkeit, Mathematikleistung, Deutschleistung, Geschlechtszugehörigkeit) und Kontextmerkmale (Schulform und gymnasiales Schwerpunktfach bzw. BMS-Profil) ein. Im Hinblick auf die Komponente „Ökonomisches Wissen und Können" wurden auf der Basis einschlägiger Forschungsbefunde (vgl. Kap. 2) ex ante verschiedene Hypothesen formuliert (vgl. Eberle et al. 2009):

H1: Der ökonomische Wissensstand der Maturandinnen und Maturanden korreliert positiv mit der kognitiven Grundfähigkeit, mit der Mathematikleistung und mit der Deutschleistung (jeweils mittlere Effekte).

H2: Männliche Lernende erzielen höhere Testleistungen als weibliche Lernende (kleine Effekte).

Innerhalb der Schulformen gingen wir von profilbezogenen Unterschieden aus:

H3: Gymnasiastinnen und Gymnasiasten mit dem Schwerpunktfach „Wirtschaft und Recht" schneiden im Leistungstest besser ab als jene Gymnasiastinnen und Gymnasiasten, die nur das Grundlagenfach „Wirtschaft und Recht" belegen.

H4: Berufsmaturandinnen und Berufsmaturanden der kaufmännischen Richtung schneiden im Leistungstest besser ab als Berufsmaturandinnen und Berufsmaturanden der anderen Richtungen.

5 Methode

5.1 Design

Basierend auf dem Rahmenmodell zum Erwerb ökonomischer Kompetenzen (vgl. Abb. 1) erfolgte die querschnittliche Datenerhebung am Ende des Schuljahrs 2010/11 an Gymnasien und Berufsmaturitätsschulen der deutschsprachigen Schweiz (März bis Juni 2011).

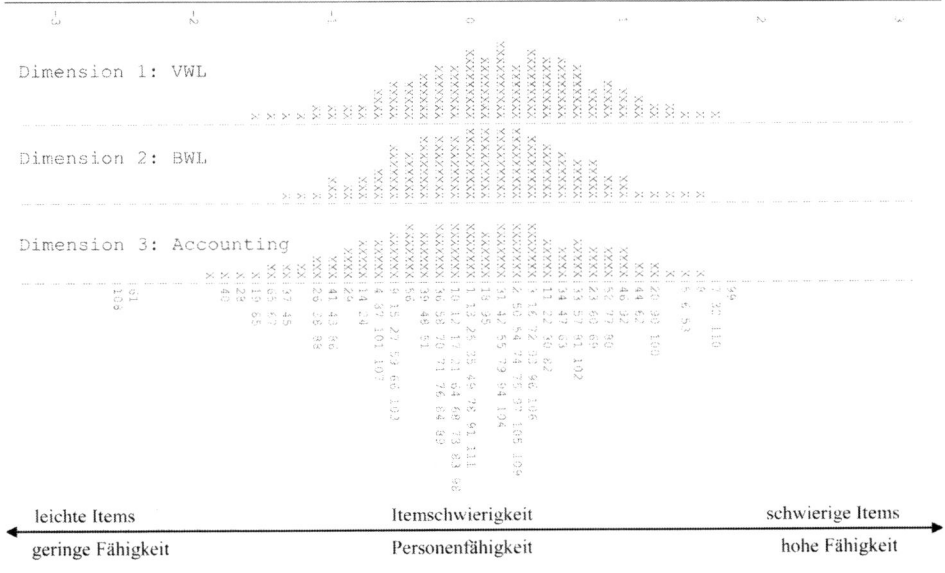

Abb. 1: Wright Map des dreidimensionalen Modells der Kompetenzkomponente „Ökonomisches Wissen und Können"

Der Hauptuntersuchung war im November 2010 eine Pilotstudie zum Instrumentencheck vorgelagert. Zur Sicherung der Durchführungsobjektivität wurde die dreistündige Untersuchung durch geschulte, externe Testleiterinnen und Testleiter durchgeführt.

5.2 Grundgesamtheit, Stichprobenziehung und Stichprobe

Grundgesamtheit waren Maturandinnen und Maturanden, die im Sommer 2011 ihre Abschlüsse erlangen. Aus diesen wurde in Zusammenarbeit mit dem Institut für Bildungsevaluation der Universität Zürich eine repräsentative Klassenstichprobe von 200 Klassen (dies entspricht rund 3.600 Lernenden) gezogen. Damit die interessierenden Parameter möglichst zuverlässig und effizient geschätzt werden können und zuverlässige Vergleiche von interessierenden Subpopulationen möglich sind, wurden vier explizite Strata gezogen: 1) Gymnasialklassen mit Schwerpunktfach „Wirtschaft und Recht", 2) Gymnasialklassen mit anderen Schwerpunktfächern, 3) kaufmännische Berufsmaturitätsklassen und 4) nicht-kaufmännische Berufsmaturitätsklassen. Innerhalb der expliziten Strata wurden die Klassen weiter in implizite Strata (Kanton, Klassengröße, Geschlecht) unterteilt und randomisiert ausgewählt. Weil die Stichprobengrößen der expliziten Strata nicht proportional zur Verteilung in der Grundpopulation bestimmt wurden, entspricht das angewandte Stichprobenverfahren einer disproportional geschichteten Zufallsstichprobe. Die sich dadurch ergebenden ungleichen Auswahlwahrscheinlichkeiten der Klassen zwischen den expliziten Strata werden durch eine nachträgliche Gewichtung berücksichtigt.

Die Rücklaufquote betrug auf der Klassenebene 75 % (150 Klassen) und auf der Schülerebene 64 % ($N = 2.328$). Eine Überprüfung hat ergeben, dass sich die „Ausfallklassen" – meist mangelnde Teilnahmebereitschaft der entsprechenden Schulen aus administrativen Gründen – im Hinblick auf untersuchungsrelevante Merkmale nicht von den Klassen unterscheiden, die an der Untersuchung teilgenommen haben. Um dennoch die Grundgesamtheit so gut wie möglich abbilden zu können, wurden die Auswertungen mit korrigierten Gewichten durchgeführt (dazu näher Angelone und Berger 2011).

Die Stichprobe lässt sich anhand der Merkmale Schulform/Stratum, Geschlecht und Alter wie folgt charakterisieren (vgl. Tab. 1): Die Klassen und Lernenden sind in der BMS gleichmäßig über die beiden Strata verteilt. Im Gymnasium ist das Stratum Schwerpunktfach „Wirtschaft und Recht" stärker besetzt. Zugleich zeigt sich die typische Geschlechtsverteilung: Im gymnasialen Schwerpunktfach „Wirtschaft und Recht" sowie in den anderen BMS-Richtungen sind die männlichen Jugendlichen stärker vertreten, in

Tab. 1: Stichprobenmerkmale

	Klassen	SuS	Geschlecht		Alter	
	n	n	Weiblich	Männlich	M	SD
Gymnasium (Schwerpunktfach WuR)	42	666	280 (42 %)	386 (58 %)	18,6	0,9
Gymnasium (andere Schwerpunktfächer)	37	611	384 (63 %)	227 (37 %)	18,6	0,9
BMS (kaufmännische Richtung)	35	525	307 (59 %)	218 (41 %)	19,6	2,3
BMS (andere Richtungen)	36	526	148 (28 %)	378 (72 %)	20,8	2,3
Gesamt	150	2328	1119 (48 %)	1209 (52 %)	19,4	1,9

SuS Schülerinnen und Schüler, *M* Mittelwert, *SD* Standardabweichung

Tab. 2: Überblick über das Instrumentarium

Variable	Test/FB	Item-anzahl	Herkunft
Ökonomisches Wissen und Können (VWL, BWL, Accounting)	Test	111	Eigenentwicklung
Kognitive Grundfähigkeit	Test	45	KFT 4–12R (Heller und Perleth 2000)
Deutschleistung	Test	91	Eberle et al. (2008)/EVAMAR II
Mathematikleistung	Test	59	Eberle et al. (2008)/EVAMAR II
Interesse	FB	3	Eberle et al. (2009), Prenzel et al. (1996)
Intrinsische Motivation	FB	4	Eberle et al. (2009), Prenzel et al. (1996)
Einstellungen	FB	14	Beck (1993), Übersetzung des ATE (Walstad und Soper 1983)

FB Fragebogen

den Strata 2 und 3 ist es umgekehrt. Über die gesamte Stichprobe hinweg betrachtet ist die Geschlechtsverteilung fast ausgeglichen. Im Hinblick auf das Alter ist die Gruppe der Gymnasiastinnen und Gymnasiasten im Durchschnitt jünger und homogener. Immerhin ein Drittel der BMS-Lernenden ist dagegen 21 Jahre und älter.

5.3 Instrumentarium

Nachfolgend wird das Instrumentarium beschrieben, mit dem die in der vorliegenden Studie interessierenden Merkmale erfasst wurden. Das Instrumentarium setzte sich aus Tests und einem Fragebogen zusammen. Zur Verkürzung der Testzeit und zur Abdeckung der Zielkonstrukte wurden die Tests im Multi-Matrix-Design eingesetzt. Zur Erfassung des ökonomischen Wissens und Könnens wurden sechs Testhälften gebildet, aus denen jeweils sechs Testhefte nach dem Muster Testheft 1 (Testhälften A + B), Testheft 2 (Testhälften B + C) usw. konzipiert wurden. Das Testletdesigns zur Erhebung der Deutsch- und Mathematikleistung sowie der kognitiven Grundfähigkeit erfolgte nach derselben Logik bei jeweils vier Testheften. Die Verteilung der Items auf die Testhälften erfolgte unter Berücksichtigung der inhaltlichen Ausrichtung der Items, der Itemschwierigkeit sowie der aus dem Pilottest resp. aus der Studie EVAMAR II (Eberle et al. 2008) bekannten Bearbeitungszeiten der Items.

Die Tab. 2 gibt einen Überblick über die einzelnen Instrumente einschließlich der Itemanzahl und deren Herkunft.

Ökonomisches Wissen und Können: Obwohl verschiedene deutschsprachige Tests zur Erfassung ökonomischen Wissens und Könnens vorliegen (für eine Auswahl vgl. Kap. 2), wurde in OEKOMA ein Test zur Erfassung dieses Konstrukts entwickelt (zur Begründung vgl. Schumann et al. 2011). Bezüglich der Inhalte des Leistungstests wurde in OEKOMA vorab festgelegt, dass volks- und betriebswirtschaftliche Themen sowie Accounting/Corporate Finance-Aspekte zu erfassen sind. Unterhalb dieser Grobeinteilung verzichteten wir auf eine ex-ante-Festlegung von Themen und entschieden uns, diese systematisch herzuleiten. Die inhaltliche Ableitung wurde mittels einer themenbezogenen Inhaltsanalyse (Früh 2004; Merten 1999) realisiert. Um eine Zuordnung der Begriffe und Konzepte zu ermöglichen, wurde in einem ersten Schritt ein thematisches Kategoriensystem entwickelt (Mayring 2007). Dies erfolgte in unserem Fall deduktiv aus den vollständigen Unterlagen des ersten Studienjahres der Wirtschaftswissenschaften der Universitäten Zürich und St. Gallen. In einem zweiten Schritt wurde eine umfassende Printmedienanalyse anhand von rund 1.400 Zeitungsartikeln durchgeführt. Die dabei identifizierten, ca. 30.000 ökonomiebezogenen Begriffe und Konzepte wurden anschließend den thematischen Kategorien des oben genannten Systems zugeordnet. Als Hauptergebnis kann hier die Tatsache genannt werden, dass sich die Termini je zur Hälfte auf VWL- und BWL-Themen verteilten, was den OEKOMA-Anspruch stützte, im Unterschied zu vielen anderen Studien auch BWL-Kenntnisse prüfen zu wollen (zum detaillierten Vorgehen und zu den Ergebnisse der Inhalts- und Medienanalyse vgl. Schumann et al. 2010).

In Übereinstimmung mit dem Zielkonstrukt sieht das Testformat vor, modifizierte Zeitungsartikel als Inhaltsanker zu verwenden und zu jedem der in der Summe 21 Artikel vier bis maximal sieben Einzelitems zu konstruieren. 10 der insgesamt 116 Items sind offene Aufgaben, die restlichen Items mussten von den Lernenden im vierstufigen Multiple-Choice-Modus beantwortet werden. Zur Beurteilung der psychometrischen Güte der Items wurden sowohl Kriterien der klassischen Testtheorie (Itemschwierigkeit, Trennschärfe) als auch der Item-Response-Theory (MNSQ, T-Wert, Item Characteristic Curve sowie stratumbezogene DIF-Werte[4]) herangezogen. Von den insgesamt 116 Items mussten daraufhin 5 Items ausgeschlossen werden, so dass letztlich 111 Items in die Auswertung einflossen.

Kognitive Grundfähigkeit: Die kognitive Grundfähigkeit wurde mit einem 45 Items umfassenden Teil des KFT 4–12R von Heller und Perleth (2000) erfasst. Das Instrument dient der differenziellen Bestimmung kognitiver Fähigkeitsdimensionen, die insbesondere für schulisches Lernen relevant sind. Getestet wurden die Fähigkeitsbereiche sprachliches Denken, quantitative (numerische) Fähigkeiten und anschauungsgebundenes (figurales) Denken.

Mathematikleistung: Diese wurde über einen Teil des in der Studie EVAMAR II entwickelten Instrumentariums abgebildet (Eberle et al. 2008). In OEKOMA kamen insgesamt 59 Items zum Einsatz. Dabei kamen folgende Aufgabenformate zum Einsatz: Multiple-Choice-Aufgaben, Aufgaben mit mehreren Behauptungen sowie offene Aufgaben mit eindeutigen Lösungen. Die mathematische Fähigkeit ist in OEKOMA eindimensional repräsentiert.

Deutschleistung: Leseverständnis/Sprachreflexion: Auch die Deutschleistung wurde mittels eines Ausschnitts des EVAMAR II-Instrumentariums erfasst (Eberle et al. 2008). Der Test umfasst zwei Bereiche: „Leseverständnis" und „Sprachreflexion". In OEKOMA kamen insgesamt 91 Items zum Einsatz, die im Multiple-Choice-Format und „Lückentext"-Format präsentiert wurden. Die Deutschleistung ist in OEKOMA ebenfalls eindimensional konzeptualisiert.

Interesse und intrinsische Motivation: Das Instrumentarium zur Erfassung des Interesses und der intrinsischen Motivation lehnt sich an der Operationalisierung von Prenzel et al. (1996) auch Kramer (2002) an (Eberle et al. 2009). Die Itemformulierungen wurden im Hinblick auf den Wirtschaftsunterricht angepasst (Beispielitems: „Im Wirtschaftsunterricht stosse ich häufig auf interessante Themen, über die ich mit anderen sprechen will"/ „Im Wirtschaftsunterricht vergeht die Zeit häufig wie im Flug"). Zur Anwendung kam ein 4-stufiges Antwortformat von 1 = „trifft nicht zu" bis 4 = „trifft zu". Die Reliabilitätskennwerte (Cronbach's alpha) der beiden Skalen liegen bei 0,77 (Interesse) bzw. 0,82 (intrinsische Motivation).

Einstellung zu wirtschaftskundlichen Fragestellungen: Diese Skala wurde dem Instrumentarium von Beck (1993) entnommen.[5] Sein Instrument beruht auf einer Übertragung der „Attitudes Towards Economics"-Scale (ATE)" (Walstad und Soper 1983) aus dem Amerikanischen ins Deutsche. Beck (1993) bezeichnet es auch als „Aktivierung einer ökonomischen Perspektive". Das Instrument beruht auf 14 Items, welche ein 5-stufiges Antwortformat von 1 = „lehne ab" bis 5 = „stimme zu" aufweisen (Beispielitem: „Wirtschaftskunde zu lernen ist Zeitverschwendung"). Die interne Konsistenz der eindimensionalen Skala liegt in OEKOMA bei einem Cronbach's alpha von 0,90.

Werthaltungen: Dieses Instrumentarium entstammt einer Eigenentwicklung im Rahmen des SNF-Forschungsprojektes „Anwendungs- und problemorientierter Unterricht in gymnasialen Lehr-/Lernumgebungen (APU)" (Eberle et al. 2009). Als normativer Hintergrund fungierte bei dessen Konzeptualisierung die Überlegung, dass (gymnasialer) Wirtschaftsunterricht die Lernenden dazu befähigen sollte, in einer demokratischen Gesellschaft im Rahmen von interessengeleiteten, komplexen und wirtschaftsbezogenen Problem- und Entscheidungssituationen verantwortungsbewusst Denken und Handeln zu können. Eine wichtige Voraussetzung für eine solche Fähigkeit ist dabei die Frage der Werthaltungsbildung. Dies meint aus unserer Sicht erstens die Entwicklung eines eigenen kognitiv orientierten Standpunktes zu Fragen aus der Wirtschaftswelt, sowie zweitens die Wahrnehmung der Sichtweisen anderer Beteiligter (z. B. Institutionen, Parteien, Private etc.). Die Skala umfasst 9 Items mit einem 4-stufigen Antwortformat von 1 = „trifft nicht zu" bis 4 = „trifft zu" (Beispielitem: „Der Wirtschaftsunterricht hilft mir, einen eigenen Standpunkt zu gesellschaftlichen Problemstellungen zu finden"). Die Reliabilität (Cronbach's alpha) in der OEKOMA-Studie liegt bei 0,76.

5.4 Auswertungsverfahren

Skalierung der Tests: Die Daten der Tests zur Erfassung von „Ökonomisches Wissen und Können", „Deutsch", „Mathematik" und „Kognitive Grundfähigkeit" wurden in Zusammenarbeit mit dem Institut für Bildungsevaluation der Universität Zürich auf der Basis der Item-Response-Theorie (IRT) mittels des Programms „ConQuest" (Wu et al. 2007) ausgewertet. Dabei wurden die jeweils fünf „plausible values" für die Personenfähigkeiten auf einen Mittelwert für die gesamte ungewichtete Stichprobe von 500 Punkten (SD: 100 Punkte) standardisiert. In das Hintergrundmodell für die plausible values wurden die Variablen Geschlecht und Schulart einbezogen. Fehlende Werte zu diesen Variablen wurden auf den Mittelwert gesetzt. Im Falle von dichotomen Variablen wurden die fehlenden Werte randomisiert geschätzt.

Umgang mit fehlenden Werten: Fehlende Werte (z. B. von Items zur Motivation) wurden unter Verwendung des Programms R (R Development Core Team 2012) mit dem Paket „mice" (van Buuren und Groothuis-Oudshoorn 2011) imputiert. Unter der Annahme, dass die fehlenden Werte MCAR („Missing Completely At Random"; vgl. Allison 2001; Gelman und Hill 2006) sind, wurden für jede zu imputierende Variable maximal 40 Prädiktoren im Datensatz durch Expertenurteil ausgewählt. Für unterschiedliche Variablentypen (Faktoren, Logicals, metrische Werte etc.) wurden vom Programm unterschiedliche Algorithmen angewendet. Insgesamt wurden fünf Datensätze mit jeweils fünf Iterationen generiert. Die im vorliegenden Beitrag berichteten Parameter und Schätzer sind jeweils über die fünf Imputationsdatensätze hinweg gemittelte Werte.

6 Empirische Befunde

Entlang der im Abschn. 4 formulierten Fragen wird deren Beantwortung im Folgenden mit der Darstellung der empirischen Ergebnisse vorgenommen.

Zur Dimensionalität der Kompetenzkomponente „Ökonomisches Wissen und Können".

Die erste Fragestellung fokussiert auf die innere Struktur der Kompetenzkomponente „Ökonomisches Wissen und Können". Zur Prüfung der Dimensionalität wurde ein Generalfaktormodell, eine zweidimensionale Lösung (Dimension 1: VWL, Dimension 2: BWL inkl. Accounting) und eine dreidimensionale Lösung (Dimension 1: VWL, Dimension 2: BWL, Dimension 3: Accounting) verglichen. Tab. 3 dokumentiert die Fit-Statistiken für die drei Modelle. Die Tab. 4 und 5 zeigen ergänzend die Reliabilitäten der einzelnen Dimensionen sowie deren latente Interkorrelationen.

Tab. 3: Fitstatistiken für das ein-, zwei- und dreidimensionale Modell der Kompetenzkomponente „Ökonomisches Wissen und Können"

	Eindimensionales Modell	Zweidimensionales Modell	Dreidimensionales Modell
Final Deviance	109.762,47	109.624,31	109.557,00
Differenz		−138,16	−205,47
Parameter	132	134	137
Signifikanz (p)		<0,001	<0,001

Tab. 4: Reliabilitäten für die Faktoren des ein-, zwei- und dreidimensionalen Modells

	Eindimensionales Modell	Zweidimensionales Modell		Dreidimensionales Modell		
	Generalfaktor	VWL/BWL	Accounting	VWL	BWL	Accounting
EAP/PV-Reliabilität	0,75	0,78	0,59	0,74	0,70	0,60

Tab. 5: Latente Korrelationen zwischen den Faktoren des zwei- und dreidimensionalen Modells

	Zweidimensionales Modell		Dreidimensionales Modell		
	VWL/BWL	Accounting	VWL	BWL	Accounting
Dimension 1	–	0,72	–	0,85	0,67
Dimension 2				–	0,70

Die sukzessive Abnahme der Deviance-Werte (Tab. 3) spricht für die dreidimensionale Lösung. Diese Einschätzung gilt auch, wenn man informationstheoretische Indizes (AIC, BIC) zu Rate zieht, welche die erhöhte Parameterzahl berücksichtigen. Im unteren Grenzbereich bewegt sich allerdings die Reliabilität der Dimension „Accounting" in den mehrdimensionalen Modellen (0,59 bzw. 0,60, vgl. Tab. 4), wobei die Itemanzahl dieses Faktors deutlich geringer ist als diejenige der anderen Dimension(en) ($n = 19$). Der vergleichsweise hohe Messfehler ist folglich bei der Interpretation der Ergebnisse besonders zu berücksichtigen. Die latenten Interkorrelationskoeffizienten zwischen den Dimensionen indizieren insbesondere zwischen der VWL- und der BWL-Dimension einen hohen Zusammenhang (vgl. Tab. 5). Bei der Dimension des Accounting scheint es sich dagegen am ehesten um einen distinkten Faktor zu handeln. Die in Abb. 1 dargestellte Verteilung der Itemschwierigkeiten und Personenfähigkeiten macht dabei auch deutlich, dass die Dimension des Accounting die größte Streuung aufweist.

Aufgrund der Gesamtschau über die drei empirisch verglichenen Modellvarianten lässt sich nicht sagen, dass das dreidimensionale Modell den anderen eindeutig überlegen ist. Für die weiteren Analysen wurde daher entschieden, in Abhängigkeit der jeweiligen Fragestellung entweder den Generalfaktor oder – im Fall von differenzierteren Forschungsinteressen bzgl. der Kompetenzfacette des ökonomischen Wissens und Könnens – die dreidimensionale Lösung mit den Dimensionen „VWL", „BWL" und „Accounting" zu verwenden.

6.1 Ausprägung der Facetten der ökonomischen Kompetenzen und deren Interkorrelation

Wie in Kap. 3 dargestellt, verstehen wir unter ökonomischen Kompetenzen ein Konstrukt, welches verschiedene Facetten umfasst. Dies schließt neben dem ökonomischen Wissen und Können wirtschaftsbezogene motivationale Orientierungen (Interesse/intrinsische Motivation) sowie Einstellungen und Werthaltungen zu wirtschaftlichen Problemstellungen ein. Die nachfolgend zu beantwortende Frage fokussiert auf die Ausprägung und die bivariaten Zusammenhänge dieser Kompetenzkomponenten.

Tabelle 6 veranschaulicht die entsprechenden Parameter. Die mittlere Lage und Streuung des ökonomischen Wissens und Könnens ergibt sich aus der Standardisierung der Personenfähigkeiten und erfährt insofern an dieser Stelle keine Bewertung.[6] Die Zusammenhänge des Wissens und Könnens zu den vier anderen Kompetenzfacetten sind bei zumeist kleinen Effektstärken durchgängig positiv. Ins Auge fällt dabei jedoch die vergleichsweise hohe Interkorrelation mit den Einstellungen ($r = 0,32$).

Tab. 6: Mittelwerte, Standardabweichungen und Interkorrelationen der Komponenten ökonomischer Kompetenzen

		M	SD	(1)	(2)	(3)	(4)
(1)	Ökonomisches Wissen und Können	481,08	90,31				
(2)	Interesse	2,48	0,59	0,18			
(3)	Intrinsische Motivation	2,51	0,60	0,16	0,60		
(4)	Einstellungen	3,31	0,63	0,32	0,59	0,58	
(5)	Werthaltungen	2,86	0,44	0,18	0,50	0,41	0,47

Alle Korrelationen sind signifikant mit $p < 0,01$

Betrachtet man die Ausprägung des Interesses und der intrinsischen Motivation, so wird vor dem Hintergrund der vierstufigen Antwortskalierung deutlich, dass diese im Durchschnitt sehr nahe an der theoretischen Mitte (2,50) liegen. Eine nähere Analyse der leicht linksschiefen Verteilungen beider Merkmale lässt die Interpretation zu, dass rund ein Viertel aller befragten Schülerinnen und Schüler nicht/kaum intrinsisch motiviert bzw. interessiert an der Auseinandersetzung mit wirtschaftsbezogenen Inhalten ist (in der Tab. nicht dokumentiert). Umgekehrt bekunden rund 15 % der Lernenden ein eindeutig positiv ausgeprägtes Interesse an derartigen Themen (Skalenmittelwerte ab 3,00).

Vergleichsweise günstiger ausgeprägt sind die Einstellungen und Werthaltungen der Lernenden zu ökonomischen Sachverhalten. Die Mittelwerte bewegen sich jeweils markant über der theoretischen Mitte (Einstellungen: 3,00, Werthaltungen: 2,50). Nur rund 5 % gelingt es nach eigener Auskunft nicht, im Wirtschaftsunterricht einen eigenen Standpunkt aufzubauen bzw. die Perspektiven anderer zu wirtschaftsbezogenen Problemstellungen wahrzunehmen (Skala Werthaltungen, Werte unter 2,00, in der Tab. nicht gezeigt). Gleichzeitig stimmen dem 30 % der befragten Schülerinnen und Schüler zu (Werte ab 3,00).

Vergleicht man darüber hinaus die Lage und das Verteilungsspektrum der Einstellungen mit den entsprechenden Angaben von Walstad und Soper (1983) sowie Beck (1993), so lässt sich für die in OEKOMA untersuchte Population ein vergleichbares ($M=3,31$, $SD=0,67$, Walstad und Soper 1983, High School-Lernende) oder sogar leicht günstigeres ($M=3,25$, $SD=0,71$, Beck 1993) Bild nachzeichnen. Betrachtet man letztlich noch die Interkorrelation von Einstellungen einerseits und Werthaltungen andererseits, so zeigt sich eine gemeinsame Varianz von „nur" 22 % ($r=0,47$). D. h., es handelt sich offensichtlich um distinkte Faktoren, welche verschiedene Aspekte der auf den ersten Blick sehr verwandt wirkenden Konstrukte „Werthaltungen" und „Einstellungen" repräsentieren. Ein wesentlicher Grund hierfür ist vermutlich deren Konzeptualisierung und Operationalisierung: Während dabei das Merkmal der Werthaltungen kognitiv geprägt ist, beinhaltet die Einstellungs-Skala einen stärkeren affektiven Anteil. Dies schlägt sich wahrscheinlich auch in den größeren Zusammenhängen der Einstellungen mit der intrinsischen Motivation und dem Interesse nieder.

6.2 Zusammenhänge von Individual- und Kontextmerkmalen mit den ökonomischen Kompetenzen

Die dritte und letzte Fragestellung im vorliegenden Beitrag geht den Zusammenhängen von Individual- und Kontextmerkmalen mit den Facetten der ökonomischen Kompetenzen nach. Als Individualmerkmale fungieren die kognitive Grundfähigkeit, die Mathematikleistung, die Deutschleistung sowie die Geschlechtszugehörigkeit. Die Schulform (Gymnasium, Berufsmaturitätsschule) und die Profile innerhalb der Schulformen fließen als Kontextmerkmale in die Auswertungen ein. Bezüglich der Komponente „Ökonomisches Wissen und Können" werden zudem vier Hypothesen geprüft (vgl. Kap. 4).

Tabelle 7 dokumentiert die Interkorrelationen der kognitiven Grundfähigkeit sowie der Deutsch- und Mathematikleistung mit den Komponenten der ökonomischen Kompetenzen. Aufgrund einschlägiger Forschungsbefunde wurden dabei von mittleren Effektstärken ausgegangen (H1). Die Analysen ergaben sowohl für den Generalfaktor als auch für die drei Dimensionen des ökonomischen Wissens und Könnens mit einer Ausnahme posi-

Tab. 7: Zusammenhänge der Komponenten ökonomischer Kompetenzen mit der kognitiven Grundfähigkeit, der Deutschleistung und der Mathematikleistung

	Kognitive Grundfähigkeit	Deutschleistung	Mathematikleistung
Ökonomisches Wissen und Können (Generalfaktor)	0,24**	0,24**	0,16**
Dimension VWL	0,26**	0,26**	0,18**
Dimension BWL	0,28**	0,22**	0,20**
Dimension Accounting	0,14**	0,14**	0,00**
Interesse	0,03**	0,04**	0,07**
Intrinsische Motivation	0,02**	0,01**	0,07**
Einstellungen	0,09**	0,05**	0,14**
Werthaltungen	0,01**	0,04**	0,00**

$**p < 0,01$

tive Zusammenhänge. Die Korrelationskoeffizienten bewegen sich in einem Bereich von $r = 0,14$ bis $r = 0,28$, was eher kleinen statt mittleren Effekten entspricht (Rost 2007). Auffällig sind die durchgängig niedrigeren Zusammenhänge zum Accounting; zur Mathematikleistung liegt hier sogar kein Zusammenhang vor. Die ex ante formulierte Hypothese H1 bestätigt sich somit mit letztgenannter Ausnahme im Hinblick auf die Richtung. Die Effektstärken fallen jedoch niedriger aus als angenommen. Gleichzeitig bedeutet dies aber auch, dass es im OEKOMA-Projekt offensichtlich gelungen ist, ein von der kognitiven Grundfähigkeit und den Deutsch- und Mathematikfähigkeiten weitgehend distinktes Konstrukt zu operationalisieren.

Zu den anderen Komponenten der ökonomischen Kompetenzen liegen keine oder nur kleine signifkant-positive Zusammenhänge vor. Letztere lassen sich für den Zusammenhang der Mathematikleistung mit dem Interesse und der intrinsischen Motivation sowie insbesondere für die Einstellungen beobachten. Sie erreichen nicht das Ausmaß, welches z. B. Beck (1993) über den Konnex „Einstellungen – Intelligenz" berichtet ($r = 0,31$, s. Beck 1993, S. 101). Dennoch lässt sich festhalten, dass die Einstellungen im Vergleich zum Interesse, der Motivation und den Werthaltungen die größte gemeinsame Varianz mit den erzielten Testleistungen aufweisen (s. auch Tab. 6).

Des Weiteren interessiert im vorliegenden Beitrag der Zusammenhang der Geschlechtszugehörigkeit mit den ökonomischen Kompetenzen. In den Tab. 8 und 9 sind die Mittelwerte und Standardabweichungen für alle Kompetenzkomponenten im Geschlechtervergleich dokumentiert. Deutlich wird, dass die männlichen Jugendlichen einen erheblich und signifikant höheren Wissens- und Könnensstand aufweisen, welcher besonders stark im Bereich BWL ausfällt (Cohens d = 0,60, vgl. Tab. 8). Aber auch für die Dimensionen VWL und Accounting ist der Unterschied markant (d = 0,35 bzw. 0,34). Damit kann die zweite Hypothese bestätigt werden, wobei die erwarteten kleinen Effekte im Bereich BWL übertroffen werden. Als eine Ursache für diese Unterschiede werden in der Literatur motivational-affektive Gründe genannt. Schaut man sich die entsprechenden Verteilungen in Tab. 9 an, so bestätigt sich diese Annahme zumindest tendenziell. So weisen männliche Schüler deutlich positivere ökonomiebezogene Einstellungswerte auf (d = 0,34). Weiterhin zeigen sich signifikant höhere Werte der männlichen Lernenden

Tab. 8: Vergleich des ökonomischen Wissens und Könnens nach Geschlecht und Stratum

	Generalfaktor		VWL		BWL		Accounting	
	M	SD	M	SD	M	SD	M	SD
Geschlecht								
Weiblich	480	84	484	83	474	79	484	88
Männlich	519	93	515	93	524	89	514	90
Stratum								
Gymnasium (SPF WuR)	542	84	542	82	534	84	551	57
Gymnasium (andere SPF)	465	90	471	89	474	88	437	72
BMS (kaufmännische Richtung)	525	77	512	79	510	81	580	56
BMS (andere Richtungen)	462	82	467	84	478	85	427	57

M Mittelwert, *SD* Standardabweichung, *SPF* Schwerpunktfach

Tab. 9: Vergleich des Interesses, der intrinsischen Motivation, der Einstellungen und der Werthaltungen nach Geschlecht und Stratum

	Interesse		Intrinsische Motivation		Einstellungen		Werthaltungen	
	M	SD	M	SD	M	SD	M	SD
Geschlecht								
Weiblich	2,47	0,59	2,49	0,60	3,24	0,63	2,89	0,43
Männlich	2,52	0,63	2,54	0,65	3,47	0,71	2,87	0,49
Stratum								
Gymnasium (SPF WuR)	2,58	0,61	2,58	0,63	3,56	0,72	2,97	0,47
Gymnasium (andere SPF)	2,54	0,55	2,54	0,55	3,36	0,54	2,88	0,40
BMS (kaufmännische Richtung)	2,57	0,60	2,56	0,62	3,44	0,69	2,93	0,45
BMS (andere Richtungen)	2,27	0,63	2,35	0,66	3,01	0,63	2,72	0,49

M Mittelwert, *SD* Standardabweichung, *SPF* Schwerpunktfach

für das Interesse und die intrinsische Motivation. Dabei handelt es sich jedoch um geringe Effekte (d < 0,10). Kein Unterschied kann für die Werthaltungen identifiziert werden.

Abschließend wird der aus wirtschaftspädagogischer und bildungspolitischer Sicht besonders relevanten Frage nachgegangen, welche Unterschiede sich für die beiden untersuchten Schulformen und die jeweiligen Profilbildungen innerhalb der Bildungsgänge zeigen. Dahinter verbirgt sich vor allem die Frage, inwieweit eine intensivere Auseinandersetzung der Schülerinnen und Schüler mit wirtschaftsbildenden Inhalten auch mit einem höheren Kenntnisstand einhergeht. Während wir aufgrund des geringen empirischen Kenntnisstandes zur BMS keine Vorannahmen zu den Schulformeffekten (Gymnasium vs. BMS) trafen, gingen wir von Profilbildungswirkungen aus. Mit Blick auf die in Tab. 8 dargestellten Ergebnisse lassen sich letztere belegen: Der Vorsprung der Gymnasiastinnen und Gymnasiasten mit dem Schwerpunktfach „Wirtschaft und Recht" gegenüber den Lernenden im Grundlagenfach „Wirtschaft und Recht" beträgt beim Generalfaktor etwas mehr als eine Standardabweichung. Besonders stark zeigt sich der Effekt im Bereich Accounting (d = 2,03), während die kleinste Differenz für die BWL-Kenntnisse identifiziert werden kann (d = 1,26). Ein ähnliches Muster kann für die BMS-Lernenden beobachtet werden. Die Berufsmaturandinnen und Berufsmaturanden der kaufmännischen Richtung weisen hinsichtlich des Generalfaktors einen deutlichen höheren Testwert auf (d = 0,70). Auch hier fällt der Unterschied im Bereich BWL am geringsten (d = 0,34) und im Bereich Accounting am stärksten aus (d = 2,20). Insgesamt lässt sich aufgrund dieser Ergebnisse, welche die Hypothesen 3 und 4 bestätigen, auf ausgeprägte curriculare Effekte schließen.[7] Vergleicht man die Ausprägung des ökonomischen Wissens und Könnens zwischen den Schulformen, so zeigt sich ein differenziertes Bild: Die Lernenden im gymnasialen Schwerpunktfach „Wirtschaft und Recht" erzielen im Vergleich zu den kaufmännischen BMS-Lernenden höhere Leistungen in der VWL und BWL (d = 0,37 bzw. d = 0,27), zugleich jedoch niedrigere Werte im Bereich Accounting (d = −0,41). Hier schlägt sich vermutlich die Wirkung des Besuchs des Fachs „Finanz- und Rechnungswesen" der kaufmännischen BMS-Lernenden nieder. Bemerkenswert ist der Befund, dass die Gymnasiastinnen und Gymnasiasten mit einer Profilbildung außerhalb des Schwerpunktfachs „Wirtschaft und Recht" schlechtere Leistungen als die BMS-Lernenden der anderen Richtungen erzielen. Das war zwar aufgrund ihrer besseren Lernvoraussetzungen (kognitive Grundfähigkeiten, Mathematik, Deutsch)[8] nicht von Vornherein erwartbar, ist aber mit der häufig als unbefriedigend monierten Einführung des seit der Reform des Gymnasium von 1995 neuen Grundlagenfachs „Wirtschaft und Recht" erklärbar.

Die letzte Frage lautet, inwieweit die stratumbezogenen Unterschiede bezüglich des ökonomischen Wissens und Könnens mit vergleichbaren Differenzen in den anderen Kompetenzkomponenten einhergehen. Aus Tab. 9 wird ersichtlich, dass für das Interesse und die intrinsische Motivation zwischen Gymnasiastinnen und Gymnasiasten sowie den BMS-Lernenden der kaufmännischen Richtung kleinere, aber keine substanziellen Differenzen nachgewiesen werden können. Markant niedrigere Ausprägungen zeigen sich für die BMS-Lernenden der anderen Richtungen, welche für das Interesse nochmals stärker ausfallen als für die intrinsische Motivation. Auch im Hinblick auf die Einstellungen und Werthaltungen weisen diese BMS-Lernenden die geringsten Werte auf. Über die positivsten ökonomiebezogenen Einstellungen verfügen die Gymnasiastinnen und Gymnasiasten mit dem Schwerpunktfach „Wirtschaft und Recht" gefolgt von den BMS-Lernenden der kaufmännischen Richtung (d = 0,26) und den Lernenden in den anderen gymnasialen Schwerpunktfächern (d = 0,60). Für die Werthaltungen lässt sich exakt dieselbe Gruppenrangfolge bei allerdings geringer ausgeprägten Differenzwerten beobachten.

7 Fazit und Ausblick

Die hier vorgelegten Ergebnisse geben einen systematischen, aktuellen und repräsentativen Blick auf die Ausprägung und auf ausgewählte Korrelate ökonomischer Kompetenzen von Lernenden am Ende der Sekundarstufe II frei. Welches sind die Haupterkenntnisse der Studie? Ein wesentlicher Befund ist aus unserer Sicht zunächst, dass es mittels des aufwändig entwickelten OEKOMA-Tests zur Erfassung des ökonomischen Wissens und Könnens offensichtlich gelungen ist, ein Konstrukt zu erfassen, welches in erwarteter Richtung mit prognostizierten Korrelaten wie der kognitiven Grundfähigkeit, der Deutschleistung und der Mathematikleistung zusammenhängt, jedoch zugleich ein von diesen Variablen empirisch deutlich unterscheidbares Merkmal darstellt. Insofern kann die von einigen Kolleginnen und Kollegen im Vorfeld der Studie aufgrund des „leseintensiven" Formats des Leistungstests geäußerte These einer hohen Beeinflussung durch die Lesekompetenzen der Lernenden empirisch entkräftet werden.

Die Parameter der Dimensionsanalyse der Wissens-und-Könnens-Komponente sprechen für eine dreidimensionale Differenzierung nach VWL-, BWL- und Accounting-Inhalten. Diese Unterscheidung kommt aufgrund ihrer stark fachwissenschaftlichen Strukturierung nicht sonderlich unerwartet und lässt sich durchaus als „klassisch" bezeichnen. Zu beachten sind jedoch erstens die recht hohen Interkorrelationen zwischen der VWL- und der BWL-Komponente sowie zweitens der vergleichsweise hohe Messfehler der Dimension „Accounting".

Aus wirtschaftspädagogischer und bildungspolitscher Sicht von besonderem Interesse ist der Befund der deutlich positiven Wirkungen derjenigen Bildungsgänge, welche wirtschaftsbildende Inhalte in ausgeprägtem Ausmaß anbieten. Der Vorsprung der Gymnasiastinnen und Gymnasiasten im Schwerpunktfach „Wirtschaft und Recht" gegenüber ihren Mitschülerinnen und Mitschülern, die nur das gleichnamige Grundlagenfach belegen, ist mit rund einer Standardabweichung der Mittelwerte als sehr groß zu bezeichnen. Ähnlich stellt sich die Differenz zwischen den Lernenden der kaufmännischen Richtung gegenüber den Lernenden der anderen Berufsmaturatypen dar, was zu einem großen Teil vermutlich auf die erhöhte Lektionenzahl im Fach „VWL/BWL/Recht" und auf das ausschließlich in der kaufmännischen Richtung angebotene Schwerpunktfach „Finanz- und Rechnungswesen" zurück zu führen ist. Die spezifische Ausbildung in letzterem Bereich ist aller Voraussicht nach auch der Grund dafür, dass die Schülerinnen und Schüler in der kaufmännischen BMS über die gesamte Stichprobe hinweg betrachtet die höchsten Testwerte im Accounting-Bereich erzielen. Ein Vergleich der Leistungen zwischen Gymnasium und BMS ist dagegen kaum sinnvoll, da er von den profilbezogenen Effekten überlagert wird. Bemerkenswert ist in diesem Zusammenhang allerdings die Tatsache, dass die Gymnasiastinnen und Gymnasiasten mit einem anderen Schwerpunktfach als „Wirtschaft und Recht" schlechtere Leistungen als die BMS-Lernenden der nicht-kaufmännischen Profile erreichen. Vermutlich wirken sich die in vielen Schweizer Kantonen sehr tiefe Stundendotation und curriculare Mängel des Grundlagenfachs „Wirtschaft und Recht" aus.

Mit den weiteren Komponenten der ökonomischen Kompetenzen korreliert das Wissen und Können positiv bei jedoch zumeist geringer Effektstärke. Die gemeinsame Varianz beträgt höchstens 10%. Dieser Befund erlaubt u. a. die Schlussfolgerung, dass man die verschiedenen Komponenten der ökonomischen Kompetenzen der Lernenden in Anlehnung an Beck (1989) in einem Raum mit mehreren, zumeist schwach positiv korrelierten Dimensionen nach Wissen/Können, Interesse/Motivation, Einstellungen sowie Werthaltungen anordnen kann. Dies steht durchaus im Einklang mit einem holistischen Verständnis multipler Bildungsziele, welche wiederum durch differentielle Lernangebote unter Berücksichtigung der spezifischen Lernvoraussetzungen der Schülerinnen und Schüler im Wirtschaftsunterricht gefördert werden können. Die hier vorgelegten Befunde sind aufgrund ihrer deskriptiven Breite nicht primär darauf ausgerichtet, entsprechende pädagogische Handlungsimplikationen abzuleiten. Dennoch ergeben z. B. die geschlechtsspezifischen Analysen wichtige Hinweise. So bestätigt sich der in der Literatur beschriebene Wissensvorsprung der männlichen Lernenden in eindrücklicher Weise und spiegelt sich zugleich in deren positiveren ökonomiebezogenen Einstellungen wider. Zugleich ist bemerkenswert, dass sich der Geschlechtsunterschied kaum für das Interesse, die intrinsische Motivation und für die Werthaltungen beobachten lässt.

Die mit diesem Beitrag vorgelegten Ergebnisse verstehen wir als Einstieg in die Auswertungen der Daten aus der SNF-Studie OEKOMA. Sie stellen einen ersten, jedoch zentralen Ausschnitt dar und sind dabei auch als Anker für differenzierende Folgeanalysen zu verstehen. Diese nachfolgenden Auswertungen werden sich u. a. der Niveaumodellierung des ökonomischen Wissens und Könnens unter Verwendung a priori definierter Aufgabenmerkmale (vgl. Schumann und Eberle 2011), der Analyse schulklassenbezogener Varianzen unter Berücksichtigung von erhobenen Unterrichts- und Lehrpersonenmerkmalen sowie entsprechenden mehrebenenanalytischen Regressionsmodellen zur Vorhersage der ökonomischen Kompetenzen zuwenden. Eine wesentliche Restriktion von OEKOMA bleibt jedoch dessen querschnittliche Studienanlage, welche nur bedingt kausale Aussagen über das Zustandekommen der Kompetenzentwicklung zulässt. Mehr Aufklärung in diese Richtung ist u. a. vom längsschnittlich angelegten Schweizer Leading House „Lehr-Lernprozesse im kaufmännischen Bereich" (Eberle 2010) zu erwarten, in welchem der Kompetenzerwerb von kaufmännischen Auszubildenden unter Berücksichtigung des Einflusses von Unterrichtsmerkmalen und der Lehrpersonenkompetenzen über den gesamten Ausbildungsverlauf hinweg untersucht wird. Dabei wird auch analysiert, in welchem Zusammenhang ökonomische Kompetenzen mit dem Erwerb domänenspezifischer kaufmännischer Kompetenz stehen. Die Generierung entsprechenden Grundlagenwissens ist in diesem Zusammenhang vom BMBF-Verbundprojekt „Competencies in the Field of Business and Administration, Learning, Instruction, and Transition (CoBALIT)" zu erwarten (Winther et al. 2011). Eine hier angegliederte und vom Schweizerischen Staatssekretariat für Bildung, Forschung und Innovation geförderte Teilstudie wird dabei der Frage nach der Struktur und Bedeutung einer so genannten wirtschaftsbürgerlichen Kompetenz nachgehen, welche die in OEKOMA untersuchte ökonomische Kompetenz um gesellschaftsbürgerliche Aspekte erweitert (Eberle und Schumann 2011; dazu auch Dubs 2011a, b).

Anmerkungen

1   SNF-Projekt-Nummer: 100013_130301 (Laufzeit 01.05.2010–31.08.2012).

2   Allerdings muss an dieser Stelle betont werden, dass in den meisten Arbeiten von ökonomischer oder auch wirtschaftlicher Bildung und nicht von Kompetenz bzw. Kompetenzen die Rede ist. Die Diskussion um das Verhältnis von Bildung zu Kompetenz wird an dieser Stelle nicht vertieft.

3   In der kaufmännischen BMS beträgt die Gesamtlektionenzahl für das Fach „VWL/BWL/Recht" 320 Lektionen und für Finanz- und Rechnungswesen 240 Lektionen. In der technischen, gestalterischen sowie gesundheitlich-sozialen Richtung beträgt der Umfang des Wirtschaftsunterrichts 120 Lektionen. Davon abweichend veranschlagt die gewerbliche BMS 240 Lektionen „VWL/BWL/Recht" und zudem Rechnungswesen-Unterricht im Umfang von 120 Lektionen.

4   DIF: Differential Item Functioning.

5   Wir danken in diesem Zusammenhang dem Kollegen Klaus Beck für das zur Verfügung stellen
    seines unveröffentlichten DFG-Berichts.
6   Die Abweichung der Werte dieser Komponente von der in Kap. 5 angegebenen Standardisie-
    rung (M = 500, SD = 100) ergibt sich daraus, dass letztere mit ungewichteten Daten vorgenom-
    men wurde.
7   Zugleich können Schumann et al. (2013) markante Klassenzugehörigkeitseffekte von bis zu
    20 % je Bildungsgang nachweisen.
8   Die stratumbezogenen Differenzen hinsichtlich der kognitiven Grundfähigkeiten, der Mathe-
    matikleistungen und der Deutschleistungen sind im vorliegenden Beitrag nicht dokumentiert.

Literatur

von der Aa, K. (1924). Wirtschaftliche Bildung. *Deutsche Handelsschul-Warte, 4,* 145–149.
Albers, H.-J. (1995). Handlungsorientierung und ökonomische Bildung. In H.-J. Albers (Hrsg.),
    Handlungsorientierung und ökonomische Bildung. Wirtschafts- und Berufspädagogische
    Schriften, *Bd. 15* (S. 1–15). Bergisch Gladbach: Hobein.
Allison, P. D. (2001). *Missing Data.* Thousand Oaks: Sage Publications.
Angelone, D., & Berger, S. (2011). *Projekt: Ökonomische Kompetenzen von Maturandinnen und
    Maturanden. Dokumentation zur Stichprobenbildung.* Interner, unveröffentlichter Bericht.
    Zürich: Universität Zürich, Institut für Bildungsevaluation.
Beck, K. (1989). „Ökonomische Bildung" – Zur Anatomie eines Wirtschaftspädagogischen
    Begriffs. *Zeitschrift für Berufs- und Wirtschaftspädagogik, 85,* 579–596.
Beck, K. (1993). *Dimensionen der ökonomischen Bildung. Messinstrumente und Befunde. Unv.
    Abschlussbericht zum DFG-Projekt: Wirtschaftskundlicher Bildung-Test (WBT). Normierung
    und internationaler Vergleich.* Nürnberg: Universität Erlangen-Nürnberg.
Beck, K. (2000). Ökonomische Intelligenz und moralische Kompetenz – alternative Bildungsre-
    sultate. In C. Metzger, H. Seitz, & F. Eberle (Hrsg.), *Impulse für die Wirtschaftspädagogik*
    (S. 175–193). Zürich: Verlag des Schweizerischen Kaufmännischen Verbandes.
Beck, K., & Krumm, V. (1990). *Test zur wirtschaftskundlichen Bildung. Manual.* Unv. Manuskript.
Beck, K., & Krumm, V. (1998). *Wirtschaftskundlicher Bildungs-Test (WBT). Handanweisung.* Göt-
    tingen: Hogrefe.
Brandlmaier, E., Frank-Hermann, P., Korunka, C., Plessnig, A., Schopf, C., & Tamegger, K. (2006).
    *Ökonomische Bildung von Schüler/innen Allgemeinbildender Höherer Schulen. Modellent-
    wicklung, Entwicklung eines Messinstruments, ausgewählte Ergebnisse.* Wien: WUV.
van Buuren, S., & Groothuis-Oudshoorn, K. (2011). Mice: Multivariate imputation by chained
    equations in R. *Journal of Statistical Software, 45*(3), 1–67.
Committee for Economic Development (CED). (1961). *Economic education in the schools: A
    report of the national task force on economic education.* New York: Committee for Economic
    Development.
Dubs, R. (2001). Grenzen ökonomischer Prinzipien aus pädagogischer Sicht. In A. Wüthrich, W.
    B. Winter, & A. F. Philipp (Hrsg.), *Grenzen ökonomischen Denkens* (S. 289–303). Wiesbaden:
    Gabler.
Dubs, R. (2011a). Die Bedeutung der wirtschaftlichen Bildung in der Demokratie. In L. Ludwig,
    H. Lukas, F. Hamburger, & S. Aufenanger (Hrsg.), *Bildung in der Demokratie II. Tendenzen –
    Diskurse – Praktiken* (S. 191–206). Opladen: Budrich. (Schriftenreihe der DGfE).

Dubs, R. (2011b). Didaktik der Betriebswirtschaftslehre. Der gesellschaftliche Beitrag des Unterrichts in Betriebswirtschaftslehre an Wirtschaftsschulen. In O. Zlatkin-Troitschanskaia (Hrsg.), *Stationen Empirischer Bildungsforschung. Traditionslinien und Perspektiven* (S. 153–167). Wiesbaden: VS Verlag für Sozialwissenschaften.

Eberle, F. (1997). Anforderungen an den Hochschulunterricht zur Förderung des lebenslangen Lernens. *Zeitschrift für Berufs- und Wirtschaftspädagogik, 93*, 145–159.

Eberle, F. (2006). Zur Bedeutung von Wirtschaft und Recht in der gymnasialen Bildung. *Gymnasium Helveticum, 3*, 16–23.

Eberle, F. (2010). *Unv. Gesuch zur Einrichtung eines Leading House „Lehr-Lernprozesse im kaufmännischen Bereich" an das Bundesamt für Berufsbildung und Technologie.* Universität Zürich: Institut für Gymnasial- und Berufspädagogik.

Eberle, F., & Schumann, S. (2011). *Modellierung und Messung wirtschaftsbürgerlicher Kompetenz. Schweizer Teilprojekt im Rahmen des beantragten BMBF-Verbundprojektes „Kompetenzen in der kaufmännischen Berufsbildung (Competencies in the Field of Business and Administration, Learning, Instruction, and Transition – CoBALIT)".* Unv. Gesuch an das Bundesamt für Berufsbildung und Technologie. Universität Zürich: Institut für Gymnasial- und Berufspädagogik/Universität Fribourg: Departement Erziehungswissenschaften.

Eberle, F., Gehrer, K., Jaggi, B., Kottonau, J., Oepke, M., & Pflüger, M. (2008). *Evaluation der Maturitätsreform 1995. Schlussbericht zur Phase II.* Bern: Staatssekretariat für Bildung und Forschung SBF.

Eberle, F., Schumann, S., & Oepke, M. (2009). *Ökonomische Kompetenzen von Maturandinnen und Maturanden. Unv. Gesuch an den Schweizerischen Nationalfonds.* Universität Zürich: Institut für Gymnasial- und Berufspädagogik.

Eberle, F., Schumann, S., Oepke, M., Müller, C., Barske, N., Pflüger, M., & Hesske, S. (2009). *Instrumenten- und Skalendokumentation zum Forschungsprojekt „Anwendungs- und problemorientierter Unterricht in gymnasialen Lehr-/Lernumgebungen (APU)".* Universität Zürich: Institut für Gymnasial- und Berufspädagogik.

Förster, M. (2012). *The WiwiKom-Project: How to model and measure competencies in business and economics.* Presentation on the International Workshop „Modeling and Measuring Competencies in Business and Economics", February 2, 2012, Berlin.

Freundlinger, A. (1992). *Wirtschaftskenntnisse von Maturanden, Bd. 88.* Wien: Schriftenreihe des Instituts für Bildungsforschung und Wirtschaft.

Früh, W. (2004). *Inhaltsanalyse. Theorie und Praxis.* Konstanz: UVK Verlagsgesellschaft.

Gelman, A., & Hill, J. (2006–10). *Data analysis using regression and multilevel/hierarchical models.* Cambridge: University Press.

Ghisla, G., Bernasconi, M., & Poglia, E. (2009). Die Kompetenzen der Berufsmaturanden: Evaluation in der Berufsbildung. Eine regionale Studie mit einem Vergleich zwischen Berufsmaturität und gymnasialer Maturität. *Schweizerische Zeitschrift für Bildungswissenschaften, 31*(2), 249–286.

Heller, K., & Perleth, C. (2000). *Kognitiver Fähigkeitstest für 4.–12. Klassen, Revision (KFT 4–12 + R).* Göttingen: Hogrefe.

Katschnig, T., & Hanisch, G. (2005). *Wirtschaftswissen von Maturanden im internationalen Vergleich. Eine empirische Studie in den Ländern Österreich, Deutschland, Tschechien und Ungarn.* Wien: Institut für Erziehungswissenschaften (Universität Wien) und Ludwig-Boltzmann-Institut für Schulentwicklung und international-vergleichende Schulforschung.

Kiehn, L. (1965). Die Bildungsgehalte des Wirtschaftlichen. *Jahrbuch für Wirtschafts- und Sozialpädagogik, 2*(1965), 75–112.

Kotte, D., & Lietz, R. (1998). Welche Faktoren beeinflussen die Leistung in Wirtschaftskunde? *Zeitschrift für Berufs- und Wirtschaftspädagogik, 94*, 421–434.

Kramer, K. (2002). *Die Förderung von motivationsunterstützendem Unterricht – Ansatzpunkte und Barrieren. Dissertationsschrift.* Kiel: Christian-Albrechts-Universität zu Kiel.

Lüdecke, S., & Sczesny, C. (1998). Ökonomische Bildung im internationalen Vergleich. *Zeitschrift der Schweizerischen Gesellschaft für kaufmännische Bildung, 92*(6), 417–432.

Mayring, P. (2007). *Qualitative Inhaltsanalyse: Grundlagen und Techniken* (9. Aufl.). Weinheim: Beltz.

Merten, K. (1999). Sozialwissenschaftliche Methoden der Medienanalyse. In J.-F. Leonhard, H.-W. Ludwig, D. Schwarze, & E. Strassner (Hrsg.), *Medienwissenschaft. Ein Handbuch zur Entwicklung der Medien und Kommunikationsformen* (S. 244–255). Berlin: Springer.

Müller, K., Fürstenau, B., & Witt, R. (2007). Ökonomische Kompetenz sächsischer Mittelschüler und Gymnasiasten. *Zeitschrift für Berufs- und Wirtschaftspädagogik, 103,* 227–247.

Nagy, G., Trautwein, U., Jonkmann, K., & Schlegel, K. (2008). *Ein Test zur Erfassung von Wirtschaftswissen am Ende der Sekundarstufe I (TWWS-1).* Herbsttagung der Arbeitsgruppe Empirische Bildungsforschung der Deutschen Gesellschaft für Erziehungswissenschaft. Kiel.

National Center for Education Statistics (NCES). (2006). *The nation's report card: Economics 2006.*

National Council on Economic Education (NCEE). (1964). *Test of Economic Understanding (TEU).* New York: National council on Economic Education.

Nickolaus, R., Gschwendtner, T., & Geißel, B. (2008). Entwicklung und Modellierung beruflicher Fachkompetenz in der gewerblich-technischen Grundbildung. *Zeitschrift für Berufs- und Wirtschaftspädagogik, 104*(1), 48–73.

Notter, P., & Arnold, C. (2003). *Der Übergang ins Studium. Bericht zu einem Projekt der Konferenz der Schweizerischen Gymnasialrektoren (KSGR) und der Rektorenkonferenz der Schweizer Universitäten (CRUS).* Bern: Bundesamt für Bildung und Wissenschaft.

Notter, P., & Arnold, C. (2006). *Der Übergang ins Studium. Zweiter Bericht zu einem Projekt der Konferenz der Schweizerischen Gymnasialrektoren (KSGR) und der Rektorenkonferenz der Schweizer Universitäten (CRUS).* Bern: Bundesamt für Bildung und Wissenschaft.

Prenzel, M., Kirsten, A., Dengler, P., Ettle, R., & Beer, T. (1996). Selbstbestimmt motiviertes und interessier- tes Lernen in der kaufmännischen Erstausbildung. *Zeitschrift für Berufs- und Wirtschaftspädagogik,* Beiheft 13, 108–127.

Ramseier, E. (2004). *Motivation als Ergebnis und als Determinante schulischen Lernens. Eine Analyse im Rahmen von TIMSS.* Zürich: Zentralstelle der Studentenschaft.

Ramseier, E., Keller, C., & Moser, U. (1999). *Bilanz Bildung. Eine Evaluation am Ende der Sekundarstufe II auf der Grundlage der TIMS-Studie.* Chur: Rüegger.

Ramseier, E., et al. (2004). *Evaluation der Maturitätsreform 1995 (EVAMAR). Neue Fächerstruktur – Pädagogische Ziele – Schulentwicklung.* Schlussbericht zur Phase 1. Bern: EDK/BBW.

R Development Core Team. (2012). *R: A language and environment for statistical computing.* Vienna: R Foundation for Statistical Computing. http://www.r-project.org. Zugegriffen: 15. August 2012.

Rebeck, K. C. (2002). *Economic literacy in U.S. high schools.* Lincoln: University of Nebraska.

Rost, D. H. (2007). *Interpretation und Bewertung pädagogisch-psychologischer Studien* (2. Aufl.). Weinheim: Beltz.

Schlegel, K. (2009). *Validierung eines Tests zur Erfassung von Wirtschaftswissen am Ende der Sekundarstufe I (TWWS-1).* Unv. Diplomarbeit. Humboldt-Universität zu Berlin, Berlin.

Schumann, S. (2011). Leistungs- und Herkunftseffekte beim Hochschulzugang in der Schweiz. Ein Vergleich zwischen Absolventinnen und Absolventen mit gymnasialer Maturität und mit Berufsmaturität. *Zeitschrift für Pädagogik, 2,* 246–268.

Schumann, S., & Eberle, F. (2011). Bedeutung und Verwendung schwierigkeitsbestimmender Aufgabenmerkmale für die Erfassung ökonomischer und beruflicher Kompetenzen. In U. Faßhauer, B. Fürstenau, & E. Wuttke (Hrsg.), *Grundlagenforschung zum Dualen System und Kompetenzentwicklung in der Lehrerbildung* (S. 77–89). Opladen: Budrich.

Schumann, S., Eberle, F., & Oepke, M. (2009). Integrierte Förderung kognitiver und nichtkognitiver Bildungsziele im Projekt „Anwendungs- und problemorientierter Unterricht (APU)". Eine Zusammenfassung zu Konzept, Forschungsdesign, Implementationsgelingen und erzielten Wirkungen. *Zeitschrift für Berufs- und Wirtschaftspädagogik, 2,* 221–242.

Schumann, S., Eberle, F., Oepke, M., Pflüger, M., Gruber, C., & Pezzotta, D. (2010). *Inhaltsauswahl für den Test zur Erfassung ökonomischen Wissens und Könnens im Projekt „Ökonomische Kompetenzen von Maturandinnen und Maturanden (OEKOMA)".* Universität Zürich: Institut für Gymnasial- und Berufspädagogik.

Schumann, S., Oepke, M., & Eberle, F. (2011). Über welche ökonomischen Kompetenzen verfügen Maturandinnen und Maturanden? Hintergrund, Fragestellungen, Design und Methode des Schweizer Forschungsprojekts OEKOMA im Überblick. In U. Faßhauer, J. Aff, B. Fürstenau, & E. Wuttke (Hrsg.), *Lehr-Lernforschung und Professionalisierung* (S. 51–63). Opladen & Farmington Hills: Budrich.

Schumann, S., Eberle, F., & Oepke, M. (2013). Ökonomisches Wissen und Können am Ende der Sekundarstufe II: Effekte der Bildungsgang-, Klassen- und Geschlechtszugehörigkeit. In: U. Faßhauer, B. Fürstenau, & E. Wuttke (Hrsg.), *Jahrbuch der berufs- und wirtschaftspädagogischen Forschung 2013* (S. 35–46). Opladen: Budrich.

Sczesny, C., & Lüdecke, S. (1998). Ökonomische Bildung Jugendlicher auf dem Prüfstand: Diagnose und Defizite. *Zeitschrift für Berufs- und Wirtschaftspädagogik, 94*(3), 403–420.

Seeber, S. (2008). Ansätze zur Modellierung beruflicher Fachkompetenz in kaufmännischen Ausbildungsberufen. *Zeitschrift für Berufs- und Wirtschaftspädagogik, 104,* 74–97.

Seeber, S. (2009). *Zur wirtschaftlichen Kompetenz von benachteiligten Jugendlichen.* Vortrag auf der Frühjahrstagung der Sektion Berufs- und Wirtschaftspädagogik in Mannheim, 23. Januar 2009.

Soper, J. C. (1979). *The test of economic literacy: Discussion guide and rationale.* New York: Joint Council of Economic Education.

Soper, J. C., & Walstad, W. B. (1987). *Test of economic literacy. Examiner's Manual* (2nd ed). New York: Joint Council on Economic Education.

Spinath, B. (2005). Motivation als Kompetenz: Wie wird Motivation lehr- und lernbar? In R. Vollmeyer & J. Brunstein (Hrsg.), *Motivationspsychologie und ihre Anwendung* (S. 203–219). Stuttgart: Kohlhammer.

Walstad, W. B. (1994). *An international perspective on economic education.* Boston: Kluwer Academic Publishers.

Walstad, W. B., & Rebeck, K. (2001). *Test of economic literacy* (3rd ed.). New York: National Council on Economic Education.

Walstad, W. B., & Soper, J. C. (1983). Measuring economic attitudes in high school. *Theory and Research in Social Education, 11*(1), 41–54.

Weinert, F. E. (1999). *Konzepte der Kompetenz.* Paris: OECD.

Winther, E. (2010). *Kompetenzmessung in der beruflichen Bildung.* Bielefeld: wbv.

Winther, E., & Achtenhagen, F. (2008). Kompetenzstrukturmodell für die kaufmännische Bildung. daptierbare Forschungslinien und theoretische Ausgestaltung. *Zeitschrift für Berufs und Wirtschaftspädagogik, 104,* 511–538.

Winther, E., et al. (2011). *Competencies in the Field of Business and Administration, Learning, Instruction, and Transition – CoBALIT.* Verbundvorhaben im Rahmen der ASCOT-Initiative des BMBF. Unveröffentlichter Antrag an das BMBF.

Wu, M. L., Adams, R. J., Wilson, M., & Haldane, S. A. (2007). *ACER ConQuest. Version 2.0. Generalised Item Response Software.* Camberwell: ACER Press.

Wuttke, E. (2008). Zur Notwendigkeit der Integration ökonomischer Bildung in die Allgemeinbildung und in die Lehrerbildung. In D. Bolscho & U. Hauenschild (Hrsg.), *Ökonomische Bildung mit Kindern und Jugendlichen* (S. 133–144). Frankfurt a. M.: Lang.

Zabeck, J. (1976). Die Berufs- und Wirtschaftspädagogik im „Zeitalter des Curriculum". Zum Problem einer „Wirtschaftsdidaktik". In J. Zabeck (Hrsg.), *Didaktik der Berufserziehung* (S. 157–171). Heidelberg: esprint.

Zlatkin-Troitschanskaia, O., Förster, M., & Kuhn, C. (Im Druck). Modeling and measurement of university students' subject-specific competencies in the domain of business and economics – The ILLEV project. In S. Blömeke, O. Zlatkin-Troitschanskaia, C. Kuhn, & J. Fege (Hrsg.), *Modeling and measuring competencies in higher education.* Rotterdam: Sense.

Z Erziehungswiss (2014) 17:127–147
DOI 10.1007/s11618-013-0458-1

Ausbleibende Effekte pädagogischer Professionalisierung des betrieblichen Ausbildungspersonals: Ergebnisse einer Längsschnittstudie

Andreas Rausch · Jürgen Seifried · Christian Harteis

Zusammenfassung: Das betriebliche Ausbildungspersonal hat bedeutenden Einfluss auf die betriebliche Ausbildungsqualität, so dass zur Steigerung der Ausbildungsqualität die Professionalisierung des Ausbildungspersonals naheliegt. Die vorliegende Studie untersucht diese Wirkungskette anhand einer neunmonatigen Längsschnittstudie. Im betreffenden Unternehmen wurden Ausbilder von einem externen Bildungsdienstleister sukzessive zum Lernprozessbegleiter qualifiziert, so dass sich ein quasi-experimentelles Design ergab. Insgesamt beteiligten sich acht hauptberufliche Ausbilder und 116 Auszubildende an der Studie. In Konstruktinterviews zeigen die bereits qualifizierten Lernprozessbegleiter im Vergleich zu ihren Kollegen konstruktivistischere Sichtweisen. Varianzanalytisch lassen sich für die Auszubildenden zudem Veränderungen hinsichtlich der wahrgenommenen Betreuung ausmachen. Auswirkungen auf Motivation, *Basic Need*-Befriedigung, Lernstrategien sowie (selbst- und fremdeingeschätzte) Kompetenzen der Auszubildenden fanden sich indes nicht. Möglichkeiten und Grenzen des Treatments sowie Limitationen des Forschungsdesigns werden diskutiert.

Schlüsselwörter: Ausbildungsqualität · Professionalisierung · Betreuung · Motivation · Lernstrategien

Missing effects of the professionalisation of in-house trainers within vocational education and training: results from a longitudinal study

Abstract: This article discusses the influence of pedagogical professionalization of in-house instructors on the quality of apprenticeship through reporting the processes and outcomes of a 9

Dr. A. Rausch (✉)
Universität Bamberg, Kärntenstraße 7, 96052 Bammberg, Deutschland
E-Mail: andreas.rausch@uni-bamberg.de

Prof. Dr. J. Seifried
Universität Mannheim, L4 1, 68161 Mannheim, Deutschland
E-Mail: seifried@bwl.uni-mannheim.de

Prof. Dr. C. Harteis
Universität Paderborn, Warburger Straße 100, 33098 Paderborn, Deutschland
E-Mail: christian.harteis@upb.de

month longitudinal study. Some in-house instructors received a pedagogical training focused on developing skills to support apprentices' work-related learning processes. The quasi-experimental study compared (a) instructors who attended the pedagogical training with instructors who did not and (b) apprentices' self-reports on workplace learning support provided by these two cohorts of instructors. Interview data indicated that instructors who attended a pedagogical training tend to a constructivist view on learning and instruction more than those who did not attend this training. The apprentices report significantly different perceptions of their workplace learning support, but no significant differences in learning motivation, satisfaction of basic needs, learning strategies and vocational competencies. Based on these findings, this contribution discusses opportunities and limitations of such interventions as well as constraints of the research design.

Keywords: Quality of apprenticeship · Professionalisation · Support · Motivation · Learning strategies

1 Problemstellung

Die Qualität betrieblicher Ausbildungsmaßnahmen wird u. a. vom Handeln des betrieblichen Ausbildungspersonals bestimmt. Ansätze zur Steigerung der Ausbildungsqualität zielen daher auch auf die pädagogische Professionalisierung dieser Gruppe ab (z. B. durch Weiterbildungsmaßnahmen i. S. von „Train the Trainer"). Folgt man einem *konstruktivistischen Lehr-Lern-Verständnis*, dann gewinnen Aspekte wie Eigenaktivität der Lernenden, Lernen aus Fehlern, kooperatives und selbstorganisiertes Lernen etc. an Bedeutung. Hiervon verspricht man sich neben der Förderung der Fachkompetenz auch Vorteile im Bereich der Lern- und Arbeitsstrategien sowie hinsichtlich emotional-motivationaler Zielgrößen. Die für konstruktivistische Ausbildungsarrangements förderliche „neue Rolle des Ausbildungspersonals" (vgl. Bahl und Diettrich 2008) wird häufig mit Begriffen wie Betreuer, Coach, Moderator oder Begleiter umschrieben. Das tägliche Ausbilderhandeln wird jedoch häufig von subjektiven und möglicherweise nicht hinreichend reflektierten Auffassungen über Lehren und Lernen geleitet. Diese Sichtweisen auf das Lehren und Lernen folgen i. d. R einem eher *instruktionalen Verständnis*, das u. a. durch eigene berufs- und bildungsbiografische Erfahrungen geprägt ist. Diese „traditionelle Rolle des Ausbildungspersonals" wird der o. a. konstruktivistischen Rolle kontrastierend – und in der Regel negativ konnotiert – gegenübergestellt. Sie äußert sich in einer Engführung der Lernenden mittels eingeschränkter Handlungsspielräume, einer Fokussierung auf Wissens*vermittlung* (*Instruktion*) und einer Konzentration auf betriebsspezifisches Fakten- und Anwendungswissen mit dem Ziel der Fehlervermeidung.[1]

Die Analyse der Wirkung pädagogischer Weiterbildungsmaßnahmen für das Ausbildungspersonal basiert auf folgender Annahme: Weiterbildungen sollten sich positiv auf die Qualität des Ausbilderhandelns auswirken und dies sollte wiederum positive Effekte auf Seiten der Auszubildenden hervorrufen. Der vorliegende Beitrag zielt auf die empirische Prüfung dieser plausiblen, aber empirisch nur schwer greifbaren Wirkungskette ab. Dies geschieht mittels einer quasi-experimentellen Längsschnittstudie, die bei einem Dienstleistungsunternehmen der Telekommunikationsbranche durchgeführt wurde. In Abschn. 2.1 charakterisieren wir hierzu zunächst die durchaus heterogene Zielgruppe des betrieblichen Ausbildungspersonals. In Abschn. 2.2 geht es um die subjektiven Sichtweisen des Ausbildungspersonals, bevor in Abschn. 2.3 ein möglicher Ansatz zur Professionalisierung des Bildungspersonals skizziert wird, der schließlich zu den Hypothesen in Abschn. 2.4 führt. Abschn. 3 beschreibt die Konzeption der Studie, in Abschn. 4 werden die empirischen Befunde berichtet und in Abschn. 5 folgt eine Diskussion der Ergebnisse und Limitationen.

2 Rollen und Professionalisierung des betrieblichen Ausbildungspersonals

2.1 Charakterisierung der Gruppe des Ausbildungspersonals

Die Relevanz des betrieblichen Ausbildungspersonals für die Ausbildungsqualität wurde von der Berufsbildungsforschung bisher noch nicht hinreichend gewürdigt (Beck 2005). Mögliche Gründe liegen neben dem erschwerten Feldzugang auch in der komplexeren und intransparenteren Organisation betrieblicher Ausbildung. So liegt ein grundlegendes Problem u. a. darin, das Ausbildungspersonal hinreichend zu spezifizieren: Ausbilder/innen *im engeren Sinne* sind Personen, die ausdrücklich mit Ausbildungsaufgaben beauftragt sind. Sie müssen den Vorschriften des Berufsbildungsgesetzes folgend persönlich und fachlich geeignet sein (§§ 29 und 30 BBiG) und als verantwortlicher Ausbilder gegenüber der zuständigen Stelle benannt werden. Der Ausbilderbegriff *im weiteren Sinne* schließt auch ausbildende Fachkräfte („Mitwirkende" gem. § 28 Abs. 3 BBiG) mit ein, die neben ihrer sonstigen beruflichen Tätigkeit auch mit Ausbildungsaufgaben betraut sind (Ulmer und Gutschow 2009). Diese Gruppe, nach Schätzungen eine Personenzahl von über fünf Millionen (Bahl et al. 2009), ist i. d. R nicht pädagogisch ausgebildet (Euler 1999; Schaper 2004). Organisatorisch-institutionelles Bildungsmanagement (makrodidaktische Aufgaben) liegt üblicherweise in den Händen der offiziellen Ausbilder, wohingegen die pädagogisch-didaktische Umsetzung am Arbeitsplatz (mikrodidaktische Aufgaben) regelmäßig durch ausbildende Fachkräfte erfolgt (Rausch 2009; Sloane 2006). Da auch mehr als 90 % der offiziellen Ausbilder/innen nur „nebenberuflich" als Ausbilder tätig sind, d. h. neben Ausbildungsaufgaben auch andere Arbeiten verrichten (Bahl und Diettrich 2008), sehen sich alle Akteure einem Spannungsfeld von produktivitätsorientierten und pädagogischen Leistungsanforderungen ausgesetzt. Lediglich die offiziellen Ausbilder verfügen über die in der Ausbildereignungsverordnung (AEVO) eingeforderte pädagogische Mindestqualifikation, eine pädagogische Professionalität lässt sich auch für diese Gruppe daraus jedoch weder im soziologischen noch im psychologischen Sinn (vgl. Reinisch 2009) ableiten. Wie Ausbilder/innen ihre Doppelrolle bewältigen, hängt somit im Wesentlichen von ihrem beruflichen Selbstverständnis ab, das aus Wissensbeständen, Überzeugungen und Werthaltungen gespeist wird (Heid 1995).

2.2 Subjektive Sichtweisen des Ausbildungspersonals

2.2.1 Forschungsbefunde zu subjektiven Sichtweisen des Ausbildungspersonals

Die wenigen empirischen Befunde zum Einfluss subjektiver Sichtweisen (Überzeugungen, subjektive Theorien, Lehr-Lern-Vorstellungen etc.) des betrieblichen Ausbildungspersonals lassen sich wie folgt zusammenfassen: Das Erfahrungswissen der betrieblichen Ausbilder sowie die situativen Bedingungen haben einen großen Einfluss, während curriculare Vorgaben kaum eine Rolle spielen (vgl. Arnold 1983; Keck 1995; Leidner 2002; Leu und Otto 1981; Noss 2000). Viele Ausbilder betrachten ihre Fachkompetenz und eine angeborene „natürliche pädagogische Begabung" als Basis ihres Ausbildungserfolgs und nehmen stellenweise eine „Vaterrolle" ein (Pätzold und Drees 1989). Das Selbstverständnis der Ausbilder variiert zwischen den Polen Fachmann und Pädagoge, wobei das Rollenverständnis des Fachmanns meist überwiegt (Jutzi 1997; Koch et al. 2009; Michelsen 1979). Bei einer schriftlichen Befragung durch Müller, Rebmann und Liebsch (2008) zeigen sich für die epistemologischen Überzeugungen von 52 Ausbildern im kaufmännischen Sektor (erfasst mit dem *Epistemic Belief Inventory* von Schraw, Bendixen und Dunkle 2002) Werte im mittleren Bereich zwischen naiv und weit entwickelt. Bedenklich erscheint, dass sich die epistemologischen Überzeugungen offenbar (zumindest in der Querschnittsanalyse) im Verlauf der Berufstätigkeit rückentwickeln. Baeriswyl et al. (2006) untersuchten in einer schriftlichen Befragung von 259 Ausbildern (davon 86 Ausbilder zu zwei Messzeitpunkten) und 727 zuordenbaren Auszubildenden den Zusammenhang zwischen Ausbildungskonzeptionen und Ausbildungsqualität (anhand selbstberichteter Lern- und Arbeitsbedingungen, selbstberichteter Kompetenzentwicklung und Noten) in schweizerischen, gewerblich-technischen Ausbildungsgängen. Es ließen sich clusteranalytisch drei Ausbildungskonzeptionen unterscheiden (instruktional, konstruktivistisch, sozial-konstruktivistisch), wobei sich erwartungskonforme Vorteile für Ausbilder mit einer konstruktivistischen Auffassung zeigten.

2.2.2 Kategorisierung der Sichtweisen auf Lehren und Lernen

Um mögliche Sichtweisen auf Lernen und Lehren näher zu charakterisieren (und damit einer Analyse zugänglich zu machen), werden gemeinhin eine eher instruktionale (traditionelle) und eine eher konstruktivistische Sichtweise als Eckpunkte eines Kontinuums beschrieben (Kember 1997; Kunter et al. 2009). Folgt man Resnick (1987, siehe auch Bransford et al. 1999), so orientiert sich die traditionelle Sichtweise eher am schulischen Lernen, bei dem die Lehrperson mittels Anleitung den Lehr-Lern-Prozess maßgeblich gestaltet. Außerschulisches Lernen hingegen wird eher mit einer konstruktivistischen Sichtweise in Verbindung gebracht und baut weniger auf Wissensvermittlung, sondern stattdessen auf die selbstgesteuerte, kooperative Rekonstruktion von Problemen und Problemlösungen. Hinsichtlich der mit dem jeweiligen Lehr-Lern-Verständnis korrespondierenden Rollen des Ausbilders wird dann – grob gesprochen – zwischen der Rolle des Wissensvermittlers und der Rolle des Lernberaters unterschieden (vgl. auch Fischler 1995): Ein *Wissensvermittler* transportiert Informationen bzw. fertiges Wissen und versucht dabei, Wissen möglichst gut zu strukturieren und schrittweise zu erarbeiten. Ein *Lernberater* dagegen sieht sich als Unterstützer der Lernenden, die eigenständig Phänomene, Probleme, Lösungswege und Theorien bearbeiten.

Neben der Frage, welches Lehrverständnis Lehrende haben, ist darüber hinaus von Interesse, welche Vorstellungen über Lernen auszumachen sind (vgl. Langfeldt und Nieder 2004). Als Ausgangspunkt der Erforschung von Lern-Vorstellungen wird regelmäßig eine Studie von Säljö (1979) angeführt, der eine Gruppe von 90 Probanden unterschiedlichen Alters und Bildungsstands zu individuellen Lernerfahrungen befragte. Die Antworten der Probandenreichen von „Learning as the increase of knowledge" über „Learning as the acquisition of facts, procedures, etc." hin zu „Learning as an interpretative process aimed at the understanding of reality" (ebd. 12 ff.). Basierend auf der genannten Untersuchung sowie weiterer Forschungsarbeiten der Gruppe um Marton (vgl. Marton und Säljö 1976, 1984) benennen die Forscher zwei Varianten: Mit *Surface-level processing (Oberflächenorientierung)* wird eine Art des Lernens bezeichnet, das auf das Auswendiglernen und die Wiedergabe von Fakten abzielt, wohingegen ein zweiter Lerntyp i. S. eines *Deep-level processing (Tiefenorientierung)* versucht, die Botschaft eines Textes zu erfassen.

2.3 Professionalisierung am Beispiel der Lernprozessbegleitung

Der Umfang an Ratgeberliteratur, Rezeptsammlungen und Checklisten zur betrieblichen Ausbildung hat in den vergangenen Jahren deutlich zugenommen. Propagiert wird zumeist die Abkehr von einer traditionellen bzw. tradierten Betreuung von Auszubildenden, welche durch Engführung im Sinne eingeschränkter Eigenaktivität und Instruktion im Sinne klassischer Unterweisungen charakterisiert ist (*Wissensvermittler*, s. o.). Die geäußerten Handlungsempfehlungen zielen dagegen auf Problemorientierung, Authentizität von Lernaufgaben, Lernpotenzial von Arbeitsaufgaben, Eigenaktivität des Lernenden etc. ab (*Lernberater*, s. o.). Sie lassen sich somit als (zumindest im weiteren Sinne) konstruktivistisch beurteilen. Häufig empfohlen werden Maßnahmen wie Gruppen- und Projektarbeit, Leittext- und Fallstudienmethode sowie der Einsatz pädagogischer Portfolios.

Ein umfassender Ansatz zur Betreuung von Auszubildenden wurde unter der Bezeichnung *Lernprozessbegleitung* von Mitarbeitern/innen der Gesellschaft für Ausbildungsforschung und Berufsentwicklung mbH (GAB) entwickelt. Der Schwerpunkt des Ansatzes liegt auf dem eigenaktiven und reflektierten Lernen in Arbeitsprozessen. In einer Rollenbeschreibung des so genannten „Lernprozessbegleiters" heißt es, dass dieser im Gegensatz zum traditionellen Ausbilder herausfordernde Arbeitsaufgaben überträgt, eher im Hintergrund bleibt und beobachtet, verschiedene Vorgehensweisen zulässt, Lernende zur eigenständigen Recherche ermutigt, Fehler als Lernchancen begreift und Lernprozesse intensiv nachbespricht (Bauer et al. 2006, S. 12). Zudem ist eine Individualisierung der Ausbildung in Bezug auf Lernfortschritt, Lernbedarf, Lernstil, Lerntempo und etwaiger Lernschwächen vorgesehen. Diese wird durch Lernzielvereinbarungs- und Reflexionsgespräche sowie Dokumentationen (Portfolios) unterstützt. Der Betreuungsansatz verfolgt – neben der Förderung der berufsfachlichen Kompetenz – auch Ziele im emotional-motivationalen und selbstregulativen Bereich sowie das Ziel der allgemeinen Persönlichkeitsentwicklung (Bauer et al. 2004, 2006). Die GAB bietet auch entsprechende Qualifizierungsmaßnahmen für das Ausbildungspersonal an. Diese orientieren sich ihrerseits am Ansatz der Lernprozessbegleitung und erfolgen über eine durch mindestens fünf Workshops begleitete und reflektierte Integration der Lernprozessbegleitung in das alltägliche Ausbilderhandeln über einen Zeitraum von ca. neun bis zwölf Monaten (Büchele und Kohlhaas 2008). Zwar wird in den zahlreichen Publikationen auf die wiederholte erfolgreiche Umsetzung des Ansatzes in der Praxis verwiesen, doch enthalten die gesichteten Quellen lediglich Projektbeschreibungen der Initiatoren und relativ unsystematische

Zufriedenheitsbekundungen der Kooperationspartner. Insofern ist auch hier ein Empirie-
defizit zu konstatieren.

2.4 Angenommene Kausalkette und Hypothesen

Im Rahmen der Studie wird untersucht, ob und wie sich die pädagogische Professionalisierung des Ausbildungspersonals auf die Sichtweisen der Ausbilder, die wahrgenommene Betreuung seitens der Auszubildenden und Zielgrößen der Ausbildung auswirkt. Im
Einzelnen werden folgende Hypothesen geprüft:

Hypothese 1: Ausbilder, die an der Weiterbildung zum Lernprozessbegleiter teilgenommen haben, weisen im Vergleich zu ihren (noch) nicht geschulten Kol-
legen/innen ein höheres Ausmaß an konstruktivistischen Sichtweisen zu
Lehren und Lernen auf.

Hypothese 2: Auszubildende, die nach dem Ansatz der Lernprozessbegleitung ausgebildet werden, unterscheiden sich hinsichtlich der wahrgenommenen Betreuungsqualität von denjenigen Auszubildenden, die weiterhin traditionell
betreut werden.

Hypothese 3a: Auszubildende, die unter dem Ansatz der Lernprozessbegleitung ausgebildet werden, weisen bessere Motivationswerte auf als jene, die traditionell ausgebildet werden.

Hypothese 3b: Auszubildende, die unter dem Ansatz der Lernprozessbegleitung ausgebildet werden, wenden anspruchsvollere Lernstrategien an als jene, die
traditionell ausgebildet werden.

Hypothese 3c: Auszubildende, die unter dem Ansatz der Lernprozessbegleitung ausgebildet werden, weisen höhere Kompetenzwerte auf als jene, die traditionell ausgebildet werden.

3 Methode

3.1 Untersuchungsfeld und -design

Die Studie wurde in Kooperation mit einem Unternehmen der Telekommunikationsbranche durchgeführt. In einem der überregionalen Ausbildungszentren des Konzerns
bestand die Möglichkeit, die Einführung der Lernprozessbegleitung (vgl. Abschn. 2.3)
über einen Zeitraum von insgesamt neun Monaten hinweg zu begleiten. Die sukzessive
Qualifizierung der Ausbilder ermöglichte ein quasi-experimentelles Dreigruppendesign.
Eine Gruppe von Auszubildenden wurde bereits zu Beginn der Untersuchung nach dem
Ansatz der Lernprozessbegleitung betreut („Lernprozessbegleitet": LPB+), eine zweite
Gruppe wurde durchgehend „traditionell" betreut („Traditionell betreut": LPB–), während die Betreuung bei einer dritten Gruppe im Untersuchungszeitraum auf Lernprozess-
begleitung umgestellt wurde („Wechsler": WECHS).
    Die Untersuchung umfasst die einmalige Befragung des Ausbildungspersonals mit-
tels Konstruktinterviews sowie die dreimalige Befragung der Auszubildenden mittels

standardisierter Fragebogen im Abstand von je vier Monaten. Die Interviews mit den Ausbildern/innen zielten auf die Erfassung der subjektiven Sichtweisen bezüglich der Betreuung von Auszubildenden ab, während die Auszubildenden Items zur wahrgenommenen Betreuung, zur Motivation, zu Lernstrategien sowie zur Selbsteinschätzung der Kompetenz bearbeiteten. Der selbsteingeschätzten Kompetenz wurden im dritten Erhebungszeitraum Fremdeinschätzungen durch die betreuenden Ausbilder gegenübergestellt.

3.2 Stichprobe

Stichprobe 1: Ausbilder/innen
An der freiwilligen Studie nahmen acht von zehn hauptberuflichen Ausbildern/innen teil, die jeweils ca. 20 Auszubildende betreuen, welche sich mehrmals im Jahr für mehrere Wochen im Ausbildungszentrum befinden. Über den direkten Kontakt im Ausbildungszentrum hinaus findet eine Betreuung über die unternehmensinterne E-Learning-Plattform statt. Sieben der acht teilnehmenden Ausbilder sind männlich und weisen ein Durchschnittsalter von knapp 51 Jahren auf (SD: 4,46). Die einzige Ausbilderin ist 25 Jahre alt. Während ihre älteren Kollegen eine Ausbildung als Fernmeldehandwerker absolvierten, ist die Ausbilderin Kauffrau für Bürokommunikation, so dass sie in mehrfacher Hinsicht eine Ausreißerin darstellt. Drei der teilnehmenden Ausbilder/innen hatten ihre Weiterbildung zum Lernprozessbegleiter zu Beginn der Untersuchung bereits abgeschlossen („Lernprozessbegleiter"; darunter auch die Ausbilderin), drei weitere Ausbilder nahmen während des gesamten Untersuchungszeitraums (noch) nicht an der Weiterbildung teil („traditionell betreuend") und zwei Ausbilder hatten gerade mit der Weiterbildung begonnen und stellten ihre Betreuungsform im Lauf des Untersuchungszeitraums um („Wechsler"). Durch die feste Zuteilung von zu betreuenden Auszubildenden ergab sich das oben skizzierte quasi-experimentelle Design. Limitationen des Designs werden am Ende des Beitrags diskutiert.

Stichprobe 2: Auszubildende
An der freiwilligen Studie nahmen insgesamt 116 von 173 kontaktierten Auszubildenden teil (67%), die sich in verschiedenen Phasen unterschiedlicher Ausbildungsgänge befanden. Das Durchschnittsalter beträgt 19,3 Jahre und ca. 57% der Auszubildenden sind männlich. Entsprechend des Weiterbildungsstands ihrer jeweiligen Ausbilder/innen (s. o.) umfasste die Gruppe der „traditionell Betreuten" 37 Auszubildende, die Gruppe der „Lernprozessbegleiteten" 53 Auszubildende und die Gruppe der „Wechsler" 26 Auszubildende. Da die Zuteilung der Auszubildenden zu einem/r Ausbilder/in anhand des Ausbildungsberufs erfolgte, ergeben sich recht heterogene Teilstichproben (vgl. Tab. 1), wodurch Kausalaussagen deutlich erschwert werden. Auch dies wird im Rahmen der Limitationen diskutiert.

3.3 Instrumente

Konstruktinterviews mit dem Ausbildungspersonal
Die acht Einzelinterviews mit den Ausbildern/innen wurden zu Beginn des Untersuchungszeitraums durchgeführt. Neben allgemeinen (berufs-)biografischen Angaben dienten die Interviews in erster Linie der Erfassung der Sichtweisen auf Lehren und Lernen

Tab. 1: Auszubildendenstichprobe

Ausbildungsberuf	Gruppe (gemäß Betreuungskonzept)			
	Traditionell betreut (LPB−)	Wechsler (WECHS)	Lernprozess-begleitet (LPB+)	*n*
KiE	9	0	0	9
KfB	0	26	6	32
KDM	0	0	15	15
FiSi	13	0	1	14
IT-SE	15	0	6	21
IT-SK	0	0	25	25
N	37	26	53	116

KiE Kaufleute im Einzelhandel, *KfB* Kaufleute für Bürokommunikation, *KDM* Kaufleute für Dialogmanagement, *FiSi* Fachinformatiker für Systemintegration, *IT-SE* IT-Systemelektroniker, *IT-SK* IT-Systemkaufmann

Tab. 2: Kategorien, Ankerbeispiele und Anzahl der Kodierungen (Konstruktinterviews)

Kategorie	Ankerbeispiel	Ausbilder	Nennung	
		(Absolut)	Absolut	Relativ (%)
Ausbilderrolle		8	23	29
Wissensvermittler	Da kann er [der Auszubildende] es gar nicht alleine machen, da muss ich das vortragen und muss abfragen. (Interview 1)	2	3	4
Lernberater	Denn Lernen muss er ja selber. Ich kann nur das ganze Umfeld gestalten… (Interview 8)	8	20	25
Ziele		8	57	71
Inhaltsebene: Oberflächenorientierung	Wer hier was werden will, hat gefälligst zu wissen, was ein Arbeitsspeicher ist. Sonst braucht er hier nicht anzufangen. (Interview 6)	7	28	35
Inhaltsebene: Tiefenorientierung	Mir geht's also nicht nur um Fachwissen… sondern damit sie danach auch in ihrem weiteren Leben… besser zurechtkommen. (Interview 2)	5	15	19
Beziehungsebene	Und die persönliche Ebene… dass man einen guten Draht hat und gegenseitiger Respekt da ist. (Interview 4)	7	14	18
Gesamt		8	80	100

und der eigenen Ausbilderrolle sowie der in der Ausbildung verfolgten Ziele. Die Interviews wurden in Form so genannter Konstruktinterviews durchgeführt, die eine Variante teilstandardisierter Tiefeninterviews bezeichnen, die sich – verkürzt dargestellt – durch größtmögliche Transparenz und herrschaftsfreie Sprechsituationen auszeichnen (König 2005). Alle Interviews wurden vollständig transkribiert und mit Hilfe der Software MaxQDA einer qualitativen Inhaltsanalyse unterzogen (Kuckartz 2007; Mayring 2007). Tabelle 2 zeigt Ausschnitte des Kategorienschemas zur Kodierung der Rollenwahrnehmung sowie der subjektiv wahrgenommenen Ausbildungsziele.

Tab. 3: Skalen und statistische Kennwerte (Gesamtstichprobe)

Skala (Anzahl der Items)	Eingangserhebung			Zwischenerhebung			Ausgangserhebung		
	M	SD	C.A.	M	SD	C.A.	M	SD	C.A.
Wahrgenommene Betreuung									
Planungshilfe (3)	4,19	0,93	0,68	4,17	0,89	0,74	3,89	1,16	0,85
Lernthemen (5)	3,74	1,00	0,85	3,83	0,99	0,87	3,68	0,98	0,81
Engagement (4)	4,52	0,73	0,71	4,55	0,86	0,80	4,22	0,78	0,66
Vertrauensbasis (5)	4,58	0,90	0,87	4,74	0,76	0,80	4,64	0,72	0,78
Fachkompetenz Ausbilder (4)	4,26	1,02	0,81	4,47	0,92	0,76	4,24	0,97	0,76
Motivation und motivationale Bedingungen									
Bedingungsfaktoren									
Autonomieerleben (6)	4,60	0,69	0,83	4,56	0,78	0,85	4,59	0,73	0,85
Kompetenzerleben (6)	4,27	0,73	0,81	4,20	0,85	0,87	4,10	0,81	0,85
Soziale Einbindung (7)	4,65	0,67	0,83	4,72	0,70	0,85	4,68	0,71	0,84
Motivation									
Amotivation (3)	2,02	0,81	0,82	1,75	0,72	0,78	1,79	0,68	0,77
Extrinsische Motivation (3)	2,01	0,97	0,82	1,79	0,92	0,81	1,76	0,72	0,66
Intrinsische Motivation (3)	3,86	0,81	0,79	4,17	1,00	0,88	4,03	0,91	0,88
Interesse (3)	4,24	0,80	0,73	4,36	0,82	0,82	4,30	0,83	0,79
Lernstrategien									
Memorieren (5)	2,90	0,65	0,75	–	–	–	2,75	0,63	0,79
Elaboration (12)	3,17	0,41	0,83	–	–	–	3,13	0,46	0,89
Transformation (9)	2,60	0,63	0,85	–	–	–	2,72	0,62	0,85
Monitoring (7)	2,77	0,45	0,61	–	–	–	2,89	0,48	0,74
Regulation (5)	3,28	0,50	0,76	–	–	–	3,23	0,54	0,85
Zeitmanagement (3)	2,56	0,75	0,69	–	–	–	2,64	0,70	0,67
Kompetenzen (Selbstberichte)									
Fachkompetenz (3)	4,29	0,54	0,62	4,40	0,60	0,73	4,55	0,54	0,72
Sozialkompetenz (9)	4,75	0,45	0,72	4,87	0,53	0,81	4,93	0,36	0,62
Methodenkompetenz (9)	4,52	0,43	0,77	4,70	0,47	0,82	4,74	0,41	0,82

Sechsstufige Likert-Skala von *1* trifft gar nicht zu bis *6* trifft völlig zu; außer bei Motivation und motivationalen Bedingungen: *1* nie bis *6* immer

Auszubildendenfragebogen
Die Auszubildendenbefragung fand zu drei Erhebungszeitpunkten statt. Die Fremdeinschätzung der Kompetenzen durch die Ausbilder erfolgte lediglich einmalig zum letzten Erhebungszeitpunkt. Tabelle 3 zeigt die Skalen und statistische Kennwerte für die Gesamtstichprobe. Die internen Konsistenzen sind nahezu durchgängig zufrieden stellend.

Fragebogen zur wahrgenommenen Betreuung
Der mit Inhaltsexperten vor Ort eigenentwickelte Fragebogen zur wahrgenommenen Betreuung ist auf die Lernprozessbegleitung zugeschnitten und umfasst vier Skalen, die Kernbereiche der Lernprozessbegleitung betreffen (Planungshilfe, Lernthemen, Engagement und Vertrauensbasis). Die Skala Fachkompetenz des Ausbilders stellt eine Art

Kontrollgröße dar, da die Fachkompetenz des Ausbilders beim Ansatz der Lernprozessbegleitung eher in den Hintergrund tritt. Als Beispielitems sind zu nennen:

- Planungshilfe: „Durch meinen Ausbilder erhalte ich Informationen zum Ablauf der nächsten Ausbildungsschritte."
- Lernthemen: „Mein Ausbilder hilft mir, Lernschwierigkeiten aufzugreifen und zu lösen."
- Engagement: „Mein Ausbilder nimmt sich ausreichend Zeit für meine persönliche Betreuung."
- Vertrauensbasis: „Von meinem Ausbilder fühle ich mich ernst genommen."
- Fachkompetenz des Ausbilders: „Bei Fragen zu Arbeitsabläufen kann mein Ausbilder weiterhelfen."

Fragebogen zur Motivation und motivationalen Bedingungen
An allen drei Erhebungszeitpunkten wurde der auf den Annahmen der Selbstbestimmungstheorie der Motivation (Deci und Ryan 1993) basierende Fragebogen zur Motivation und motivationalen Bedingungsfaktoren der Forschergruppe um Prenzel eingesetzt. Ausführliche Beschreibungen des Instruments finden sich in Prenzel et al. (1996).

Fragebogen zum Lernstrategieeinsatz
Zur Erfassung des Lernstrategieeinsatzes griffen wir auf das Kieler Lern-Strategien-Inventar (KSI) von Heyn, Baumert und Köller (1994) zurück. Der Fragebogen umfasst 49 Items in sieben Skalen und wurde im Rahmen der Untersuchung zweimal (Eingangs- und Ausgangserhebung) eingesetzt. Die Skala „Planung" wurde aufgrund unzureichender interner Konsistenzen ausgeschlossen (C.A. [EEH] = 0,48; C.A. [AEH] = 0,43).

Fragebogen zur Selbst- und Fremdeinschätzung von Kompetenzen
Der Fragebogen zur Selbst- und Fremdeinschätzung beruflicher Kompetenzen orientiert sich an einem Kompetenzstrukturmodell, das zwischen Fach-, Sozial- und Methodenkompetenz unterscheidet, und basiert im Wesentlichen auf einer Adaption des Fragebogens von Frey et al. (2002).[2] Die ursprünglich vorgesehene weiterführende Untergliederung im Bereich der Sozial- und Methodenkompetenzen wurde hier – aufgrund geringer interner Konsistenz und zugunsten der Übersichtlichkeit – aufgegeben. Die Skala Fachkompetenz ist eine Eigenentwicklung. Der Itemstamm aller Bereiche lautete: „Ich verfüge über diese Kompetenz:" Beispielitems sollen die Operationalisierung verdeutlichen:

- Fachkompetenz: „Fachbegriffe kennen und anwenden."
- Sozialkompetenz: „Gute Umgangsformen kennen und anwenden."
- Methodenkompetenz: „Über das eigene Handeln kritisch nachdenken."

Den selbsteingeschätzten Kompetenzen wurden im dritten Erhebungszeitpunkt Fremdeinschätzungen der Ausbilder/innen gegenübergestellt. Da die beiden Erhebungen (Selbst- und Fremdeinschätzung) auf dieselben Konstrukte – nämlich die Kompetenzen der Auszubildenden – abzielen, stellt die Übereinstimmung (Konsistenz) dieser Einschätzungen eine Voraussetzung für die Validität der Messung dar. Die Konsistenz kann anhand der Intraklassenkorrelation beurteilt werden, wobei im Folgenden die weniger strenge Form der Intraklassenkorrelation 2 (ICC2) verwendet wird. Hierbei wirken sich

Tab. 4: Übereinstimmung von Selbst- und Fremdeinschätzung von Kompetenzen

Skala	Selbsteinschätzung			Fremdeinschätzung			Übereinstimmung	
	M	SD	C.A.	M	SD	C.A.	ICC_2	P
Fachkompetenz (3)	4,55	0,54	0,72	4,22	1,06	0,96	0,252	0,015
Sozialkompetenz (9)	4,93	0,36	0,62	4,22	1,10	0,96	0,121	0,150
Methodenkompetenz (9)	4,74	0,41	0,82	4,19	1,10	0,98	0,169	0,074

Sechsstufige Likert-Skala von *1* trifft gar nicht zu bis *6* trifft völlig zu. ICC_2 Intraklassenkorrelation 2

absolute Unterschiede der Mittelwerte – im Gegensatz zum ICC1– nicht mindernd aus. Tabelle 4 zeigt die Selbsteinschätzung der Auszubildenden aus der Ausgangserhebung (vgl. auch Tab. 3), die korrespondierende Fremdeinschätzung durch die Ausbilder/innen sowie die Analyse der Konsistenz mittels ICC2.

Bei der Fremdeinschätzung durch die Ausbilder fallen die hohen C.A.-Werte auf. In Tab. 4 nicht dargestellt sind zudem die enorm hohen Zusammenhänge zwischen den drei Skalen der Fremdeinschätzung (0,91 < r < 0,95). Innerhalb der Beurteilung eines Auszubildenden wird offenbar kaum hinsichtlich verschiedener Facetten differenziert, was auf Halo-Effekte schließen lässt. Andererseits fallen die im Vergleich zu den Selbstbeurteilungen der Auszubildenden deutlich höheren Standardabweichungen der Skalen auf. Zwischen den einzelnen Auszubildenden differenzieren die Ausbilder folglich stärker. Varianzanalytisch zeigt sich, dass der Ausbildungsberuf im Urteil der Ausbilder starke Effekte aufweist (0,151 < η² < 0,189). Im Selbsturteil der Auszubildenden fallen die geringen Streuwerte auf. Selbst zwischen den Ausbildungsjahrgängen finden sich keine signifikanten Unterschiede (aus Platzgründen nicht dargestellt). Zur Selbstbeurteilung der eigenen Kompetenz wird offenbar eher ein sozialer Vergleich zur Peer Group (d. h. zu Auszubildenden des gleichen Ausbildungsjahres) herangezogen als ein Abgleich mit den Anforderungen des gesamten Ausbildungscurriculums. Auch die Fremdurteile durch die Ausbilder weisen keine jahrgangsspezifischen Unterschiede auf. Insgesamt bemerkenswert sind die geringen Übereinstimmungen zwischen Selbst- und Fremdbeurteilung (ICC₂), die jedoch auch aus entsprechenden Meta-Analysen berichtet werden (Harris und Schaubroeck 1988). Die hier gewählte Kompetenzmessung weist also Limitationen auf, die zu diskutieren sind.

4 Empirische Befunde

4.1 Lehr-Lern-Verständnis der Ausbilder/innen (H1)

Um die Sichtweisen der Lernprozessbegleiter/innen mit jenen der übrigen Ausbilder/innen zu vergleichen, wurden zwei Gruppen („LPB" = Lernprozessbegleiter/innen; „Rest" = übrige Ausbilder/innen) gebildet[3] und die Kodierungen gegenüber gestellt (siehe Tab. 5).

Beide Ausbildergruppen nehmen sich eher als Lernberater denn als Wissensvermittler wahr. Auch geben beide Gruppen in etwa gleichem Ausmaß an, Ausbildungsziele auf der Beziehungsebene zu verfolgen. Deutlichere Unterschiede zeigen sich jedoch bei den Kodierungen zur Inhaltsebene. Während die Lernprozessbegleiter/innen eher tiefenorientierte Ziele verfolgen, nennen die übrigen Ausbilder/innen vermehrt oberflächen-

Tab. 5: Sichtweisen der Ausbilder in Abhängigkeit von der Gruppenzugehörigkeit

	Ausbilder/innen (8) (absolut)		Nennungen (80) (relativ pro Ausbilder/in)	
	Rest (5)	LPB (3)	Rest (/5)	LPB (/3)
Ausbilderrolle				
Wissensvermittler	2	0	0,60	0,00
Lernberater	5	3	2,40	2,67
Ausbildungsziele				
Inhaltsebene: Oberflächenorientierung	5	2	4,80	1,33
Inhaltsebene: Tiefenorientierung	2	3	1,40	2,67
Beziehungsebene	4	3	1,60	2,00

Zur besseren Lesbarkeit bzw. Vergleichbarkeit wurde die Anzahl der Nennungen in den letzten beiden Spalten jeweils durch die Anzahl der Personen geteilt. Die Einträge entsprechen der durchschnittlichen Anzahl der Nennungen pro Person in der jeweiligen Gruppe

orientierte Ziele. Inwiefern diese Unterschiede valide und kausal auf die Weiterbildung zurückzuführen sind, wird zu diskutieren sein. Hypothese H1 wird aufgrund der Befunde beibehalten (wenngleich Chi-Quadrat-Anpassungstests aufgrund der geringen Stichprobe keine signifikanten Effekte ausweisen).

4.2 Wahrgenommene Betreuung, Motivation, Lernstrategieeinsatz und Kompetenzen im Intergruppenvergleich (H2 und H3)

Zur Überprüfung der Unterschiedshypothesen (vgl. Abschn. 24) dient im Folgenden für jede Kategorie eine Varianzanalyse mit einem Messwiederholungsfaktor (Erhebungszeitpunkt) und einem unabhängigen Faktor (Gruppenzugehörigkeit der Ausbilder). Es lassen sich dann drei Effekte analysieren, nämlich zwei Haupteffekte (Treatment und Zeit) sowie der Interaktionseffekt (Treatment × Zeit).[4]

Allerdings ist festzustellen, dass lediglich knapp ein Drittel der Befragten (zwischen 32 und 34 Probanden) Angaben bei allen Messzeitpunkten gemacht hat. Dies schränkt die Möglichkeiten einer Analyse von Entwicklungen ein. Im Folgenden werden daher die Ergebnisse des Vergleichs der Zwischen- und der Ausgangserhebung berichtet, für die zwischen 60 und 62 vollständige Datensätze vorliegen (Lernstrategien: Vergleich von Eingangs- und Ausgangserhebung; 66 und 68 vollständige Datensätze).

Abbildung 1 gibt Aufschluss über die Mittelwerte der Skalen zur wahrgenommenen Betreuung nach Gruppen sowie nach Erhebungszeitpunkt. Bezüglich Hypothese 2 lassen sich signifikante Treatmenteffekte (siehe Tab. 6, zur Interpretation der Ergebnisse siehe Abb. 1) für die Variablen Planungshilfe, Lernthemen und Engagement (Scheffé-Test: jeweils mit Vorteilen zu Gunsten der Gruppen LPB+und WECHS) feststellen. Daneben treten für die genannten Konstrukte bei im Zeitablauf abfallenden Werten jeweils auch Zeiteffekte auf. Worauf dieser wahrgenommene Rückgang der Betreuungsqualität zurückzuführen ist, muss an dieser Stelle leider offen bleiben. Schließlich lassen sich für die Konstrukte Planungshilfen und Fachkompetenz des Ausbilders überzufällige Interaktionseffekte finden. Alles in Allem scheint sich die Intervention in gewünschter Weise auf die wahrgenommene Betreuung auszuwirken, so dass Hypothese 2 beibehalten wird.

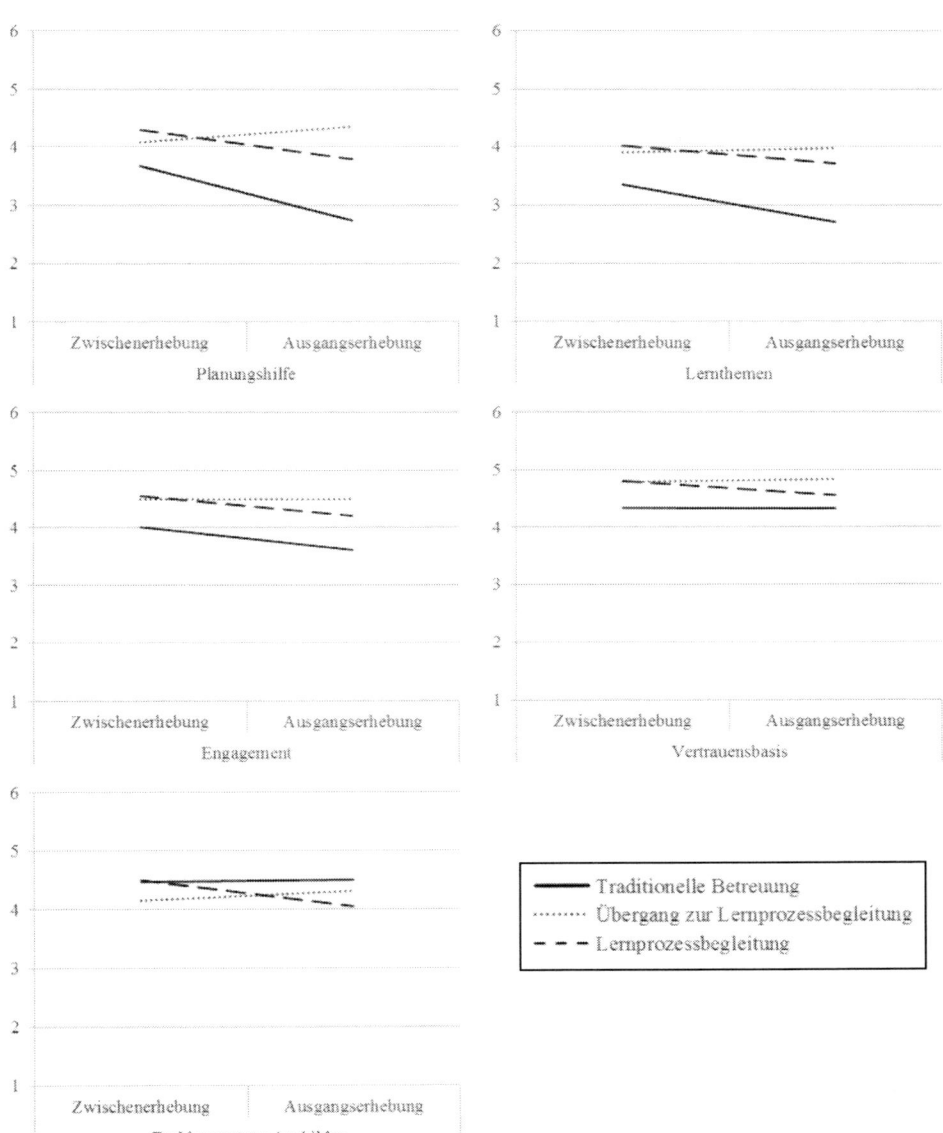

Abb. 1: Wahrgenommene Betreuungsqualität (Zwischen- und Ausgangserhebung, $60 \geq n \geq 62$)

Bezüglich der motivationsrelevanten Bedingungen zeigen sich lediglich zwei signifikante Interaktionseffekte bei den Skalen Kompetenzerleben und soziale Eingebundenheit (siehe Tab. 6 sowie Abb. 2). Hier entwickeln sich die Werte der Gruppe LPB + (es ist jeweils ein Absinken der Werte zu konstatieren) anders als jene der beiden Vergleichsgruppen (Werte steigen leicht an). Offenbar wirkt sich die Lernprozessbegleitung hier zunächst weniger günstig auf die motivationsrelevanten Bedingungen aus. Hinsichtlich

Tab. 6: Varianzanalyse mit Messwiederholung für die interessierenden Konstrukte

Skala	n	Treatmenteffekt			Zeiteffekt			Interaktionseffekt		
		F	p	η^2	F	p	η^2	F	p	η^2
Wahrgenommene Betreuungsqualität										
Planungshilfe	60	5,903	0,005	0,172	6,439	0,014	0,101	4,594	0,014	0,139
Lernthemen	61	4,228	0,019	0,127	4,147	0,046	0,067	1,777	0,178	0,058
Engagement	62	3,433	0,039	0,104	6,368	0,014	0,097	1,222	0,302	0,040
Vertrauensbasis	62	1,601	0,210	0,051	1,742	0,192	0,029	1,009	0,371	0,033
Fachkompetenz Ausb.	62	0,301	0,741	0,010	3,317	0,074	0,053	3,176	0,049	0,097
Motivationsrelevante Bedingungen										
Autonomieerleben	62	0,635	0,533	0,021	0,998	0,322	0,017	1,609	0,209	0,052
Kompetenzerleben	62	1,996	0,149	0,062	0,925	0,340	0,015	4,446	0,016	0,131
Soz. Eingebundenheit	62	0,564	0,572	0,019	0,782	0,380	0,013	4,958	0,010	0,144
Motivationsarten										
Amotivation	60	1,734	0,186	0,057	0,016	0,900	0,000	0,202	0,818	0,007
Extrins. Motivation	61	0,403	0,670	0,014	0,197	0,659	0,003	1,756	0,182	0,057
Intrins. Motivation	61	0,712	0,495	0,024	2,626	0,111	0,043	1,094	0,342	0,036
Interesse	60	1,693	0,193	0,056	1,062	0,307	0,018	0,137	0,873	0,005
Lernstrategien										
Memorieren	67	7,754	0,001	0,195	2,336	0,131	0,035	5,597	0,006	0,149
Elaborieren	68	0,336	0,716	0,010	0,1975	0,165	0,029	1,844	0,166	0,054
Transformieren	68	1,192	0,310	0,035	0,235	0,630	0,004	0,291	0,748	0,009
Monitoring	66	3,631	0,032	0,103	8,253	0,006	0,116	1,848	0,166	0,055
Regulation	68	1,192	0,310	0,035	0,814	0,370	0,040	1,351	0,266	0,040
Zeitmanagement	66	0,656	0,523	0,020	0,452	0,504	0,007	2,893	0,063	0,084
Selbstberichtete Kompetenz										
Fachkompetenz	62	1,457	0,241	0,047	4,017	0,050	0,064	0,645	0,528	0,021
Methodenkompetenz	62	0,001	0,999	0,000	0,009	0,925	0,000	0,515	0,600	0,017
Sozialkompetenz	62	0,955	0,391	0,031	0,273	0,603	0,005	1,284	0,284	0,042

der Werte für die verschiedenen Motivationsarten lassen sich keine überzufälligen Unterschiede feststellen (Tab. 6). Auf eine Abb. der Werte wird daher verzichtet. Einen Eindruck über das – durchaus zufrieden stellende Motivationsniveau – vermittelt Tab. 3.

Mit Blick auf die Lernstrategien zeigen sich bei einem Vergleich der Angaben für die Eingangs- und die Ausgangserhebung erneut nur wenige überzufällige Effekte (Tab. 6). Lediglich für Memorieren und Monitoring lassen sich Treatmenteffekte feststellen, und zwar dahingehend, dass die Gruppe der Wechsler für Memorieren signifikant bessere Werte berichtet als die beiden anderen Vergleichsgruppen und bei Monitoring beide Gruppen mit Lernprozessbegleitung bessere Werte erreichen als die Gruppe LPB-. Für Memorieren zeigt sich zudem ein signifikanter Interaktionseffekt (bedingt durch die fallenden Werte bei der Gruppe LPB+), der sich andeutende Wechselwirkungseffekt für Zeitmanagement ist dagegen nicht signifikant (siehe Abb. 3).

Abschließend werden die Selbsteinschätzungen hinsichtlich des Kompetenzerwerbs analysiert. Auch hier finden sich kaum signifikante Effekte; lediglich für die Fachkompetenz zeigt sich ein signifikanter Anstieg der Werte (siehe Tab. 6 und 3).

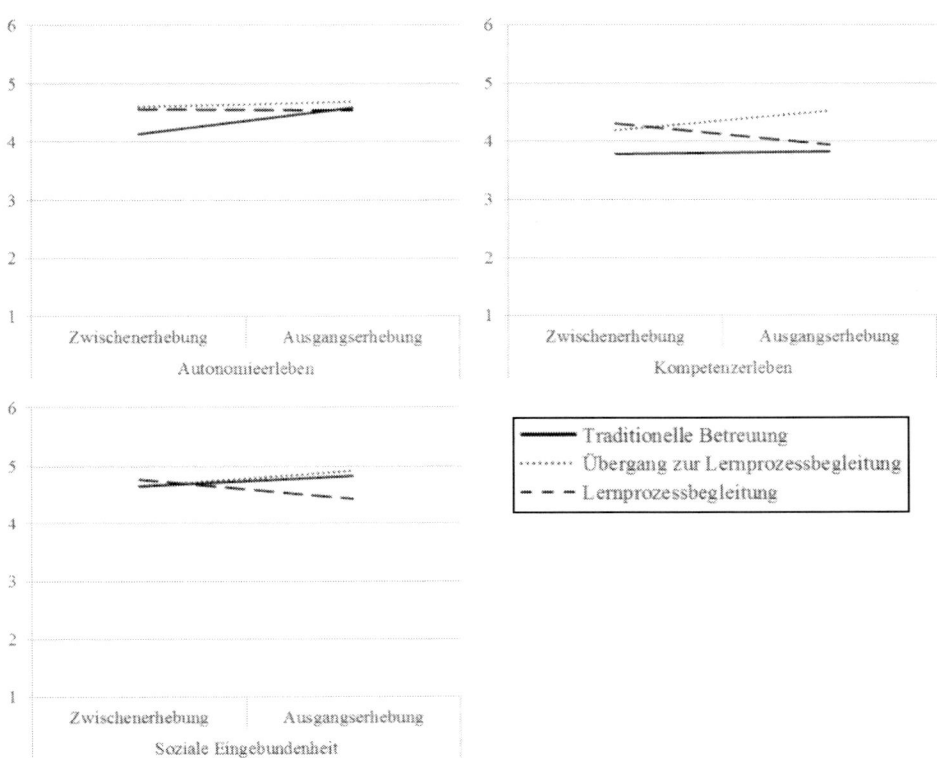

Abb. 2: Motivationsrelevante Bedingungen (Zwischen- und Ausgangserhebung, $n = 62$)

Alles in Allem sind – vor dem Hintergrund der vorliegenden Befunde – die Hypothesen 3a, 3b und 3c, welche Vorteile insbesondere für die Experimentalgruppe LPB+ postulierten, abzulehnen. Eine mögliche Ursache könnte aber auch in den Schwächen des quasi-experimentellen Designs liegen, da die Teilstichproben nicht homogen sind (s. o.).

5 Diskussion und Ausblick

Zusammenfassend sind folgende Befunde festzuhalten:

- Diejenigen Ausbilder/innen, die zum/r Lernprozessbegleiter/in weitergebildet wurden, weisen hypothesenkonform ein konstruktivistischeres Lehr-Lern-Verständnis auf (H1 beibehalten).
- Die Auszubildenden, die gemäß dem Ansatz der Lernprozessbegleitung betreut werden, nehmen die Betreuung hypothesenkonform unterschiedlich wahr (H2 beibehalten).
- Die Auszubildenden, die gemäß dem Ansatz der Lernprozessbegleitung betreut werden, weisen kaum Vorteile bezüglich Motivation, Lernstrategien und Kompetenz auf.

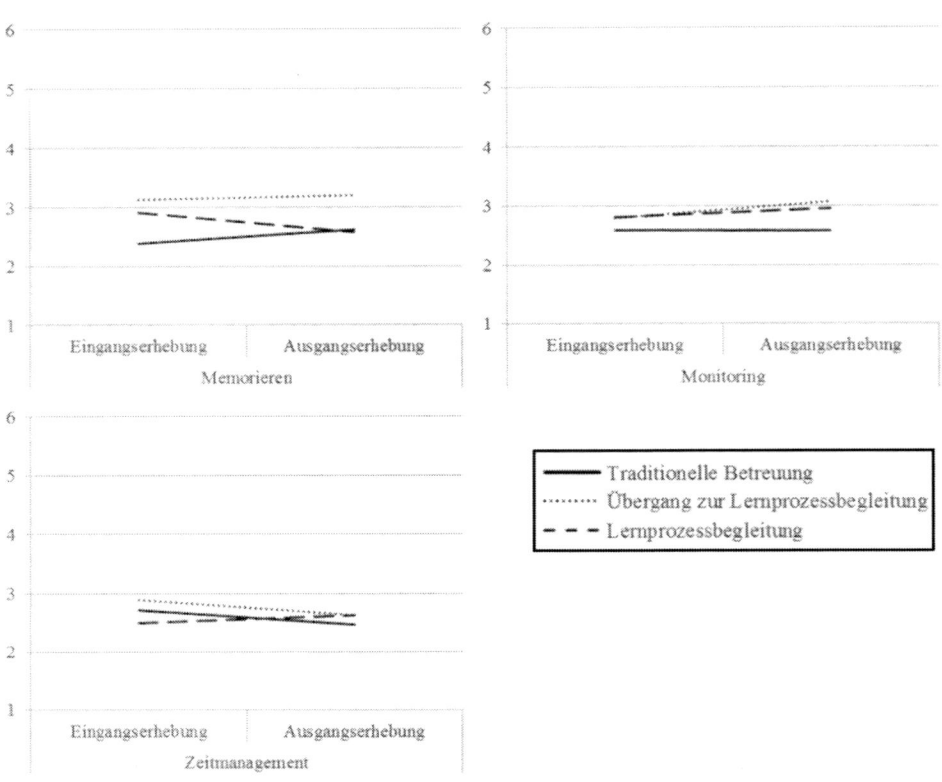

Abb. 3: Lernstrategien (Eingangs- und Ausgangserhebung, $66 \geq n \geq 68$)

Der Betreuungsansatz der Lernprozessbegleitung scheint sich günstig auf die Wahrnehmung sozial-emotionaler Bedingungen sowie auf die Anwendung von Monitoring-Strategien im kognitiven Bereich auszuwirken. Weitere erwartete Effekte fanden sich indes nicht (H3 verwerfen).

Alles in allem ist die Aussagekraft zur Wirksamkeit des eingeführten Betreuungsansatzes trotz des vergleichsweise aufwändigen Forschungsdesigns recht eingeschränkt. Einige Limitationen werden im Folgenden verdeutlicht:

Quasi-experimentelles Design: Die Nachteile eines in der Forschungspraxis oft unvermeidbaren quasi-experimentellen Designs gegenüber einem experimentellen Design liegen in der nicht zufälligen Verteilung der Probanden auf Experimental- und Kontrollgruppe sowie Problemen mit dem Rücklauf. Dies gilt auch für die vorliegende Untersuchung. So befinden sich bspw. die von den Ausbildern/innen in der Fremdbeurteilung sehr gut beurteilten Fachinformatiker für Systemintegration (FiSi) ausschließlich in der Kontrollgruppe der „traditionell Betreuten", während die deutlich schlechter eingeschätzten Kaufleute im Dialogmanagement (KDM) allesamt in der Experimentalgruppe der „Lernprozessbegleiteten" sind. Verzerrungen sind somit wahrscheinlich. Zudem dürften auch die heterogenen schulischen Vorbildungen und Lerngewohnheiten in den verschiedenen Berufsgruppen einen Einfluss auf die Wahrnehmung der betrieblichen Lernumgebung ausüben, der in der vorliegenden Studie ebenfalls unberücksichtigt blieb. Darüber hinaus kann auch nach der Gruppenbildung nicht von einer strikten Trennung der Treatments von Kontroll- und Experimentalgruppe ausgegangen werden. Während sich die Forschungsfragen auf die Umsetzung des Experimentaltreatments „Lernprozessbegleitung" beziehen, kann nicht ausgeschlossen werden, dass auch die „traditionell Betreuenden" aufgrund der engen Zusammenarbeit ihre Betreuung verändern. Somit würden Unterschiede zwischen den Gruppen geringer, ohne dass dies an einer fehlenden Wirksamkeit innerhalb der Experimentalgruppe läge.

Keine Veränderung der Lehr-Lernkonzepte: Bereits der gefundene Erfolg des ersten Schrittes der angenommenen Wirkungskette – die Veränderung des subjektiven Lehr-Lern-Verständnisses und der Ausbildungsziele durch die Qualifizierungsmaßnahme zum/r Lernprozessbegleiter/in – muss hinterfragt werden. Die in den Interviews gefundenen Unterschiede können bspw. auf soziale Erwünschtheit zurückzuführen sein, da die Lernprozessbegleiter/innen die vermeintlich „richtigen" Antworten aus der Weiterbildung kennen. Zudem könnten tatsächliche Unterschiede auch schon vor der Qualifizierungsmaßnahme bestanden haben.

Probleme im Change Management: Die geringen Effekte könnten auch auf typische Probleme im Change Management verweisen. In einer Freitextangabe gab ein Auszubildender bspw. an, „… bei dieser neuen Ausbildungsform ‚Lernprozessbegleitung' läuft hier alles drunter und drüber. Eigentlich ist hier jeder sich selbst überlassen". Der insgesamt neunmonatige Erhebungszeitraum könnte somit zu kurz gewählt sein. Ein u. E. bedeutsameres Problem liegt darin, dass sich die Weiterbildung zum/r Lernprozessbegleiter/in an die falsche Zielgruppe richtet. Eine größere Wirksamkeit wäre vermutlich zu erzielen, wenn man (auch) die ausbildenden Fachkräfte in den Einsatzressorts entsprechend geschult hätte. So wird aus einer anderen Fallstudie zur Einführung der Lernprozessbegleitung berichtet, dass die betrieblichen Facharbeiter die „faktischen Lernbegleiter" seien und diese daher auch in besonderem Maße qualifiziert wurden (Bauer et al. 2004, S. 48). Diese Strategie wurde im vorliegenden Fall nicht gewählt. Die Aussage eines Auszubildenden unterstreicht diese Problematik: „Bei Fragen und Problemen wendete ich mich an meinen Teamleiter in der [Fachabteilung]. Er war fast immer für mich da." Bezüglich der Wahrnehmung der Betreuungsform durch die Auszubildenden zeigen die Analysen von Baeriswyl und Wandeler (2007), dass Instruktionismus an der Person des Ausbilders festgemacht wird, aber Konstruktivismus in der Wahrnehmung der Auszubildenden zu gleichen Teilen durch das Ausbildungspersonal und den Betrieb geprägt wird. Auch dieser Befund deutet auf einen begrenzten Einfluss des Ausbildungspersonals hin.

Schwächen im Treatment selbst: Es wäre durchaus denkbar, dass das Treatment „Lernprozessbegleitung" keine bedeutsame Neuerung darstellt, sondern im betrieblichen Alltag (und somit auch in der Kontrollgruppe) ohnehin schon in ähnlicher Weise praktiziert wird. Die Interviewaussage eines Ausbilders (Gruppe der „Wechsler") unterstreicht diese Vermutung: „Lernprozessbegleitung heißt es dann halt, laut Definition. Es wird ein Zielvereinbarungsgespräch geführt.... in der alten Ausbildung, da hatten wir die gleichen Gespräche geführt. Die waren nicht anders, nur die wurden nie dokumentiert. ... Das ist eigentlich der einzige Unterschied." Eine weitere Erklärung – die Nullhypothese jeder Interventionsstudie – liegt darin, dass das Treatment schlicht ungeeignet ist, die erwarteten Effekte herbeizuführen. Wirksamkeitsstudien sind stets so anzulegen, dass dieser Befund möglich ist. In vielen „Evaluationsprojekten" scheint dies nicht gegeben. Und schließlich ist zu berücksichtigen, dass ein und dasselbe Treatment je nach Beruf, Branche, Unternehmen, Abteilung etc. mal mehr und mal weniger wirksam sein kann. Hier besteht erheblicher Forschungsbedarf.

Validitätsprobleme: Empirische Analysen beruflicher Lehr- und Lernprozesse stehen vor dem Problem, dass die Versuchspersonen in der Regel kaum über erziehungswissenschaftliche Expertise und Erfahrung in der Reflexion und Artikulation von Lehr-Lernprozessen verfügen. Befragte ziehen eher formale Lehr-Lern-Settings in Betracht, wohingegen gerade bei dem hier untersuchten Gegenstand informelle Aktivitäten von besonderer Bedeutung sind. Bei Selbstauskünften zu informellen Lernprozessen ist daher mit entsprechenden Verzerrungen zu rechnen (Simons 2004; Simons und Ruijters 2004; Rausch 2012).

Schwächen in der Kompetenzmessung: Eine Schwäche der meisten Interventionsstudien im betrieblichen Bereich ist die Messung der abhängigen Variablen. Schon retrospektive Selbstauskünfte zu Lern- und Arbeitsbedingungen und zum emotional-motivationalen Erleben unterliegen zahlreichen Verzerrungen, aber ungleich drastischer dürften die Verzerrungen der selbsteingeschätzten Kompetenzen sein. Zweifellos sind Selbstauskünfte mittels standardisierter Fragebogen eine sehr effiziente Erhebungsmethode, jedoch bei deutlich eingeschränkter Validität. Dies trifft in weiten Teilen auch auf Fremdbeurteilungen durch das Ausbildungspersonal zu. Zusätzlich ist anzuführen, dass eine problem- und lernerorientierte Didaktik (zumindest vorübergehend) dazu führen könnte, dass eigene Inkompetenzen stärker ins Bewusstsein rücken. Es eröffnen sich damit aber nahezu beliebige Interpretationsmöglichkeiten (ein Absinken der subjektiven Kompetenz würde als Indikator für eine wirksame Intervention interpretiert). Für Wirksamkeitsstudien im berufsbildenden Bereich bedarf es dringend valider(er) Instrumente der Kompetenzmessung.

Aus der vorangegangenen Diskussion wird deutlich, dass trotz des relativ hohen Forschungsaufwands zahlreiche Fragen offen und viele Befunde mehrdeutig bleiben. Die Notwendigkeit solider Wirksamkeitsstudien in der betrieblichen Bildung scheint angesichts einer Vielfalt von teilweise wenig reflektierter Ratgeberliteratur dringend angezeigt. Neben einem Feldzugang mit ausreichend großen Stichproben, der Möglichkeit einer randomisierten Zuweisung von Probanden auf Experimental- und Kontrollgruppe, einem längsschnittlichen Erhebungsdesign sowie der umfangreichen Kontrolle von Drittvariablen rückt insbesondere die valide Messung beruflicher Handlungskompetenz in den Blickpunkt. Eine Reihe vielversprechender Ansätze finden sich auch im vorliegenden Themenheft.

Anmerkungen

1   Inwiefern die Annahme einer weiten Verbreitung dieser „traditionellen Rolle" empirisch gerechtfertigt ist, bleibt angesichts der defizitären Befundlage zum Ausbilderhandeln zumindest diskutabel.

2   Wenngleich bei Evaluationsprojekten durchaus üblich, ist eine Operationalisierung von Kompetenz mittels Selbsteinschätzung kritisch zu diskutieren (s. u.).

3   Clusteranalytisch lässt sich zeigen, dass die beiden Gruppen in sich homogene Cluster bilden.

4   Bei der Interpretation der Effektgröße orientieren wir uns an einer von Cohen (1977, S. 284 ff.) vorgeschlagenen Klassifikation kleiner ($\eta^2 > 0,01$), mittlerer ($\eta^2 > 0,06$) und großer Effekte ($\eta^2 > 014$).

Literatur

Arnold, R. (1983). *Pädagogische Professionalisierung betrieblicher Bildungsarbeit: Explorative Studie zur Ermittlung weiterbildungsrelevanter Deutungsmuster des betrieblichen Bildungspersonals*. Frankfurt a. M.: Lang.

Baeriswyl, F., & Wandeler, C. (2007). Die Ausbildungskonzeptionen von betrieblichen Ausbildenden. Unveröffentlichter zweiter Schlussbericht. Fribourg: Universität Fribourg.

Baeriswyl, F., Wandeler, C., & Oswald, K. (2006). Die Ausbildungskonzeptionen von betrieblichen Ausbildenden. Unveröffentlichter Schlussbericht im Projekt „Qualitätsmerkmale und ihre Wirkung in der betrieblichen Bildung (QUWIBB)". Fribourg: Universität Fribourg.

Bahl, A., & Diettrich, A. (2008). Die vielzitierte „neue Rolle" des Ausbildungspersonals – Diskussionslinien, Befunde und Desiderate. bwp@ Berufs- und Wirtschaftspädagogik – online, 2008(4), 1–16. http://www.bwpat.de/ht2008/ws25/bahl_diettrich_ws25-ht2008_spezial4.shtml. Zugegriffen: 24. Sept. 2013.

Bahl, A., Blötz, U., Niethen, G., & Schwerin, C. (2009). *Die Situation des ausbildenden Personals in der beruflichen Bildung*. Bonn: Bundesinstitut für Berufsbildung.

Bauer, H., Brater, M., Büchele, U., Dahlem, H., Maurus, A., & Munz, C. (2004). *Lernen im Arbeitsalltag. Wie sich informelle Lernprozesse organisieren lassen*. Bielefeld: W. Bertelsmann Verlag.

Bauer, H. G., Brater, M., Büchele, U., Dufter-Weis, A., Maurus, A., & Munz, C. (2006). *Lern (prozess) begleitung in der Ausbildung. Wie man Lernende begleiten und Lernprozesse gestalten kann*. Bielefeld: W. Bertelsmann Verlag.

Bransford, J. D., Brown, A. L., & Cocking, R. R. (Hrsg.). (1999). *How people learn: Brain, mind, experience, and school*. Washington: National Academy Press.

Beck, K. (2005). Ergebnisse und Desiderate zur Lehr-Lern-Forschung in der kaufmännischen Berufsausbildung. *Zeitschrift für Berufs- und Wirtschaftspädagogik, 101*(4), 533–556.

Büchele, U., & Kohlhaas, J. (2008). Reflexives Handeln – Basis für lebenslanges Lernen. Qualifizierung des Ausbildungspersonals bei der Deutschen Telekom. *BWP – Berufsbildung in Wissenschaft und Praxis, 37*(1), 44–47.

Cohen, J. (1977). *Statistical power analysis for the behavioral sciences (Revised Ed.)*. New York: Academic Press.

Deci, E. L., & Ryan, R. M. (1993). Die Selbstbestimmungstheorie der Motivation und ihre Bedeutung für die Pädagogik. *Zeitschrift für Pädagogik, 39*(2), 223–238.

Euler, D. (1999). *Kooperation der Lernorte in der Berufsbildung*. Nürnberg: Universität Erlangen-Nürnberg.

Fischler, H. (1995). Vorstellungen vom Lehren und Lernen: Entwicklungen und Verformungen. In H. Kemper & E. Rau (Hrsg.), *Formation und Transformation. Spuren in Bildungsforschung und Bildungspolitik* (S. 91–119). Frankfurt a. M.: Lang.

Frey, A., Balzer, L., Renold, U., & Nenniger, P. (2002). *Reform der kaufmännischen Grundausbildung – Bd. 2: Instrumente der Evaluation.* Landau: Verlag Empirische Pädagogik.

Harris, M. H., & Schaubroeck, J. (1988). A meta-analysis of self–supervisor, self–peer, and peer–supervisor ratings. *Personnel Psychology, 41,* 43–62.

Heid, H. (1995). Werte und Normen in der Berufsbildung. In R. Arnold & A. Lipsmeier (Hrsg.), *Handbuch der Berufsbildung* (S. 29–38). Opladen: VS Verlag für Sozialwissenschaften.

Heyn, S., Baumert, J., & Köller, O. (1994). *Kieler Lernstrategien-Inventar (KSI) – Skalendokumentation.* Kiel: IPN.

Jutzi, K. (1997). *Schlüsselqualifikationen und betriebliches Ausbildungspersonal: Eine Erkundungsstudie zu subjektiven Konzeptionen von Schlüsselqualifikationen bei hauptamtlichen Ausbildern im gewerblichen Bereich der elektro- und metallverarbeitenden Industrie in Schleswig-Holstein.* Kiel: IPN.

Keck, A. (1995). Zum Lernpotential kaufmännischer Arbeitssituationen: Theoretische Überlegungen und empirische Ergebnisse zu Lernprozessen von angehenden Industriekaufleuten an kaufmännischen Arbeitsplätzen. Göttingen: Georg-August-Universität Göttingen.

Kember, D. (1997). A reconceptualisation of the research into university academics' conceptions of teaching. *Learning andInstruction, 7*(3), 255–275.

Koch, R., Jahn, R. W., Schumann, J., & Schiller, S. (2009). Aufgaben- und Rollenpluralität des beruflichen Bildungspersonals: Ergebnisse einer empirischen Untersuchung. bwp@ Berufs- und Wirtschaftspädagogik – online, Profil2. www.bwpat.de/profil2/koch_etal_profil2.pdf. Zugegriffen: 24. Sept. 2013.

König, E. (2005). Das Konstruktinterview: Grundlagen, Forschungsmethodik, Anwendung. In E. König & G. Volmer (Hrsg.), *Systemisch denken und handeln* (S. 83–117). Weinheim: Beltz.

Kuckartz, U. (2007). *Einführung in die computergestützte Analyse qualitativer* Daten (2., aktualisierte und erweiterte Aufl.). Wiesbaden: VS Verlag für Sozialwissenschaften.

Kunter, M., Klusmann, U., & Baumert, J. (2009). Professionelle Kompetenz von Mathematiklehrkräften: Das COACTIV-Modell. In O. Zlatkin-Troitschanskaia, K. Beck, D. Sembill, R. Nickolaus & R. Mulder (Hrsg.), *Lehrprofessionalität – Bedingungen, Genese, Wirkungen und ihre Messung* (S. 153–165). Weinheim: Beltz.

Langfeldt, H. P., & Nieder, T. (2004). Subjektive Theorien von Lehramtsstudierenden – ein Forschungsprogramm zur Qualitätsverbesserung in der universitären Lehrerausbildung. In D. Lenzen (Hrsg.), *PISA und die Konsequenzen für die erziehungswissenschaftliche Forschung. Beiheft 3 der Zeitschrift für Erziehungswissenschaft* (S. 159–170). Wiesbaden: VS Verlag für Sozialwissenschaften.

Leidner, M. (2002). Subjektive Interessenstheorie nebenberuflicher Ausbilder im Handwerk. *Zeitschrift für Berufs- und Wirtschaftspädagogik, 98*(2), 268–277.

Leu, H. R., & Otto, E. M. (1981). Ausbildung und Auszubildende in der Sicht von Berufsschullehrern und Ausbildern. *Zeitschrift für Pädagogik, 27*(5), 711–722.

Marton, F., & Säljö, R. (1976). On qualitative differences in learning I – Out-come and process. *British Journal of Educational Psychology, 46,* 4–11.

Marton, F., & Säljö, R. (1984). Approaches to learning. In F. Marton, D. Hounsell, & N. Entwistle (Hrsg.), *The experience of learning* (S. 36–55). Edinburgh: Scottish Academic Press.

Mayring, P. (2007). *Qualitative Inhaltsanalyse – Grundlagen und Techniken* (9. Aufl.). Weinheim: Beltz.

Michelsen, U. A. (1979). Der Ausbilder in der Industrielehrwerkstatt: Tätigkeit, Berufseinstellung, Ausbildung. Trier: Spee.

Müller, S., Rebmann, K., & Liebsch, E. (2008). Überzeugungen zu Wissen und Lernen von Ausbilder(inne)n: Eine Pilotstudie. *Europäische Zeitschrift für Berufsbildung, 45*(3), 99–118.

Noss, M. (2000). *Selbstgesteuertes Lernen am Arbeitsplatz.* Wiesbaden: Gabler.

Pätzold, G., & Drees, G. (1989). *Betriebliche Realität und pädagogische Notwendigkeit: Tätigkeitsstrukturen, Arbeitssituationen und Berufsbewußtsein von Ausbildungspersonal im Metallbereich.* Köln: Böhlau.

Prenzel, M., Kristen, A., Dengler, P., Ettle, R., & Beer, T. (1996). Selbstbestimmt motiviertes und interessiertes Lernen in der kaufmännischen Erstausbildung. In K. Beck & H. Heid (Hrsg.), *Lehr-Lern-Prozesse in der kaufmännischen Erstausbildung. Beiheft 13 der Zeitschrift für Berufs- und Wirtschaftspädagogik* (S. 108–127). Stuttgart: Steiner.

Rausch, A. (2009). Lernen am Arbeitsplatz und dessen Förderung aus Sicht von Ausbildungsbeteiligten – Ergebnisse einer Interview-Studie im Einzelhandel. bwp@ Berufs- und Wirtschaftspädagogik – online, 2009(17), 1–29. http://www.bwpat.de/content/uploads/media/rausch_bwpat17.pdf. Zugegriffen: 24. Sept. 2013.

Rausch, A. (2012). Prozessnahe und retrospektive Erhebungsmethoden der Arbeitsanalyse in der betrieblichen Ausbildung. In A. Rausch, K. Kögler, & A. Laireiter (Hrsg.), *Tagebücher als prozessnahe Erhebungsinstrumente in der Feldforschung. Themenheft der Empirischen Pädagogik* (S. 247–270). Landau: VEP.

Reinisch, H. (2009). „Lehrprofessionalität" als theoretischer Term – Eine begriffssystematische Analyse. In O. Zlatkin-Troitschanskaia, K. Beck, D. Sembill, R. Nickolaus, & R. Mulder (Hrsg.), *Lehrprofessionalität. Bedingungen, Genese, Wirkungen und ihre Messung* (S. 33–43). Weinheim: Beltz.

Resnick, L. B. (1987). Learning in and out school. *Educational Researcher, 16*(9), 13–20.

Säljö, R. (1979). Learning in the learner's perspective I: Some common sense conceptions. Report No. 76. Göteburg: Institute of Education, University of Gothenburg.

Schaper, N. (2004). Fach-, Methoden- und Sozialkompetenz durch arbeitsbezogenes Lernen in der betrieblichen Ausbildung. In B. Wiese (Hrsg.), *Individuelle Steuerung beruflicher Entwicklung – Kernkompetenzen in der modernen Arbeitswelt* (S. 197–222). Frankfurt: Campus.

Schraw, G., Bendixen, L. D., & Dunkle, M. E. (2002). Development and validation of the epistemic belief inventory (EBI). In B. K. Hofer & P. R. Pintrich (Hrsg.), *Personal epistemology. The psychology of beliefs about knowledge and knowing* (S. 261–275). Mahwah: Erlbaum.

Simons, P. R. J. (2004). Sechs Wege, die Kluft zwischen Lernen und Arbeiten zu überwinden. In H. Gruber, C. Harteis, H. Heid, & B. Meier (Hrsg.), *Kapital und Kompetenz. Veränderungen der Arbeitswelt und ihre Auswirkungen aus erziehungswissenschaftlicher Sicht* (S. 93–110). Wiesbaden: VS Verlag für Sozialwissenschaften.

Simons, P. R. J., & Ruijters, M. C. P. (2004). Learning professionals. Towards an integrated model. In H. P. A. Boshuizen, R. Bromme, & H. Gruber (Hrsg.), *Professional learning: Gaps and transitions on the way from novice to expert* (S. 207–230). Dordrecht: Kluwer.

Sloane, P. F. E. (2006). Weiterbildung des betrieblichen Ausbildungspersonals. In D. Euler (Hrsg.), *Facetten des beruflichen Lernens* (S. 449–499). Bern: h.e.p.

Ulmer, P., & Gutschow, K. (2009). Die Ausbilder-Eignungsverordnung 2009: Was ist neu? *Berufsbildung in Wissenschaft und Praxis, 2009*(3), 48–51.

Z Erziehungswiss (2014) 17:149–167
DOI 10.1007/s11618-013-0456-3

Kompetenzentwicklung angehender Lehrkräfte im kaufmännisch-verwaltenden Bereich – Erfassung und Zusammenhänge von Fachwissen und fachdidaktischem Wissen

Christiane Kuhn · Roland Happ · Olga Zlatkin-Troitschanskaia ·
Klaus Beck · Manuel Förster · Daja Preuße

Zusammenfassung: Die Bedeutung der Lehrkraft für die Gestaltung und Qualität von Unterricht zeigt sich u. a. in einer stetig zunehmenden Zahl von Analysen der Professionalitätsentwicklung. Aktuell wird ein besonderer Forschungsfokus auf die Kompetenzentwicklung in der Lehrerausbildung gelegt, allerdings bislang vorrangig in stärker strukturierten Domänen. Für den Bereich Wirtschaftswissenschaften fehlen bislang noch theoriebasierte Kompetenzentwicklungsmodelle und auf sie angepasste Messinstrumente. Im Projekt ILLEV wurde versucht, diese Lücke durch die Entwicklung eines domänenspezifischen Kompetenzmodells und von Messinstrumenten zur Erfassung von Fachwissen sowie von fachdidaktischem Wissen zu schließen. Für das Fachwissen wurden zwei bereits vorliegende ältere Tests neu erprobt und umfassend validiert, für das wirtschaftsdidaktische Wissen musste ein neues Testinstrument entwickelt werden. Unser Beitrag stellt die Vorgehensweise im Einzelnen dar und berichtet über erste Zusammenhangsanalysen der beiden Wissensarten, die auf der Grundlage von Messungen im Rahmen des ILLEV-Projekts durchgeführt werden konnten. Er schließt mit Überlegungen zu weiterführenden Forschungsfragen.

Schlüsselwörter: Wirtschaftswissenschaftliches Wissen · Wirtschaftsdidaktisches Wissen · Lehrerprofessionalität · Kompetenzentwicklung · Testvalidierung

Dr. C. Kuhn (✉) · R. Happ · Prof. Dr. O. Zlatkin-Troitschanskaia ·
Prof. Dr. K. Beck · Jun.-Prof. Dr. M. Förster · D. Preuße
Johannes Gutenberg-Universität Mainz, Jakob Welder-Weg 9,
55099 Mainz, Deutschland
E-Mail: christiane.kuhn@uni-mainz.de

R. Happ
E-Mail: roland.happ@uni-mainz.de

Prof. Dr. O. Zlatkin-Troitschanskaia
E-Mail: lstroitschanskaia@uni-mainz.de

Prof. Dr. K. Beck
E-Mail: beck@uni-mainz.de

Jun.-Prof. Dr. M. Förster
E-Mail: manuel.foerster@uni-mainz.de

D. Preuße
E-Mail: preusse@uni-mainz.de

Competence development among future teachers in business and economics: Assessment and relationship of content knowledge and pedagogical content knowledge

Abstract: A constantly growing body of research is focused on teacher professionalism by analyzing the development of teaching competences. The majority of studies concentrates on well-structured subjects like mathematics as opposed to business administration and economics. This latter field is still lacking theory based competence models as well as the corresponding test instruments. Our ILLEV project is an attempt to fill this gap by developing a domain-specific competence model complemented by measuring instruments. For the assessment of content knowledge two existing test instruments were submitted to retesting and extensive validation, while the assessment of pedagogical content knowledge required the development of a new test instrument. Our paper presents the research design and discusses the results of correlation analyses including both kinds of professional knowledge. Additionally, it reports on a trial to explain the degree of pedagogical content knowledge by applying different regression models. The paper concludes with an outlook on further research questions.

Keywords: Business administration and economics · Pedagogical content knowledge · Teacher competencies · Test development

1 Einleitung

Dass den Lehrkräften bei der Gestaltung von Lehr-Lernprozessen im (berufs-) schulischen Bereich eine entscheidende Rolle zukommt, kann mit Blick auf den aktuellen Forschungsstand als erwiesen angesehen werden (vgl. z. B. die Beiträge in Darling-Hammond und Bransford 2005; Zlatkin-Troitschanskaia et al. 2009). Die überwiegende Anzahl an dazu vorliegenden Studien stützt sich zum einen auf die theoretischen Grundlagen, die durch Shulman (1986, 1987) eingeführt und durch Bromme (1997) erweitert wurden. Demnach wird eine Klassifizierung des Professionswissens von Lehrkräften v. a. in die Bereiche des Fachwissens, des fachdidaktischen Wissens und des pädagogischen Wissens vorgenommen. Zum anderen folgen die meisten aktuellen Studien dem Kompetenzverständnis nach Weinert (2001), wonach Handlungskompetenz neben den kognitiven auch affektive und volitionale Komponenten umfasst.

Inzwischen liegen mehrere Arbeiten vor, welche die verschiedenen Kompetenzfacetten von (angehenden) Lehrkräften in unterschiedlichen Fachdomänen fokussieren. So findet man viele Studien für den Bereich der *Mathematik* (vgl. z. B. Baumert und Kunter 2011; Schmidt et al. 2011), der *Physik* (vgl. z. B. Riese und Reinhold 2012), der *Biologie* (vgl. z. B. Schmelzing et al. 2008) sowie jüngst auch für die Lehramtsstudierenden in den Fächern *Englisch* (vgl. z. B. Roters et al. 2011) und *Deutsch* (vgl. z. B. Bremerich-Vos et al. 2011). All diesen Arbeiten ist gemeinsam, dass sie im Rahmen der Kompetenzmodellierung den Fokus auf das Wissen legen und u. a. den Fragen nachgehen, wie das fachliche und fachdidaktische Wissen in der jeweiligen Domäne zu operationalisieren ist und in welcher Beziehung die verschiedenen Wissensfacetten von (angehenden) Lehrkräften zueinander stehen (vgl. Blömeke 2007).

Ein Blick auf die Forschungsliteratur für die Domäne Wirtschaft zeigt jedoch, dass im deutschsprachigen Raum bislang für Lehrkräfte nur wenige empirische Analysen vorliegen (vgl. Reetz 2009; Seifried 2009; Zlatkin-Troitschanskaia und Kuhn 2010). An diesem Forschungsdefizit setzt das Projekt ILLEV (Innovativer Lehr-Lernortverbund in der akademischen Hochschulausbildung) mit einem vierjährigen Längsschnitt an (s. Kap. 2).[1] Eines seiner Ziele liegt im Vergleich der neuen Bachelor- und Master- mit den auslaufenden Diplomstudiengängen hinsichtlich ihrer Effekte auf die Entwicklung und Ausprägung der professionellen Kompetenz von Studierenden in der Domäne Wirtschaft (Zlatkin-Troitschanskaia et al. 2012). Im Rahmen der übergeordneten Fragestellung werden zum einen durch den Einsatz von zwei bereits bestehenden Tests zur Messung des wirtschaftswissenschaftlichen Fachwissens Aufgaben zur Erfassung dieses Wissensbereiches auf universitärem Niveau validiert (Förster et al. 2012; s. Kap. 3). Zum anderen wurden Items zur Erfassung des fachdidaktischen Wissens für die Domäne Wirtschaft neu konstruiert und erprobt (Kuhn 2013; s. Kap. 4). Aus diesen beiden Arbeitsschwerpunkten in ILLEV ergibt sich auch die Möglichkeit, der Beziehung zwischen fach- und fachdidaktischem Wissen in dieser Domäne nachzugehen (s. Kap. 5).

2 Zum theoretischen Hintergrund und zum Design des ILLEV-Projektes

Neben dem *Vergleichsgruppendesign* (das Nebeneinander der auslaufenden Diplom- und der neuen Bachelor- und Masterstudiengänge als quasi-natürliches Experiment) und der *längsschnittlichen* Betrachtung (Happ et al. 2012) bildet die Orientierung an der Triade von „Curriculum-Instruktion-Assessment" (vgl. Pellegrino 2010) ein weiteres besonderes Kennzeichen des ILLEV-Projektaufbaus. So werden u. a. 1) die Curricula der untersuchten Studienmodelle (Diplom, BA/MA in Wirtschaftswissenschaften und Wirtschaftspädagogik) erfasst und analysiert (Förster et al. 2012). Weiterhin wird für wirtschaftswissenschaftliche Studiengänge 2) die Quantität der Instruktionsdimension (Anzahl der Lehrveranstaltungen etc.) erhoben und für wirtschaftspädagogische Studiengänge um eine qualitative Analyse zur Lehr-Lern-Intervention in ILLEV erweitert.[2] Schließlich wird 3) mittels valider Messinstrumente der Output, also die professionelle Kompetenz der Studierenden, evaluiert und zwar – in Anlehnung an Weinert (2001) – in den Dimensionen Professionswissen, motivationale Orientierungen und (epistemologische) Überzeugungen.[3]

Im Rahmen dieses Beitrages soll – in Anlehnung an Shulman[4] (1986) – der Fokus auf das „Assessment" des Professionswissens von Studierenden der Wirtschaftspädagogik, also auf deren wirtschaftswissenschaftliches Fachwissen und fachdidaktisches Wissen, gerichtet werden (s. zu weiteren Projektergebnissen z. B. Förster und Zlatkin-Troitschanskaia 2010; Zlatkin-Troitschanskaia et al. 2012). Beide Dimensionen werden in den betrachteten Studienmodellen unter Kontrolle von Curricula und Lehr-Lern-Arrangements untersucht. Weitere potenzielle Einflussfaktoren wie kognitive Voraussetzungen (Intelligenz) und sozio-demografische Merkmale der Studierenden (Geschlecht, Vorwissen usw.) wurden ebenfalls erfasst.

Dass den beiden fokussierten Wissensdimensionen zentrale Bedeutung für kompetentes Lehrerhandeln zukommt, ist in den aktuellen Forschungsarbeiten zur Lehrerprofessionalisierung unbestritten (vgl. z. B. Brunner et al. 2006; Zlatkin-Troitschanskaia et al. 2009). Nicht selten stößt man dabei auf die These, das fachliche Wissen sei als Voraussetzung für die Ausprägung des fachdidaktischen Wissens zu betrachten (vgl. z. B. Ball und Bass 2000; Riese und Reinhold 2012; Terhart 2001). Diese These soll für die Domäne Wirtschaft hier erstmalig geprüft werden.

3 Zur Erfassung des wirtschaftswissenschaftlichen Fachwissens

Zur Messung des wirtschaftswissenschaftlichen Fachwissens wird mit dem Wirtschaftskundlichen Bildungstest (WBT; Beck et al. 1998) und dem Business Administration Knowledge Test (BAKT; Bothe et al. 2007) auf zwei bereits bestehende Tests zurückgegriffen, die im Rahmen unserer Untersuchung umfassend validiert wurden (Förster et al. 2012). Mit dem Einsatz der beiden Tests folgt das Projekt der theoretischen Strukturierung des Faches, wonach das wirtschaftswissenschaftliche Fachwissen in volks- und betriebswirtschaftliche Bestandteile unterschieden wird.[5] Für beide Tests konnten allerdings nicht alle fachlichen Dimensionen aus den originalen Testversionen beibehalten werden. Aus curricularen und (auch) zeitlichen Gründen musste eine Auswahl an Aufgaben getroffen werden (Förster et al. 2012). Aus dem WBT wurden Aufgaben aus den Bereichen der Grundlagen der Volkswirtschaftslehre, der Mikro- und der Makroökonomie eingesetzt; die ausgewählten Aufgaben aus dem BAKT decken die Bereiche Bilanzierung, Absatzwirtschaft und Human Resources ab.[6] Dass diese Teilbereiche der Betriebs- und Volkswirtschaftslehre in den Curricula der untersuchten Universität enthalten und Teil der obligatorischen Lehre sind, konnte über eine Dokumentenanalyse und eine Befragung von Dozenten sichergestellt werden.

Im Rahmen der ILLEV-Studie wurde das *wirtschaftswissenschaftliche Fachwissen* zu vier Erhebungszeitpunkten gemessen. Das ermöglicht Aussagen zu dessen Entwicklung über einen Zeitraum von drei Jahren (Happ, in Vorb.). Vom Beginn des WS 08/09 bis zum Beginn des WS 11/12 fanden die Erhebungen in jährlichen Abständen im Rahmen zentraler wirtschaftswissenschaftlicher und wirtschaftspädagogischer Lehrveranstaltungen statt. Insgesamt konnten zu den vier Erhebungszeitpunkten Stichprobengrößen zwischen ca. 800 und ca. 1.300 Studierenden (Wirtschaftspädagogik und Wirtschaftswissenschaften) erreicht werden.[7]

Ein besonderes Augenmerk wurde auf die Gütekriterien für die beiden Tests, insbesondere auf Konstrukt-, Inhalts- und Kriteriumsvalidität, gerichtet. (s. für den WBT-K Förster et al. 2012). Im Ergebnis kann unter diesen Gesichtspunkten beiden Tests eine ausreichende Qualität zur Erfassung des fachwissenschaftlichen Wissens attestiert werden.

Der Frage nach der Dimensionalität des Fachwissens wurde mit Hilfe von konfirmatorischen Faktorenanalysen nachgegangen. Die Berechnungen wurden mit Mplus (Muthén und Muthén 1998–2011) und dem WLSMV-Schätzer durchgeführt. Für die dem WBT entnommenen 19 Items ergibt sich eine eindimensionale Struktur (Schätzer: WLSMV; $N = 1.289$: $\chi^2/df = 1,61$ mit $\chi^2 = 206,440$ und $df = 128$; RMSEA $= 0,022$; TLI $= 0,931$). Die theoretisch angenommene Trennung zwischen den Grundlagen der Volkswirtschaftslehre, der Mikro- und der Makroökonomie lässt sich nicht nachweisen. Das kann unter der Annahme plausibilisiert werden, dass die grundlegenden Prinzipien (z. B. Knappheit) auch in den Bereichen Mikro- und Makroökonomie gelten. Es zeigt sich weiterhin, dass alle Items positiv und signifikant auf den latenten Faktor laden.[8] Daher werden die weiteren Analysen mit einem Gesamtscore für das volkswirtschaftliche Fachwissen durchgeführt.

Die konfirmatorischen Faktorenanalysen für den BAKT-K ergaben kein eindeutiges Bild. Sowohl unter einem ein- als auch unter einem zweifaktoriellen Modell weisen drei Items eine negative Trennschärfe auf und mussten daher ausgeschieden werden. Mit den verbleibenden 13 Items aus dem BAKT ergibt sich für das ein- und das zweidimensionale Modell ein ähnlicher Fit (N = 1.289; Ein-Faktormodell: χ^2/df = 1,90 mit χ^2 = 113,959 und df = 60; RMSEA = 0,026; TLI = 0,877; Zwei-Faktormodell: χ^2/df = 1,87 mit χ^2 = 110,324 und df = 59; RMSEA = 0,026; TLI = 0,881). Auf Basis des Chi^2-Differenzentests[9] mit χ^2 = 3,509, df = 1 und p = 0,061 kann man nicht eindeutig von der Überlegenheit eines der beiden Modelle sprechen. Zwar lässt sich im Zwei-Faktormodell die Dimension „Bilanzierung" vom ersten Faktor trennen.[10] Dennoch korrelieren die beiden Faktoren sehr stark (mit 0,825). Auch in den Analysen zum betriebswirtschaftlichen Fachwissen kommt daher ein Gesamtscore zur Anwendung. Die Analyse der Itemschwierigkeiten ergibt, dass für beide Tests weder Boden- noch Deckeneffekte vorliegen, was für die längsschnittlichen Messungen von zentraler Bedeutung ist (Happ, in Vorb.).

4 Zur Erfassung des fachdidaktischen Wissens

Während zur Erfassung des wirtschaftswissenschaftlichen Fachwissens auf bereits erprobte Instrumente zurückgegriffen werden konnte, musste für die Erfassung des *fachdidaktischen Wissens* eine Neukonstruktion erfolgen (Kuhn 2013[11]). Unsere eigenen Recherchen konnten national keine Messinstrumente zur Erfassung des fachdidaktischen Wissens im Fach Wirtschaft[12] bzw. im kaufmännisch-verwaltenden Bereich nachweisen (zu ersten Vorarbeiten vgl. Seeber und Minnameier 2010; Seifried und Wuttke 2010). International verweisen zwei Instrumente auf die Erfassung von wirtschaftsdidaktischem Wissen. Während sich jedoch der mexikanische Test zu „Accounting Education" auf den Bereich des Rechnungswesens beschränkt (Vidal Uribe 2013), dominieren im US-amerikanischen Test für den Bereich „Business Education" die fachwissenschaftlichen und allgemein pädagogischen Inhalte (Educational Testing Service [ETS] 2006). Der Fokus dieses Kapitels liegt deshalb zunächst auf der Beschreibung der Testkonstruktion, bevor auf die Testdurchführung sowie auf erste Analysen zur Dimensionalität, Skalierung und Testgüte eingegangen wird.

4.1 Konstruktdefinition und Operationalisierung

Um das Konstrukt „fachdidaktisches Wissen" bezüglich des kaufmännisch-verwaltenden Berufsfelds präzisieren zu können, waren zunächst umfassende Dokumentenanalysen notwendig, deren Strukturierung unter dem Aspekt der Anschlussfähigkeit möglichst kompatibel zu bereits vorliegenden Studien in anderen Domänen gehalten werden sollte. Die Analysen erfolgten daher im Wesentlichen unter Bezugnahme auf bereits vorliegende Strukturierungen des fachdidaktischen Lehrerwissens (vgl. u. a. Blömeke et al. 2008; Krauss et al. 2011; Schmelzing et al. 2008), jedoch – im Rekurs auf die Expertiseforschung – unter besonderer Berücksichtigung einer tiefergehenden kognitionsbezogenen Präzisierung (vgl. z. B. Bromme 1995, 1997; Shulman 1986, 1987; Neuweg 2011) sowie unter Beachtung der domänenspezifischen Anforderungen, wie sie speziell an eine Lehrkraft im wirtschaftsberuflichen Bereich gestellt werden. Neben dem Einbezug der hier bislang nur in ersten Ansätzen vorliegenden berufspraktischen und curricularen Standardisierungen[13] (vgl. Heinzer et al. 2009; sowie die curricularen Vorgaben für die erste und zweite Phase der Lehrerbildung in Rheinland-Pfalz) erfolgte eine Sichtung der einschlägigen Literatur hinsichtlich der dort vertretenen fachdidaktischen Prinzipien und Handlungsgrundsätze zum kaufmännisch-verwaltenden Unterricht (u. a. Böhner 2010; Reetz 2009). In Ergänzung zu den – teils auch domänenübergreifende Geltung beanspruchenden – fachdidaktischen Prinzipien (u. a. Achtenhagen und Pätzold 2010) wurden Quellen zu den spezifisch kaufmännisch-verwaltenden Inhaltsgebieten und Kompetenzen für Schülerinnen und Schüler einbezogen (u. a. Brötz et al. 2011; Kutscha 2009; sowie Dokumente der berufsbildenden Studienseminare etc.).

Auf Basis dieser Analysen wurde ein umfassendes Strukturmodell zum fachdidaktischen Wissen von Lehrenden im kaufmännisch-verwaltenden Bereich entwickelt, das eine inhalts- und eine kognitionsbezogene Fundierung aufweist (s. ausführlich das Modell in Kuhn 2013). *Inhaltlich* werden konzeptionell unterschieden: i) das lehrbezogene Wissen über curriculare und unterrichtsplanerische Kriterien zur Auswahl, Abstimmung und Aufbereitung von kaufmännisch-verwaltenden Lehrzielen, -inhalten und -methoden sowie ii) das lernprozessbezogene Wissen über das Erkennen von und den Umgang mit domänenspezifischen Lernvorrausetzungen und -schwierigkeiten (vgl. insb. Blömeke 2008; Heinzer et al. 2009). *Kognitionsbezogen* differenziert das Modell propositionales, fallbezogenes und strategisches Wissen (Shulman 1986), welches – speziell bei der Bewältigung wirtschaftsdidaktischer Aufgaben – mit Prozessen des Erinnerns, Verstehens, Anwendens, Analysierens, Evaluierens und Kreierens in Verbindung gebracht wird (vgl. Anderson und Krathwohl 2001; Shulman 1987).

Da die Operationalisierung des Strukturmodells als Ganzem weit über das im Rahmen des Projekts Machbare hinausreicht, wurde eine inhaltlich und kognitionsbezogen begründete Einschränkung der Testdefinition vorgenommen. Die erforderlichen Argumente lieferten die oben erwähnten Analysen, ergänzt durch Expertengespräche (Fachleiter für BWL und VWL, Dozenten fachdidaktischer Lehrveranstaltungen, Lehrkräfte mit Fach Wirtschaft). Ihnen zufolge kann ein Fokus auf die *unterrichtsplanerischen Aspekte* des lehrbezogenen Wissens als besonders bedeutsamem Aspekt gelegt werden, analog beim lernprozessbezogenen Wissen auf die *Reaktion auf Schüleräußerungen*.[14] Im Anschluss an fachdidaktische Studien zu anderen Domänen (s. o.) bleiben damit – trotz der notwendigen Einschränkungen – die unterschiedlichen inhaltlichen Facetten des Konstrukts gewahrt. Seine Operationalisierung mittels kontextspezifischer Testaufgaben legt eine *fallbezogene Erfassung* der beiden Wissensbereiche nahe (vgl. auch Neuweg 2011). Die Aufgabenkonstruktion erfolgt in der Weise, dass zu ihrer Lösung die kognitiven Prozesse des „*Anwendens und Analysierens*" sowie des „*Kreierens*" aktiviert werden müssen.[15] Dem liegt die Annahme Shulmans (1987) zugrunde, dass „comprehension alone is not sufficient" (S. 14) [...] „comprehended ideas must be transformed in some manner if they are to be taught" (S. 16).

Die domänenspezifische Konkretisierung des Aufgabenkontexts erfolgt in den *Kerngebieten* Verkauf, Beschaffung und Gesamtwirtschaft, die für viele Ausbildungsberufe und Schulformen relevant sind (Brötz et al. 2011) und auch im Bereich der Kompetenzmessung von kaufmännisch-verwaltenden Auszubildenden fokussiert werden (vgl. Beck et al. 1998; Winther und Achtenhagen 2009). Die zu entwickelnden Aufgaben thematisieren in diesen *Kerngebieten* bestimmte *Kernkompetenzen* (z. B. Entscheidungen erwägen,

Tab. 1: 4-Felder-Matrix zur systematischen Itemkonstruktion

Wirtschaftsdidaktisches Wissen im kaufmännisch-verwaltenden Bereich		
Praktische Anforderungen	Kognitive Prozesse	
	Anwenden & Analysieren	Kreieren
Unterrichtsplanung	6 Items	5 Items
Reaktion auf Schüleräußerungen	3 Items	3 Items
… in den Kerngebieten „Verkauf", „Beschaffung", „Gesamtwirtschaft" bezogen auf zu fördern-de Schülerkompetenzen (z. B. Entscheidungen erwägen, Konflikte bewältigen)		

Konflikte bewältigen), die den Schülerinnen und Schülern entsprechend den curricularen Vorgaben im Unterricht zu vermitteln sind (u. a. Dolzanski 2012; Kutscha 2009).

Um die inhaltliche und kognitionsbezogene Breite des Konstrukts bei der Itemkonstruktion systematisch abzudecken, wurde die Testdefinition in die Form einer 4-Felder-Matrix gebracht (s. Tab. 1).[16] Auf dieser Grundlage konnten wir bei den Lehrerbildungsexperten konkrete Hinweise auf reale Anforderungssituationen erfragen, denen Studierende, Referendare und Lehrkräfte in der Ausbildung und im Unterrichtsalltag begegnen. Diese Hinweise ließen sich anschließend für die Entwicklung der situationsbasierten Aufgabenstämme in den Testitems nutzen (vgl. im Einzelnen Kuhn 2013; Kuhn und Brückner 2013). Für die Erfassung der kognitiven Prozesse des Kreierens wurden Items mit offenen Antworten entwickelt, für „Anwenden und Analysieren" Multiple Choice-Items.

Nach der Auswertung von Vorstudien zur ersten qualitativen Erprobung der Items (Pretest mit $N=15$; Durchführung von kognitiven Interviews mit $N=6$, vgl. Kuhn und Brückner 2013; Expertenbefragung zur inhaltlichen Validität mit $N=13$) setzt sich der Paper-Pencil-Test nunmehr aus acht geschlossenen und neun offenen Aufgaben zusammen. Es handelt sich um einen Power-Test mit einer durchschnittlichen Bearbeitungsdauer von ca. 45 min (unter Einschluss der Abfrage soziobiographischer Daten samt Art und Anzahl besuchter fachdidaktischer Lehrveranstaltungen).

4.2 Durchführung der Studie und Ergebnisse

In t_3 (WS 10/11, s. Kap. 3) fand die Ersterhebung des fachdidaktischen Wissens statt ($N=338$: 176 Studierende der Wirtschaftspädagogik, 109 Referendare im berufsbildenden Bereich, 53 Lehrkräfte mit Erstfach Wirtschaft). Wenngleich kein längsschnittliches Design verfolgt werden konnte, ermöglicht die Einbeziehung dieser drei Gruppen (als Quasi-Längsschnitt) erste vorläufige Aussagen zur Entwicklung des fachdidaktischen Wissens und zur Validität des Instruments. Dem liegt die Annahme zugrunde, dass die Ausprägung des fachdidaktischen Wissens im Laufe der Ausbildung ansteigt (z. B. Blömeke et al. 2008). Zur Einleitung weiterer Validierungsschritte wurde der Fachdidaktik-Test auch Studierenden der Wirtschaftswissenschaften ($N=58$) sowie Referendaren und Lehrkräften mit anderen Fächern als Wirtschaft ($N=84$) vorgelegt. Dabei soll geprüft werden, ob „reines" Fachwissen bzw. allgemein pädagogisches Wissen das Testergebnis beeinflussen (s. Kuhn 2013).

Zur Bewertung der offenen Aufgaben wurde im Austausch mit Experten ein Kodiermanual entwickelt. Insgesamt wurden knapp zwei Drittel aller Probandenantworten von zwei geschulten Kodierern unabhängig kodiert. Die Interkoderreliabilität (Krippendorffs

Alpha für ordinale Daten) ergab einen durchschnittlichen Wert von 0,88 und kann damit als gut beurteilt werden.

Die Durchführung einer konfirmatorischen Faktorenanalyse mittels Mplus 6 bestätigt die angenommene eindimensionale Struktur des fachdidaktischen Wissens im kaufmännischen Bereich (Schätzer: WLSMV, $N=338$: χ^2/df$=1,34$ mit $\chi^2=159,604$ und df$=119$; RMSEA$=0,032$; CFI$=0,940$; TLI$=0,931$; WRMR$=0,904$). Lediglich drei der 17 Items zeigen in der unstandardisierten Lösung eine (zwar positive, doch) nicht signifikante Faktorladung ($p>0,05$). In der standardisierten Lösung hat nur ein Item eine Faktorladung $p>0,05$. Damit kann davon ausgegangen werden, dass die Items insgesamt geeignet sind, das Konstrukt fachdidaktisches Wissen, wie es oben gefasst wurde, abzubilden.[17]

Wenngleich aufgrund der unterschiedlich hohen Faktorladungen der Items von einem 2 PL-Modell ausgegangen werden muss, erfüllen die Items dennoch die gängigen Kriterien zur Prüfung auf Raschkonformität (1 PL-Modell). So liefert die Skalierung mittels Conquest auf Basis des eindimensionalen Partial Credit-Modells für dichotome und ordinale Daten (bei einer mittleren Personenfähigkeit von 0) eine raschkonforme Anpassung der Items.[18] Die EAP/PV-Reliabilität deutet mit einem Wert von 0,707 auf eine (noch) zufriedenstellende Messgenauigkeit hin. Die Voraussetzungen dafür, das fachdidaktische Wissen auf einem Kontinuum zu interpretieren, können damit als erfüllt angesehen werden (zu den umfassenden Validierungsschritten gemäß den internationalen Teststandards zu „Validity" (AERA, APA & NCME 2004) vgl. ausführlich Kuhn 2013).

5 Zur Beziehung zwischen Fachwissen und fachdidaktischem Wissen

Wie bereits einleitend erwähnt, ist die Beantwortung der Frage nach dem Verhältnis von Fachwissen zu fachdidaktischem Wissen von erheblichem theoretischem Interesse (vgl. z. B. Blömeke 2007). Nationale Studien zu anderen Domänen bestätigen die Annahme Shulmans (1986), dass es sich beim Fachwissen und fachdidaktischen Wissen um separierbare Konstrukte handelt, die jedoch miteinander in Verbindung stehen (z. B. Blömeke et al. 2008, Krauss et al. 2011, Riese und Reinhold 2012). Hierbei zeigt sich, dass die latenten Korrelationen in der Domäne Mathematik im Allgemeinen recht hoch ausfallen, insbesondere im Vergleich zu den „gering strukturierten" Domänen.[19] Als Grund wird die stark „stoff"-betonte Ausrichtung der fachdidaktischen Aufgaben angeführt (vgl. Buchholtz et al. 2011), welche die Trennbarkeit beider Konstrukte sogar in Frage stellen kann (vgl. Neuweg 2011). Da sich die Operationalisierung des wirtschaftsdidaktischen Wissens u. a. aufgrund der Besonderheiten im kaufmännisch-verwaltenden Unterricht stark von einer stoffdidaktischen Operationalisierung unterscheidet (vgl. Kap. 4), erwarten wir schwächere Zusammenhangmaße als in der Mathematik. Als Referenzwert für die Mathematik soll die manifeste Korrelation von $r=0,60$ herangezogen werden (Krauss et al. 2008), da im Folgenden ebenfalls auf manifester Ebene analysiert wird (s. u.). Unsere These lautet: *Das wirtschaftswissenschaftliche Fachwissen und das wirtschaftsdidaktische Wissen bilden zwei voneinander separierbareKonstrukte, deren manifeste Korrelationen mittlere Werte nicht übersteigen.*

Befunde zu anderen Domänen bzw. Unterrichtsfächern erweisen das Fachwissen tatsächlich als einen wichtigen, wenngleich nicht den einzigen Prädiktor für den Ausprägungsgrad des fachdidaktischen Wissens (z. B. Brunner et al. 2006; Riese und Reinhold 2012). Als weitere relevante Vorhersage-Merkmale konnten u. a. die Abiturnote als Indikator für allgemeine kognitive Fähigkeiten (vgl. Blömeke et al. 2008; Kleickmann und Anders 2011; Riese und Reinhold 2012), der besuchte Leistungskurs als Indikator für domänenspezifisches Vorwissen (vgl. Blömeke et al. 2008; Kleickmann und Anders 2011) sowie der zeitliche Umfang genutzter fachlicher (vgl. Blömeke et al. 2008) und fachdidaktischer Lerngelegenheiten (vgl. Riese und Reinhold 2012) identifiziert werden.[20] Mit Ausnahme der Abiturnote ist die Befundlage allerdings noch nicht eindeutig. Deshalb soll im Folgenden auch der Frage nachgegangen werden, *ob das wirtschaftswissenschaftliche Fachwissen auch unter Kontrolle weiterer Merkmale ein wichtiger Prädiktor für die Ausprägung des wirtschaftsdidaktischen Wissens bleibt.*

Als Indikatoren für *allgemeine kognitive Fähigkeiten* wurden im ILLEV-Projekt die Abiturnote sowie die Scores aus den Skalen „Analogien" und „Zahlenreihen" des Intelligenzstrukturtests (Amthauer, I-S-T 2000 R) erfasst (Liepmann et al. 2007). Wegen des stark handlungsbezogenen und domänenspezifischen Charakters des wirtschaftsdidaktischen Wissens nehmen wir jedoch an, dass allgemeine kognitive Fähigkeiten, insbesondere Intelligenz, hier höchstens eine geringe Rolle spielen.

Zur Erfassung von *fachlichenLerngelegenheiten* kann der zeitliche Umfang besuchter wirtschaftswissenschaftlicher Grundlagenveranstaltungen herangezogen werden, als Indikator für *fachdidaktischeLerngelegenheiten* der zeitliche Umfang besuchter fachdidaktischer Lehrveranstaltungen. In beiden Fällen berechnet sich der zeitliche Umfang auf Basis der aggregierten Semesterwochenstunden. Wie in den referierten Studien wird auch hier angenommen, dass die fachlichen und fachdidaktischen Lerngelegenheiten deutlich positiv mit dem wirtschaftsdidaktischen Wissen korrelieren. Gleichzeitig wird angenommen, dass die fachlichen Lerngelegenheiten mit dem Fachwissen in engem Zusammenhang stehen.

5.1 Erhebung und Stichprobe

Zur Untersuchung der obigen Annahmen werden die wirtschaftswissenschaftlichen und die wirtschaftsdidaktischen Testdaten aus t_3 herangezogen. Da beide Tests in mehreren Lehrveranstaltungen vorgelegt wurden, musste für die gemeinsame Analyse die Schnittmenge der Probanden selektiert werden. Dies war möglich, da sie in beiden Tests denselben persönlichen Code zur Identifizierung angaben. Für die folgenden Analysen wird also auf eine (Teil-) Stichprobe von $N = 97$ Studierende der Wirtschaftspädagogik zurückgegriffen, die sowohl den Fachwissens- als auch den Fachdidaktik-Test zu t_3 bearbeitet haben. Von den Befragten sind 63 % weiblich, das Durchschnittsalter betrug 23,8 Jahre (SD = 3,1), die durchschnittliche Anzahl an Fachsemestern betrug 4,3 (SD = 3,3).

5.2 Methoden und Ergebnisse

Die Analyse der Daten erfolgt unter der vorliegenden Fragestellung korrelations- und regressionsanalytisch (mit SPSS 20).[21] Zur Abbildung des wirtschaftsdidaktischen Wissens wird derunstandardisierte Summenscore aus dem Fachdidaktik-Test herangezogen. Das wirtschaftswissenschaftliche Fachwissen wird durch die beiden unstandardisierten-

Tab. 2: Bivariate und partielle Korrelationen zwischen den einzelnen Wissensbereichen

	Wirtschaftsdidaktisches Wissen		Betriebswirtschaftliches Fachwissen (BAKT-K)	
	Bivariat	Partiell	Bivariat	Partiell
Volkswirtschaftliches Fachwissen	0,414	0,336	0,341	0,231
(WBT-K)	(0,000)	(0,001)	(0,001)	(0,023)
Betriebswirtschaftliches Fachwissen	0,346	0,239	–	–
(BAKT-K)	(0,001)	(0,019)		

Summenscores zum betriebswirtschaftlichen (BAKT-K-Score) sowie zum volkswirtschaftlichen Wissen (WBT-K-Score) indikatorisiert.

Tabelle 2 gibt einen Überblick zu den bivariaten und partiellen Korrelationen zwischen den drei Wissensbereichen.

Wie angenommen, korreliert das wirtschaftsdidaktische Wissen (FDW) signifikant, aber mäßig (Cohen 1988), mit dem betriebswirtschaftlichen (BAKT-K) und dem volkswirtschaftlichen Fachwissen (WBT-K). Die manifesten Korrelationen liegen damit deutlich unter denjenigen in der Mathematik (dort $r=0,60$, vgl. Krauss et al. 2008), was auf den eher handlungsbezogenen Charakter des wirtschaftsdidaktischen Konstrukts zurück zu führen sein dürfte. Ein Beleg, der diesen Befund stützt, konnte auch durch die Validierung mittels Kontrastpopulationen (Studierende der Wirtschaftswissenschaften vs. Wirtschaftspädagogik) gewonnen werden. Es zeigte sich, dass die ersteren im Fachdidaktik-Test signifikant schlechter abschnitten (Kuhn 2013).

Auffallend ist, dass das wirtschaftsdidaktische Wissen etwas stärker mit dem volkswirtschaftlichen Wissen korreliert als mit dem betriebswirtschaftlichen. Unter Heranziehung der partiellen Korrelationen lassen sich lediglich ca. 6 % der Varianz des Fachdidaktik-Scores durch das betriebswirtschaftliche Wissen (BAKT-K) und ca. 11 % durch das volkswirtschaftliche Wissen (WBT-K) erklären. Dies kann darauf zurückgeführt werden, dass der WBT neben dem volkswirtschaftlichen Faktenwissen auch auf ökonomische Denkleistungen abstellt (Beck et al. 1998) und damit einen etwas engeren Bezug zum kognitiven Anspruch des wirtschaftsdidaktischen Wissens aufweist (vgl. Kap. 4). Der BAKT hingegen fokussiert ganz vorwiegend das universitäre betriebswirtschaftliche Faktenwissen (Bothe et al. 2007). Da der wirtschaftsdidaktische Test zwölf Aufgaben unter Bezugnahme auf betriebswirtschaftliche Lernbereiche (Verkauf, Beschaffung) und nur fünf Aufgaben zu volkswirtschaftlichen Gesamtzusammenhängen enthält, kann der etwas stärkere Zusammenhang zwischen wirtschaftsdidaktischem und volkswirtschaftlichem Wissen nicht auf einen volkswirtschaftlichen Bias des Fachdidaktik-Tests zurück geführt werden. Festzuhalten ist, dass die im Fachdidaktik-Test fokussierten Inhaltsbereiche allenfalls partiell diejenigen der beiden Fachwissenstests berühren. Damit konkretisiert sich in ihnen der theoretisch postulierte Sachverhalt, dass sie als die Operationalisierungen substanziell unterschiedlicher Wissensbereiche (Fachwissen vs. fachdidaktisches Wissen) zu betrachten sind.

Ausgehend von der oben aufgeworfenen Frage, ob das wirtschaftswissenschaftliche Fachwissen auch unter Kontrolle weiterer Merkmale einen bedeutsamen Prädiktor für das wirtschaftsdidaktische Wissen bildet, werden im Folgenden die Effekte des BAKT-K- und des WBT-K-Scores auf den Summenscore für das fachdidaktische Wissen

Tab. 3: Regressionsmodell 1 auf den Summenscore des wirtschaftsdidaktischen Wissens

Modell $R^2 = 0{,}219$ Korr. $R^2 = 0{,}202$	Nicht standardisierte Koeffizienten		Standardisierte Koeffizienten	Signifikanz
	Regressionskoeffizient B	Standardfehler	Beta	
(Konstante)	0,320	1,791		0,859
Volkswirtschaftliches Fachwissen (WBT-K)	0,504	0,146	0,335	0,001
Betriebswirtschaftliches Fachwissen (BAKT-K)	0,498	0,209	0,231	0,019

Tab. 4: Regressionsmodell 2 auf den Summenscore des wirtschaftsdidaktischen Wissens

Modell $R^2 = 0{,}240$ Korr. $R^2 = 0{,}199$	Nicht standardisierte Koeffizienten		Standardisierte Koeffizienten	Signifikanz
	Regressionskoeffizient B	Standardfehler	Beta	
(Konstante)	4,731	3,338		0,160
Volkswirtschaftliches Fachwissen (WBT-K)	0,499	0,162	0,331	0,003
Betriebswirtschaftliches Fachwissen (BAKT-K)	0,543	0,213	0,253	0,012
Abiturnote	−1,086	0,785	−0,132	0,170
IST: Analogien	−0,121	0,187	−0,066	0,517
IST: Zahlenreihen	−0,043	0,095	−0,042	0,656

in einem linearen Regressionsmodell bestimmt (Regressionsmodell 1) und unter Hinzunahme allgemeiner kognitiver Fähigkeiten (Regressionsmodell 2) sowie der Lerngelegenheiten (Regressionsmodell 3) kontrolliert.

Aus dem Regressionsmodell 1 geht hervor, dass der Score für das wirtschaftsdidaktische Wissen mit jedem zusätzlichen Leistungspunkt im betriebswirtschaftlichen und im volkswirtschaftlichen Test um jeweils einen halben Punkt ansteigt (vgl. Tab. 3). Dieser Befund spräche für einen mittleren, jedoch, wie bereits festgestellt, verglichen mit Mathematik, weniger engen Zusammenhang.

Um zu überprüfen, ob dieser Zusammenhang unter dem Einfluss weiterer Merkmale bestehen bleibt, bezieht Regressionsmodell 2 zusätzlich die Maße für allgemeine kognitive Fähigkeiten ein (vgl. Tab. 4). Seine Berechnung zeigt, dass dies insgesamt zu keinem Erklärungszugewinn führt. Vielmehr wird die Annahme bestätigt, dass der Aufbau wirtschaftsdidaktischen Wissens ohne weitergehenden Einfluss der kognitiven Leistungsfähigkeit einer Person erfolgen kann, wenn das notwendige Fachwissen vorhanden ist. Gleichzeitig bleibt der Einfluss des wirtschaftswissenschaftlichen Fachwissens relativ stabil, so dass auch unter dieser Perspektive keine zusätzlichen Effekte der allgemeinen kognitiven Fähigkeiten zu konstatieren sind (vgl. im Einzelnen Förster et al. 2012). Ungeachtet dieser Befundlage, die den Anlass dafür liefert, die Messwerte zu den kognitiven Fähigkeiten aus der nachfolgenden Analyse auszuschließen, sei erwähnt, dass der Einfluss der Abiturnote sich zwar nicht als signifikant erweist, jedoch einen zumindest geringen Effekt auf die Ausprägung des wirtschaftsdidaktischen Wissens auszuüben scheint:

Tab. 5: Regressionsmodell 3 auf den Summenscore des wirtschaftsdidaktischen Wissens

Modell $R^2=0.368$ Korr. $R^2=0.341$	Nicht standardisierte Koeffizienten		Standardisierte Koeffizienten	Signifikanz
	Regressionsko-effizient B	Standardfehler	Beta	
(Konstante)	0,086	1,731		0,960
Volkswirtschaftliches Fachwissen (WBT-K)	0,307	0,140	0,204	0,030
Betriebswirtschaftliches Fachwissen (BAKT-K)	0,413	0,190	0,192	0,033
Fachwissenschaftliche Lehrveranstaltungen (SWS)	0,111	0,061	0,208	0,070
Fachdidaktische Lehrveranstaltungen (SWS)	0,376	0,181	0,243	0,040

Pro besserer Durchschnittsnote im Abitur kann ein Proband – unter Kontrolle der anderen Faktoren – eine zusätzliche fachdidaktische Aufgabe lösen. Es ist an dieser Stelle allerdings darauf hinzuweisen, dass wir uns in diesem Punkt nicht auf einen optimalen Stichprobenumfang stützen können, wie er in Abhängigkeit von der Zahl der Prädiktorvariablen zu bestimmen wäre (vgl. Bortz und Döring 2006).

Im Regressionsmodell 3 werden zusätzlich zu den wirtschaftswissenschaftlichen Skalen die fachlichen und fachdidaktischen Lerngelegenheiten in die Analyse einbezogen (vgl. Tab. 5). Im Vergleich zu den vorherigen beiden Regressionsmodellen gelingt es diesem dritten Modell, einen etwas höheren Erklärungsbeitrag für die Ausprägung des wirtschaftsdidaktischen Wissens fest zu machen (Anstieg des korr. R^2 von ca. 0,2 auf 0,341). Die Effekte aus den wirtschaftswissenschaftlichen Fachwissensskalen WBT-K und BAKT-K bleiben zwar weiterhin signifikant, jedoch verringert sich ihr Einfluss unter Einbeziehung der entsprechenden Lerngelegenheiten. Wenngleich sich der zeitliche Umfang besuchter wirtschaftswissenschaftlicher Lehrveranstaltungen unter Rekurs auf die übliche (durchaus nicht sakrosankte!) 5 %-Schwelle für die Irrtumswahrscheinlichkeit nicht als signifikant erweist ($p=0{,}07$), spricht die Effektstärke (standardisierter Beta-Koeffizient) in Höhe von 0,208 (also ähnlich hoch wie bei den übrigen Faktoren) für deren Bedeutsamkeit. Insofern liegt die Vermutung nahe, dass das wirtschaftswissenschaftliche Wissen in nennenswerten Teilen durch den zeitlichen Umfang des Besuchs einschlägiger Lehrveranstaltungen erklärbar ist. Das für fachdidaktische Lehrveranstaltungen aufgewandte Zeitbudget zeigt den erwarteten signifikanten und bedeutsamen Effekt auf das wirtschaftsdidaktische Wissen und stützt zugleich den analogen Befund aus der Physikdidaktik (vgl. Riese und Reinhold 2012).

Mit Bezug auf die oben formulierte These kann auf Basis der dargestellten Befunde festgehalten werden, dass es sich beim betriebswirtschaftlichen und volkswirtschaftlichen Wissen tatsächlich um Konstrukte handelt, die vom wirtschaftsdidaktischen Wissen nicht nur theoretisch, sondern auch empirisch separierbar sind. Während das betriebswirtschaftliche Wissen in eher geringem Zusammenhang mit dem wirtschaftsdidaktischen Wissen steht, zeigen das volkswirtschaftliche und das wirtschaftsdidaktische Wissen den erwarteten mittleren Zusammenhang.[22] Eine Plausibilisierung dieses letzteren Befunds kann in der Operationalisierung der Konstrukte gesehen werden: Der WBT und noch mehr der Fachdidaktik-Test verlangen explizit spezifische Denkleistungen, während der BAKT sich in erster Linie auf die Erfassung von Faktenwissen beschränkt.

Unter der Frage nach weiteren Prädiktoren für das fachdidaktische Wissen ergibt unsere Studie, dass die allgemeinen kognitiven Fähigkeiten keinen bedeutsamen und signifikanten Einfluss ausüben. Das bestärkt die oben bereits geäußerte Annahme, dass allgemeine kognitive Fähigkeiten und insbesondere Intelligenz am Aufbau und an der Nutzung des wirtschaftsdidaktischen Wissens wegen dessen domänenspezifischer Besonderheiten und seines handlungsnahen Charakters nicht wesentlich beteiligt sind. Dieser keineswegs unproblematische Befund bedarf zweifellos weiterer Analysen und einer vertieften, innerhalb der Domäne zu führenden Diskussion.

Hinsichtlich des Umfangs der besuchten fachlichen und fachdidaktischen Lehrveranstaltungen können hingegen durchaus plausible, bedeutsame und für die fachdidaktischen Lehrveranstaltungen auch signifikante Effekte nachgewiesen werden. Obgleich sich die wirtschaftswissenschaftlichen Konstrukte als wichtige Prädiktoren behaupten, nimmt ihre Bedeutsamkeit unter Kontrolle des Lehrveranstaltungsbesuchs doch deutlich ab.

6 Fazit und Ausblick

Die Ergebnisse aus dem ILLEV-Projekt schließen forschungsmethodisch und inhaltlich an den vorliegenden Stand zur Lehrerforschung in den allgemein bildendenden Domänen an. Sie liefern erste empirisch fundierte Hinweise zur spezifischen Struktur der professionellen Kompetenz von (angehenden) Lehrkräften im kaufmännisch-verwaltenden Bereich. Damit eröffnen sie den Zugang zu weiterführenden Forschungsarbeiten in dieser Domäne und werfen zugleich Fragen auf, denen dabei nachgegangen werden sollte.

So verdeutlichen die Befunde zur Konstruktvalidierung u. a., dass die vorliegenden deutschsprachigen Tests das wirtschaftswissenschaftliche Fachwissen auf *universitärem* Niveau noch nicht hinreichend abbilden. Die Fortentwicklung von validen Messinstrumenten für die weitere Forschung in dieser Domäne ist daher essentiell.[23]

Die Befunde, die mit dem neu konstruierten Test zur Erfassung des fachdidaktischen Wissens ermittelt werden konnten, zeigen bereits eine recht gute Anpassung an das theoretische Strukturmodell dieses Konstrukts. Allerdings bilden sie vorläufig nur einen Ausschnitt des umfassenden Modells ab. Im Rahmen eines Folgeprojektes werden wir den Test unter Einbeziehung der weiteren Modelldimensionen ergänzen und neu validieren.

Forschungsbedarf besteht auch mit Blick auf die Modellierung und die Operationalisierung der dritten zentralen Wissensfacette, nämlich des allgemeinen pädagogischen Wissens. Für den Bereich der Berufsbildung stellt schon die theoretische Beschreibung und Definition dieses Konstrukts eine besondere und zugleich anspruchsvolle Herausforderung dar.

Über die Weiterentwicklung und Bereitstellung von validen Messinstrumenten zur Erfassung der zentralen Wissensbereiche von Lehrenden in der kaufmännisch-verwaltenden Domäne hinaus sollten in zukünftigen Forschungsvorhaben die Beziehungen zwischen diesen unterschiedlichen Wissensfacetten weiter untersucht werden. Die Funktion und Relevanz, die in diesem Zusammenhang den allgemeinen kognitiven Fähigkeiten zukommt, bedarf dabei, wie die Resultate unserer Studie nahelegen, besonderer Beachtung. Aus den zu erwartenden Befunden können für die (Berufs-) Bildungspolitik und -praxis auch wichtige Hinweise zur Verbesserung der Lehrerausbildung und der Lehrerprofessionalität gewonnen werden.

Anmerkungen

1   ILLEV ist ein vom BMBF gefördertes Projekt (FKZ 01PH08013). Weitere Informationen s. unter http://www.wipaed.uni-mainz.de/illev/.

2   Die neue Lehr-Lern-Intervention wurde im Rahmen des Bachelor- und Mastermodells für Wirtschaftspädagogik entwickelt und im Rahmen des ILLEV-Projekts implementiert sowie mittels eines Kontrollgruppendesigns evaluiert (Kontrollgruppe: Studierende des Diplomstudienganges ohne Intervention).

3   Der Fokus für den vorliegenden Beitrag liegt auf der Analyse des Verhältnisses zwischen fach- und fachdidaktischem Wissen. Die Beziehung dieser beiden Dimensionen zu weiteren erfassten Kompetenzaspekten wie motivationale Orientierungen und epistemologischen Überzeugungen kann aus Platzgründen hier nicht weiter behandelt werden.

4   Shulman (1986) benennt neben den fachbezogenen Wissensarten: Fachwissen, fachdidaktisches Wissen und curriculares Wissen auch das allgemeine pädagogische Wissen, das jedoch in ILLEV nicht erfasst wurde.

5   Diese Differenzierung wird auch in den Analysen zur Beziehung zwischen fachdidaktischem Wissen und dem Fachwissen berücksichtigt (s. Kap. 5).

6   Wir bezeichnen die beiden Instrumente, weil sie Kurzversionen der Originaltests sind, im Folgenden als „WBT-K" und „BAKT-K".

7   Die Studierenden im wirtschaftswissenschaftlichen Studiengang unterscheiden sich von denjenigen im wirtschaftspädagogischen Studiengang nicht in der Art der besuchten Lehrveranstaltungen, sondern lediglich in der Anzahl der besuchten Lehrveranstaltungen, was bei der statistschen Modellierung kontrolliert wird. Dank des Einbezugs von Studierenden der Wirtschaftswissenschaften kann für die Validierung der Testaufgaben für das Fachwissen auf eine deutlich höhere Stichprobe zurückgegriffen werden.

8   Die Angaben beziehen sich auf die Erhebung zum Zeitpunkt t3 aus dem WS 10/11. Zu den Ergebnissen zu t1 und t2 s. z. B. Förster und Zlatkin-Troitschanskaia (2010).

9   Hier wurde der für den WLSMV modifizierte Chi^2-Differenzentest verwendet (vgl. Muthén und Muthén 1998–2011), bei dem die Chi^2-Differenz der beiden Modelle um einen Korrekturfaktor berichtigt wird.

10 Die faktorielle Trennung der anderen beiden BWL-Dimensionen „Absatzwirtschaft" und „Human Resources" ergab keine Verbesserung des Modellfits, so dass diese zu einem gemeinsamen Faktor zusammengefasst wurden.

11 BMBF-FKZ: 01JG0928.

12 Mit Einführung der Lernfeldorientierung im berufsbildenden Bereich wurde 1996 die traditionelle Fächerstruktur abgeschafft (KMK 2011). Daher ist immer weniger vom traditionellen Fach Wirtschaft die Rede, sondern vielmehr vom kaufmännisch-verwaltenden Bereich (Berufsfeld „Wirtschaft und Verwaltung"), der unterschiedliche wirtschaftsbezogene Lernfelder und -bereiche umschließt.

13   Anders als für die Lehrerbildung im allgemeinbildenden Bereich liegt erst seit einigen Monaten ein erster Entwurf der KMK zu den bereichsspezifischen Standards und Anforderungsprofilen für die Lehrerbildung an berufsbildenden Schulen im kaufmännisch-verwaltenden Bereich vor. Die Problematik sog. „gering strukturierter" Domänen, wie der kaufmännisch-verwaltende Bereich, erfordert daher zunächst grundlegende Strukturierungen.

14   Die eher längerfristig orientierten curricularen Aspekte, die im Zuge der Lernfeldorientierung eine besondere Herausforderung darstellen, werden u. a. deshalb nicht berücksichtigt, weil die damit einhergehenden Anforderungen, die sich teilweise an ganze Lehrerteams richten, zu umfangreiche Materialien (Curricula etc.) und Bearbeitungszeiten verlangt hätten. Das spezifische Feld der Fehlerforschung, das durch eine stark diagnostische Ausrichtung geprägt ist, wird aufgrund der mangelnden Befundlage im kaufmännisch-verwaltenden Bereich (mit Ausnahme des Fachs Rechnungswesens, s. Seifried und Wuttke 2010) ebenfalls nicht in die Operationalisierung einbezogen.

15   Aus pragmatischen Gründen und der ohnehin schwierigen theoretischen Trennung wurden die beiden kognitiven Prozesse „Anwenden" und „Analysieren" zusammengefasst. Der ebenfalls taxonomisch höher angesiedelte Prozess „Evaluieren" (Anderson und Krathwohl 2001) wird zwar für das fachdidaktische Wissen durchaus für bedeutsam erachtet. Er bleibt jedoch, auch aufgrund seiner Nähe zum (hier nicht fokussierten) strategischen Wissen (s. Shulman 1986) in der Operationalisierung unberücksichtigt.

16   Zwar könnte damit auch die Annahme unterschiedlicher Dimensionen innerhalb des Konstrukts verfolgt werden, was im Nachgang noch geprüft wird, jedoch wird im Rahmen dieser Studie zunächst von einem (wenn auch breit angelegten) homogenen und damit eindimensionalen Konstrukt ausgegangen.

17   Für das Alternativmodell 1 (zweidimensionales Modell mit den Dimensionen „Anwenden und Analyse" sowie „Kreieren") ergeben sich zwar ähnlich gute bis befriedigende Fit-Werte wie beim eindimensionalen Modell, jedoch verweist die hohe latente Korrelation ($r=0{,}959$) zwischen den beiden Faktoren darauf, dass eine getrennte Betrachtung nicht haltbar ist. Für das Alternativmodell 2 (zweidimensionales Modell mit den Dimensionen „Unterrichtsplanung" und „Reaktion auf Schüleräußerungen") ergibt sich eine latente Korrelation von >1, die eine Interpretation des Modells insgesamt einschränkt.

18   Gemäß dem residuen-basierten Itemfit-Maß, dem weightedmeansquare (WMNSQ), zeigen alle Items Werte im Intervall von $[0{,}75; 1{,}33]$ (Adams und Khoo 1996; zit. n. Wilson 2005). Lediglich bei einem Item liegt der t-Wert außerhalb des tolerierbaren Intervalls von $[-1{,}96; +1{,}96]$. Die Itemschwierigkeiten verteilen sich entlang der Fähigkeitsverteilung (mittlere Itemschwierigkeit$=0{,}265$). Die Trennschärfen der Antwortkategorien sind gemäß der Kategorienabfolge angeordnet (mit negativen Trennschärfen für die 0-Kategorie).

19   Für die Mathematik zeigen sich latente Korrelationen zwischen dem Fachwissen und dem fachdidaktischen Wissen von $r=0{,}79$ bei Krauss et al. (2011) und von $r=0{,}81$ bei Blömeke (2008). Bei einer Unterscheidung des domänenspezifischen Fachwissens in zwei Unterdimensionen konnten die folgenden latenten Korrelationen mit dem fachdidaktischen Wissen festgestellt werden: für Mathematik $r=0{,}67$ bzw. $r=0{,}77$ bei Buchholtz et al. (2011), für Deutsch $r=0{,}50$ bzw. $r=0{,}52$ bei Bremerich-Vos et al. (2011), für Englisch $r=0{,}40$ bzw. $r=0{,}60$ bei Roters et al. (2011).

20   Die Effekte der fachlichen Lerngelegenheiten verschwinden bei Riese und Reinhold (2012) unter Kontrolle des Fachwissens.

21   Wegen der relativ geringen (Teil-) Stichprobe und der hohen Anzahl zu schätzender Parameter wird auf eine latente Modellierung zur Überprüfung des Verhältnisses von Fach- und fachdidaktischem Wissen verzichtet. Der Zugewinn an Verlässlichkeit, den eine latente und damit messfehlerbereinigte Analyse erbringen könnte, würde durch die hohen Verzerrungen der Schätzungen überlagert.

22   Als Argument für die geringe bis mittlere Korrelation zwischen Fach- und fachdidaktischem
     Wissen könnte angebracht werden, dass der Fachdidaktik-Test eher allgemein pädagogisches
     Wissen abfragt. Wenngleich es nicht möglich war, einen Test zum allgemeinpädagogischen
     Wissen im Rahmen der Studie einzusetzen, so wurde dieser Problematik durch Expertenein-
     schätzungen sowie durch den Einbezug von Kontrastpopulationen (Referendare und Lehrkräfte
     mit anderen Fächern als Wirtschaft) begegnet. Auf dieser Basis konnten Belege gesammelt
     werden, die für die Abfrage von wirtschaftsdidaktischem Wissen sprechen (Kuhn 2013).
23   Hier setzt das neue, vom BMBF geförderte WiwiKom-Projekt an (FKZ 01PK11013A), in
     dem u. a. zwei vorliegende englisch- und spanischsprachige Messinstrumente für den Hoch-
     schulbereich, Fach Wirtschaftswissenschaften, ins Deutsche übertragen und weiterentwickelt
     werden (s. dazu www.wiwi-kompetenz.de).

Literatur

AERA, APA & NCME [American Educational Research Association, American Psychological
     Association & National Council on Measurement in Education]. (2004). *Standards for educa-
     tional and psychological testing* (2nd ed.). Washington, DC: American Educational Research
     Association.
Achtenhagen, F., & Pätzold, G. (2010). Lehr-Lernforschung und Mikrodidaktik. In R. Nickolaus,
     G. Pätzold, H. Reinisch, & T. Tramm (Hrsg.), *Handbuch Berufs- und Wirtschaftspädagogik* (S.
     137–159). Bad Heilbrunn: Klinkhardt.
Anderson, L. W., & Krathwohl, D. R. (Hrsg.). (2001). *A taxonomy for learning, teaching and asses-
     sing: A revision of Blooms Taxonomy of educational objectives.* New York: Longman.
Ball, D. L., & Bass, H. (2000). Interweaving content and pedagogy in teaching and learning to
     teach: Knowing and using mathematics. In J. Boaler (Hrsg.), *Multiple perspectives on the
     teaching and learning of mathematics* (pp. 83–104). Westport, CT: Ablex.
Baumert, J., & Kunter, M. (2011). Das Kompetenzmodell von COACTIV. In M. Kunter, J. Baum-
     ert, W. Blum, U. Klusmann, S. Krauss, & M. Neubrand (Hrsg.), *Professionelle Kompetenz von
     Lehrkräften: Ergebnisse des Forschungsprogramms COACTIV* (S. 29–53). Münster: Waxman.
Beck, K., Krumm, V., & Dubs, R. (1998). *Wirtschaftskundlicher Bildungs-Test (WBT).* Göttingen:
     Hogrefe.
Blömeke, S. (2007). Messung der professionellen Kompetenz zukünftiger Lehrpersonen – Stan-
     dards empirischer Lehrerausbildungsforschung, bildungstheoretische Herausforderungen und
     exemplarische Ergebnisse einer Studie in Deutschland. In Ch. Kraler & M. Schratz (Hrsg.),
     Ausbildungsqualität und Kompetenz im Lehrerberuf (S. 191–208). Wien: LIT.
Blömeke, S., Kaiser, G., & Lehmann, R. (Hrsg.) (2008). Professionelle Kompetenz angehender
     Lehrerinnen und Lehrer. Wissen, Überzeugungen und Lerngelegenheiten deutscher Mathema-
     tikstudierender und -referendare – Erste Ergebnisse zur Wirksamkeit der Lehrerausbildung.
     Münster: Waxmann.
Böhner, M. (2010). Unterrichtsrelevante Prinzipien im Bereich Wirtschaft. *Erziehungswissenschaft
     und Beruf, 58*(3), 315–324.
Bortz, J., & Döring, N. (2006). *Forschungsmethoden und Evaluation für Human- und Sozialwis-
     senschaftler* (4., überarbeitete Aufl.). Heidelberg: Springer.
Bothe, T., Wilhelm, O., & Beck, K. (2007).Business administration knowledge. *Assessment of
     declarative business administration knowledge: Measurement development and validation.*
     Unveröffentlichtes Manuskript.
Bremerich-Vos, A., Dämmer, J., Willenberg H., & Schwippert, K. (2011). Professionelles Wissen
     von Studierenden des Lehramts Deutsch. In S. Blömeke, A. Bremerich-Vos, H. Haudeck, G.
     Kaiser, G. Nold, K. Schwippert, & H. Willenberg (Hrsg.), *Kompetenzen von Lehramtsstudie-
     renden in gering strukturierten Domänen* (S. 47–76). Münster: Waxmann.

Bromme, R. (1997). Kompetenzen, Funktionen und unterrichtliches Handeln des Lehrers. In F. E. Weinert (Hrsg.), *Psychologie des Unterrichts und der Schule. Enzyklopaedie der Psychologie, Serie I, Bd. 3* (S. 177–212). Göttingen: Hogrefe.

Bromme, R. (1995). Was ist „pedagogicalcontentknowledge"? Kritische Anmerkungen zu einem fruchtbaren Forschungsprogramm. In S. Hopmann & K. Riquarts (Hrsg.), *Didaktik und/oder Curriculum* (Zeitschrift für Pädagogik: Beiheft 33, S. 105–115). Weinheim: Beltz.

Brötz, R., Kaiser, F., Brings, C., Peppinghaus, B., Warmbold-Jaquinet, V., Krieger, A., Noack, I., Nies, N., & Schaal, T. (2011). *Gemeinsamkeiten und Unterschiede kaufmännisch-betriebswirtschaftlicher Aus- und Fortbildungsberufe (GUK): Zwischenbericht.* http://www2.bibb.de/tools/fodb/pdf/zw_42202.pdf. Zugegriffen: 27. April 2013.

Brunner, M., Kunter, M., Krauss, S., Klusmann, U., Baumert, J., Blum, W., Neubrand, M., Dubberke, T., Jordan, A., Löwen, K., & Tsai, Y.-M. (2006). Die professionelle Kompetenz von Mathematiklehrkräften: Konzeptionalisierung, Erfassung und Bedeutung für den Unterricht. Eine Zwischenbilanz des COACTIV-Projekts. In M. Prenzel & L. Allolio-Näcke (Hrsg.), *Untersuchungen zur Bildungsqualität von Schule. Abschlussbericht des DFG-Schwerpunktprogramms* (S. 54–82). Münster: Waxmann.

Buchholtz, N., Kaiser, G., & Stancel-Piątak, A. (2011). Professionelles Wissen von Studierenden des Lehramts Mathematik. In S. Blömeke, A. Bremerich-Vos, H. Haudeck, G. Kaiser, G. Nold, K. Schwippert, & H. Willenberg (Hrsg.), *Kompetenzen von Lehramtsstudierenden in gering strukturierten Domänen. Erste Ergebnisse aus TEDS-LT* (S. 101–133). Münster: Waxmann.

Cohen, J. (1988). *Statistical power analysis for the behavioral sciences.* Hillsdale: L. Erlbaum Associates.

Darling-Hammond, L. & Bransford, J. (Hrsg.) (2005). *Preparing Teachers for a Challenging World. What Teachers should learn and be able to do.* San Francisco: Wiley.

Dolzanski, C. (2012). Fachwissenschaftliche, didaktische und fachdidaktische Grundlagen und Konstruktionsmerkmale zur Formulierung des fachdidaktischen Prinzips der Entscheidungsorientierung. *Wirtschaft und Erziehung, 64*(7), 228–233.

Educational Testing Service. [ETS] (2006). *The official practice test. Business education.* Princeton: New Jersey.

Förster, M., & Zlatkin-Troitschanskaia, O. (2010). Wirtschaftliche Fachkompetenz bei Studierenden mit und ohne Lehramtsperspektive in den Diplom- und Bachelorstudiengängen – Messverfahren und erste Befunde. In K. Beck & O. Zlatkin-Troitschanskaia (Hrsg.), *Lehrerprofessionalität – Was wir wissen und was wir wissen müssen* (Lehrerbildung auf dem Prüfstand: Sonderheft, S. 106–125). Landau: Empirische Pädagogik.

Förster, M., Happ, R., & Zlatkin-Troitschanskaia, O. (2012). Valide Erfassung des volkswirtschaftlichen Fachwissens von Studierenden der Wirtschaftswissenschaften und der Wirtschaftspädagogik – eine Untersuchung der diagnostischen Eignung des Wirtschaftskundlichen Bildungstests (WBT). *bwp@ Berufs- und Wirtschaftspädagogik – online, 22,* 1–21. http://www.bwpat.de/content/ausgabe/22/foerster-etal/. Zugegriffen: 26. Juni 2012.

Happ, R. (in Vorb.). Die Entwicklung des volkswirtschaftlichen Fachwissens bei Studierenden der Wirtschaftspädagogik und der Wirtschaftswissenschaften im Verlauf des Studiums – Eine Längsschnittstudie. [Dissertation].

Happ, R., Zlatkin-Troitschanskaia, O., & Förster, M. (2012). Verstärkt die Bologna-Reform die Heterogenität zwischen den Studierenden? – Eine empirische vergleichende Analyse aus dem Forschungsprojekt ILLEV. *Qualität in der Wissenschaft, 3,* 58–63.

Heinzer, S., Oser, F., & Salzmann, P. (2009). Zur Genese von Kompetenzprofilen. *Lehrerbildung auf dem Prüfstand, 2*(1), 28–55.

Kleickmann, T., & Anders, Y. (2011). Lernen an der Universität. In M. Kunter, J. Baumert, W. Blum, U. Klusmann, S. Krauss, & M. Neubrand (Hrsg.), *Professionelle Kompetenz von Lehrkräften – Ergebnisse des Forschungsprogramms COACTIV* (S. 305–316). Münster: Waxmann.

Kultusministerkonferenz (KMK) (2011). KMK-Handreichungen für die Erarbeitung von Rahmenlehrplänen der Kultusministerkonferenz (KMK) für den berufsbezogenen Unterricht in der Berufsschule und ihre Abstimmung mit Ausbildungsordnungen des Bundes für anerkannte Ausbildungsberufe. Sekretariat der Kultusministerkonferenz, Berlin. http://www.kmk.org/fileadmin/veroeffentlichungen_beschluesse/2011/2011_09_23-GEP-Handreichung.pdf. Zugegriffen: 23. Aug. 2012.

Krauss, S., Neubrand, M., Blum, W., Baumert, J., Brunner, M., Kunter, M., & Jordan, A. (2008). Die Untersuchung des professionellen Wissens deutscher Mathematik-Lehrerinnen und -Lehrer im Rahmen der COACTIV-Studie. *Journal für Mathematikdidaktik, 29*, 223–258.

Krauss, S., Blum, W., Brunner, M., Neubrand, M., Baumert, J., Kunter, M., Besser, M., & Elsner, J. (2011). Konzeptualisierung und Testkonstruktion zum fachbezogenen Professionswissen von Mathematiklehrkräften. In M. Kunter, J. Baumert, W. Blum, U. Klusmann, S. Krauss, & M. Neubrand (Hrsg.), *Professionelle Kompetenz von Lehrkräften.Ergebnisse des Forschungsprogramms COACTIV* (S. 135–161).Münster: Waxman.

Kuhn, C. (2013). Fachdidaktisches Wissen von (angehenden) Lehrkräften im kaufmännisch-verwaltenden Bereich – Modellbasierte Testentwicklung und Validierung. Landau: Empirische Pädagogik. [Dissertation, im Druck].

Kuhn, C. & Brückner, S. (2013). Analyse des fachdidaktischen Wissens von (angehenden) Lehrkräften in der kaufmännisch-verwaltenden Bildung mit der Methode des lauten Denkens. *bwp@ Berufs- und Wirtschaftspädagogik – online, 24*. http://www.bwpat.de/ausgabe24/kuhn_brueckner_bwpat24.pdf. Zugegriffen: 25. Juni 2013.

Kutscha, G. (2009). Ökonomische Bildung zwischen einzel- und gesamtwirtschaftlicher Rationalität – Kompetenzentwicklung und Curriculumkonstruktion unter dem Anspruch des Bildungsprinzips. In R. Brötz & F. Schapfel-Kaiser (Hrsg.), *Berichte zur beruflichen Bildung. Anforderungen an kaufmännisch-betriebswirtschaftliche Berufe aus berufspädagogischer und soziologischer Sicht* (1. Aufl., S. 45–64). Bielefeld: Bertelsmann.

Liepmann, D., Beauducel, A., Brocke, B., & Amthauer, R. (2007). *Intelligenz-Struktur-Test 2000 R.* Göttingen: Hogrefe.

Muthén, L. K., & Muthén, B. O. (1998–2011). *Mplus Users's Guide.* Los Angeles: Muthén & Muthén.

Neuweg, H. G. (2011). Das Wissen der Wissensvermittler. Problemstellungen, Befunde und Perspektiven der Forschung zum Lehrerwissen. In E. Terhart, H. Bennewitz, & M. Rothland (Hrsg.), *Handbuch der Forschung zum Lehrerberuf* (S. 451–477). Münster: Waxmann.

Pellegrino, J. W. (2010). The Design of an Assessment System for the Race to the Top: A Learning Sciences Perspektive on Issues of Growth and Measurement. Princeton: ETS.

Reetz, L. (2009). Lehrprofessionalität im Umgang mit fachdidaktischen Konstruktionen zum Wirtschaftslehre-Unterricht – dargestellt am Beispiel der fach-didaktischen Fallstudie. In O. Zlatkin-Troitschanskaia, K. Beck, D. Sembill, R. Nickolaus & R. Mulder (Hrsg.), *Lehrerprofessionalität. Bedingungen, Genese, Wirkungen und ihre Messung* (S. 707–718). Weinheim & Basel: Beltz.

Riese, J., & Reinhold, P. (2012). Die professionelle Kompetenz angehender Physiklehrkräfte in verschiedenen Ausbildungsformen. *Zeitschrift für Erziehungswissenschaft, 15*(1), 111–143. Springer: Heidelberg.

Roters, B., Nold, G., Haudeck, H., Keßler, J.-U., & Stancel-Piątak, A. (2011). Professionelles Wissen von Studierenden des Lehramts Englisch. In S. Blömeke, A. Bremerich-Vos, H. Haudeck, G. Kaiser, G. Nold, K. Schwippert, & H. Willenberg (Hrsg.), *Kompetenzen von Lehramtsstudierenden in gering strukturierten Domänen. Erste Ergebnisse aus TEDS-LT* (S. 77–99). Münster: Waxmann.

Schmelzing, S., Wüsten, S., Sandmann, A., & Neuhaus, B. (2008). Evaluation von zentralen Inhalten der Lehrerbildung: Ansätze zur Diagnostik des fachdidaktischen Wissens von Biologielehrkräften. *Lehrerbildung auf dem Prüfstand, 1*(2), 641–663. Landau: Empirische Pädagogik.

Schmidt, W. H., Blömeke, S., & Tatto, M. T. (2011). Teacher Education Matters. A Study of The Mathematics Teacher Preparation from Six Countries. New York: Teacher College Press.

Seeber, S., & Minnameier, G. (2010). Zur Erfassung von fachlichem und fachdidaktischem Wissen von Lehrenden im Bereich der kaufmännischen Berufsausbildung. In K. Beck & O. Zlatkin-Troitschanskaia (Hrsg.), *Lehrerprofessionalität – Was wir wissen und was wir wissen müssen* (Lehrerbildung auf dem Prüfstand: Sonderheft, S. 126–147). Landau: Empirische Pädagogik.

Seifried, J. (2009). Unterricht aus der Sicht von Handelslehrern. Frankfurt a. M.: Lang.

Seifried, J. & Wuttke, E. (2010). Professionelle Fehlerkompetenz. Operationalisierung einer vernachlässigten Kompetenzfacette von (angehenden) Lehrkräften. *Wirtschaftspsychologie, 12*(4), 17–28.

Shulman, L. S. (1986). Those who understand: Knowledge growth in teaching. *Educational Researcher, 15*(2), 4–14.

Shulman, L. S. (1987) Knowledge and teaching: Foundations of the new reform. *Harvard Educational Review, 57*, 1–22.

Terhart, E. (2001). Lehrerberuf und Lehrerbildung. Forschungsbefunde, Problemanalysen, Reformkonzepte. Weinheim: Beltz.

Vidal Uribe, R. (2013). Measurement of Learning Outcomes in Higher Education.The Case of Ceneval in Mexico. In S. Blömeke, O. Zlatkin-Troitschanskaia, C. Kuhn & J. Fege (Hrsg.), *Modeling and Measuring Competencies in Higher Education. Tasks and Challenges* (pp. 137–146). Rotterdam: Sense Publishers.

Weinert, F. E. (2001). Concept of competence: A conceptual clarification. In D. S. Rychen & L. H. Salganik (Hrsg.), *Defining and selecting key competencies* (pp. 45–65). Göttingen: Hogrefe.

Wilson, M. (2005).Constructing measures: An item response modeling approach.Mahwah, New Jersey: Erlbaum.

Winther, E., & Achtenhagen, F. (2009). Skalen und Stufen kaufmännischer Kompetenz. *Zeitschrift für Berufs- und Wirtschaftspädagogik, 105*(4), 521–556.

Zlatkin-Troitschanskaia, O., & Kuhn, C. (2010). Messung akademisch vermittelter Fertigkeiten und Kenntnisse von Studierenden bzw. Hochschulabsolventen – Analyse zum Forschungsstand. (Eine Expertise im Auftrag des Bundesministeriums für Bildung und Forschung).*Arbeitspapiere Wirtschaftspädagogik, 56*. Mainz: Johannes Gutenberg-Universität. http://www.wipaed.uni-mainz.de/ls/382.php. Zugegriffen: 27. April 2013.

Zlatkin-Troitschanskaia, O., Beck, K., Sembill, D., Nickolaus, R., & Mulder, R. (2009). *Lehrprofessionalität. Bedingungen, Genese, Wirkungen und ihre Messung.* Weinheim, Basel: Beltz.

Zlatkin-Troitschanskaia, O., Förster, M., & Happ, R. (2012). Bologna-Reform – Ergebnisse aus einer vergleichenden empirischen Studie zwischen den auslaufenden Diplom- und den neuen Bachelor-/Masterstudiengängen. *Zeitschrift für Berufs- und Wirtschaftspädagogik, 108*(3), 420–437.

Aufwachsen mit Musik

Robert Heyer, Sebastian Wachs, Christian Palentien (Hrsg.)

Handbuch Jugend – Musik – Sozialisation

Welche Bedeutung hat Musik für Jugendliche in der Phase des Aufwachsens? Jugend, Musik und Sozialisation werden in dem Handbuch systematisch in ihren jeweiligen Zusammenhängen erschlossen. Der Fokus liegt hier auf der Ebene der bildungs- und sozialisationstheoretischen Erziehungswissenschaft. Grundsätzlich wird die Verbindung zwischen Jugend und Musik aus sozialisationstheoretischer Perspektive hergestellt. Ziel ist es, den Themenkomplex mit Beiträgen aus den verschiedenen Fachgebieten Erziehungswissenschaft, Soziologie und Sozialwissenschaften und der Musikwissenschaft und -pädagogik erstmals grundlegend und umfassend zu erschließen.

2013, VI, 483 S. 6 Abb. Br.
€ (D) 49,99 | € (A) 51,39 | *sFr 62,50
ISBN 978-3-531-17326-9

€ (D) sind gebundene Ladenpreise in Deutschland und enthalten 7% MwSt. € (A) sind gebundene Ladenpreise in Österreich und enthalten 10% MwSt. Die mit * gekennzeichneten Preise sind unverbindliche Preisempfehlungen und enthalten die landesübliche MwSt. Preisänderungen und Irrtümer vorbehalten.

A01995   Erhältlich im Buchhandel oder beim Verlag.

Einfach bestellen:
SpringerDE-service@springer.com
tel +49 (0)6221 / 3 45 – 4301

springer-vs.de

Springer VS